APA GUIDES

Kreation und Leitung Hans Höfer

Dresden

Herausgegeben von Wieland Giebel
Fotografiert von Werner Neumeister u.a.

APA PUBLICATIONS

ZU DIESEM BUCH

Das Gesamtkunst-werk Dresden des Aktionskünstlers August der Starke lockte schon vor gut 250 Jahren Touristen aus ganz Europa an. Jetzt wird Dresden wieder eine europäische Kulturmetropole, ausgestattet mit Kunstwerken und Bauten wie kaum eine andere deutsche Stadt. Harmonisch eingebettet in die Weinberge am sanften Elbtal, die Sandsteinfelsen der Sächsischen Schweiz vor der Haustüre, steht Dresden im Mittelpunkt des Interesses der Besucher des östlichen Deutschland. Von Jahr zu Jahr steigende Besucherzahlen sind konkreter Ausdruck dafür. Mit großen Anstrengungen wird die Infrastruktur verbessert.

Der *Apa Guide Dresden* führt Ihnen natürlich groß in Bildern und Texten das barocke Dresden vor Augen, aber auch die Zerstörung der Stadt im Februar 1945 durch anglo-amerikanische Bomberverbände, die das Bewußtsein der Bewohner ebenso geprägt hat wie die historische Umwälzung, die 1989 auch Dresden erfaßte.

Wie die Dresdner diese Zeiten erlebten und wie sie sich unter den veränderten Verhältnissen zurechtfinden, schildern ihre Berichte wie auch Porträts von Einwohnern der Stadt. Die Stimmung des Umbruchs und des neu Keimenden zu schildern, war eine Herausforderung für das Team von Apa Publications – ist doch die aktuelle, auf die Menschen bezogene Darstellung eine Besonderheit, die die Apa Guides vor anderen Reiseführern auszeichnet.

Über Deutschland erschienen bereits die *Apa Guides Berlin, München, Köln, Hamburg, Frankfurt und Düsseldorf*. Die Sonderausgabe *Das neue Deutschland* erlebte eine der höchsten Auflagen, die je ein Apa Guide erzielte, und der Spezialführer *Der Rhein* ist dem großen deutschen Strom von der Quelle bis zur Mündung gewidmet. Die Neubearbeitung des *Apa Guide Deutschland* wird Ende 1995 erscheinen. In der Serie der *Apa Pocket Guides* liegen die Führer über *München* und *Berlin* mit Faltplan vor. Die von **Hans Höfer** vor über 25 Jahren begründete Reihe umfaßt nun gut 180 Titel über die schönsten Reiseziele in aller Welt. Sie zeichnet aus die Verbindung von bestechender Fotografie und visueller Präsentation mit einfühlsamen, gut recherchierten Texten.

Die Apa Guides sollen von echten Kennern der Geschichte und Kultur einer Stadt geschrieben werden. **Wieland Giebel,** der für dieses Buch verantwortlich zeichnet, stammt aus Thüringen und blieb seiner alten Heimat auch dann verbunden, als der Eiserne Vorhang noch dicht war. Giebel gab auch die Apa Guides *Das neue Deutschland* sowie die Neuauflage des *Apa Guide Berlin* und den *Apa Guide Frankfurt* heraus. Zusammen mit **Alfred Horn** aus Bonn erarbeitete er ein Dresden-Konzept.

Qualifizierte Autoren zu finden, war kein großes Problem. **Werner Kohlert** arbeitete 36 Jahre als Kameramann, Autor und Regisseur beim DEFA-Studio für Dokumentarfilme. Er produziert Filme und Dokumentationen über die Sächsische Schweiz, den Meißner Wein, über Schinkel, Lenné, Tucholsky, Goethe und Mozart. Seine Wohnung gleicht einem Museum mit Quellen zu diesen Themen. Kohlert gab wertvolle Ratschläge zu diesem Buch.

Hans Joachim Neidhardt wohnte bis vor kurzem auf Schloß Pillnitz und konnte von seinem Balkon aus die Konzerte genießen. Jetzt wird dort renoviert. Neidhardt ist Ur-Sachse, in Leipzig geboren, wo er Kunstgeschichte studierte; seit 1959 als Kustos an der Dresdner Gemäldegalerie, war er bis 1990 zuständig für neuere Malerei und in zahllosen Veröffentlichungen über Dresden vertre-

Giebel

Neidhardt

Eigenwill

Klieme

Schmidt

Bienert

ten. Er sammelte prominente Kenner Dresdens und seiner kulturellen Schätze für dieses Buch um sich.

Reinhart Eigenwill studierte in Berlin Geschichte und ist seit 1977 wissenschaftlicher Mitarbeiter der Sächsischen Landesbibliothek, die 1556 gegründet und von der SED als gefährliche Brutstätte des oppositionellen Geistes angesehen wurde.

Ähnliches galt für die Dresdner Tageszeitung *Die Union,* an der **Heinz Weise** zwei Jahrzehnte als Ressortleiter arbeitete. Weise hat Sammelbände und Monographien über Sachsen und Dresden veröffentlicht und arbeitet nun als selbständiger Publizist. Er verfaßte den Elbe-Artikel dieses Buches.

Günter Klieme studierte Kulturgeschichte, Germanistik und Anglistik, lehrte an der Technischen Universität Dresden, gestaltete das „Dresdner Museum zur Frühromantik" mit und schrieb schon für sämtliche Medien Beiträge über die Stadt.

An der TU unterrichtete auch der Historiker **Walter May,** der ein kulturgeschichtliches Fotoarchiv leitete und über den sächsischen Barock publizierte. Besonderen Ehrgeiz entwickelte **Gerhard Schmidt,** um seinen 216 Veröffentlichungen (u.a. über die Reformbewegung der Sachsen, über Stadtteile, Kirchen in der Sächsischen Schweiz) den Beitrag für dieses Buch hinzuzufügen.

Christian Mühne ist seit 1987 Chef des Richard-Wagner-Museums in Graupa. Er studierte Germanistik und Musikwissenschaft und arbeitete bei der Sächsischen Landesbibliothek. Von dort kommt auch der Germanist **Hans-Jürgen Sarfert,** der über Hellerau und den Expressionismus in Dresden publizierte.

Als ständige Besucherin Dresdens wanderte **Jutta Schütz** aus Darmstadt auch durch die Sächsische Schweiz. Sie gab die Apa Guides über *Mexiko City* und *Korsika* heraus. Das Felsenklettern in der Sächsischen Schweiz stellt **Bernd Arnold,** der bekannteste Bergsteiger Ostdeutschlands, vor. Um das junge Dresden für uns zu erkunden, hielt sich **Michael Bienert** aus Berlin häufig im Elbflorenz auf. Er bat die szenefesten **Heike Liebsch** und **Matthias Stresow,** ihre selbstironische Sicht von Dresden festzuhalten. **Armin Conrad** erlebte 1989 als Redakteur von *Aspekte* (ZDF) den Umbruch der Stadt.

Für das visuelle Porträt des Dresden-Führers zeichnen renommierte Fotografen verantwortlich: **Werner Neumeister** wuchs in Dresden auf und arbeitet seit langem in München. Zum wunderschön gekachelten Laden der Molkerei Pfund in der Bautzner Straße (S. 144) schickte ihn seine Mutter Milch holen. Aus Berlin kommt **Erhard Pansegrau,** der für viele Apa Guides fotografierte.

Sabine und **Karl-Heinz Kraemer** waren als Fotografen aus dem Ostteil Berlins auch schon vor der Wende an Westfilme gekommen – zu ihrem großen Glück. Die Qualität der DDR-Diafilme fiel gegen den westlichen Standard so stark ab, daß die jahre- und jahrzehntelange Bildproduktion vieler Fotografen mit dem Tag der Maueröffnung entwertet war.

In der Berliner Agentur *Ostkreuz* arbeitet **Jens Rötzsch,** der die Dresdner Szene festgehalten hat. **Hector Barrientos,** als Chilene in Berlin ansässig, arbeitete an mehreren Apa Guides mit, wie auch **Prof. Wolfgang Fritz** aus Köln, der Foto-Design unterrichtet. **Rainer Kiedrowski** und **Nils Koshofer** sind Bildjournalisten aus Düsseldorf.

Die Überarbeitung des Dresden-Führers für die Ausgabe von 1996 lieferte **Peter Zimmermann.** Der leidenschaftliche Dresdner stellte die neuesten Daten über die Elbemetropole zusammen und ließ einige überholte Texte neu schreiben.

INHALT

Einführung

Gestern und Morgen
Wieland Giebel 19

Geschichte

Dresden im Mittelalter
Reinhardt Eigenwill 25

Blüte des Barock unter August dem Starken
Werner Kohlert 31

Constantia von Cosel
Wieland Giebel 36

Residenzstadt des Königreichs Sachsen
Werner Kohlert 39

Napoleon in Dresden
E. T. A. Hoffmann 40

Richard Wagner im Aufstand
Richard Wagner 43

Dresden im 20. Jahrhundert
Michael Bienert 45

Die Zerstörung 1945
Wieland Giebel 48

Herbst 1989
Michael Bienert 51

Leben in Dresden
Matthias Stresow 55

Menschen und Kultur

Partnerstadt Hamburg
Wieland Giebel und
Armin Conrad 59

Über Sachsen und Sächsisch
Heike Liebsch 67

Die Elbe
Heinz Weise 68

Alte und neue Kunstschätze
Hans Joachim Neidhardt 73

Johann Ludwig Tieck
Werner Kohlert 77

Gemaltes Dresden
Hans Joachim Neidhardt 79

Romantiker
Hans Joachim Neidhardt 83

Hermann Krone
Werner Kohlert 87

Die klingende Stadt
Michael Bienert 89

Theater in Dresden
Günter Klieme 93

Orte und Plätze

Straßen und Plätze
Wieland Giebel 105

Alt- und Neumarkt
Günter Klieme 111

Kinderstraßenbahn
Matthias Stresow 115

Dresdner Bank
Wieland Giebel 121

Die Frauenkirche
Peter Zimmermann 122

INHALT

Vom Schloß zum Zwinger
Walter May 129

Die Kasematten
Matthias Stresow 134

Der Große Garten
Werner Kohlert 139

Dresdner Neustadt
Werner Kohlert 145

Zur Umweltsituation in Dresden
Frank Morath und Uta
Knieschewski 149

Heinrich von Kleist
Werner Kohlert 153

Dresdner Volksfeste
Matthias Stresow 154

Der Jüdische Friedhof
Heike Liebsch 157

Loschwitz, Weißer Hirsch und Dresdner Heide
Gerhard Schmidt 161

Manfred Baron von Ardenne
Werner Kohlert 164

Die Puppen im Weinberg
Michael Bienert 167

Bei Wagner und von Weber
Christian Mühne 171

Dresdner Christstollen
Dieter Vogel 175

Schloß Pillnitz
Hans Joachim Neidhardt .. 179

Gartenstadt Hellerau
Hans Jürgen Sarfert 185

Dresdens romantisches Umland
Wieland Giebel 195

Radebeul und Meißen
Michael Bienert 199

Karl May
Wieland Giebel 201

Goethe in Meißen
J. W. von Goethe 204

Erholung im Ost-Erzgebirge
Werner Kohlert 211

Pirna, Großsedlitz, Weesenstein
Jutta Schütz 217

Die Sächsische Schweiz
Jutta Schütz 223

Felsenklettern
Bernd Arnold 230

Burg Stolpen und Bautzen
Jutta Schütz 233

Die Herrnhuter Brüdergemeine
Jutta Schütz 234

Die Sorben
Wieland Giebel 238

Karten

Dresden Innenstadt . **106/107**
Historisches Viertel . **126/127**
Dresden und
Umgebung **196/197**

REISETIPS

Kleine Stadtkunde
Kleine Stadtkunde 242

Reiseplanung
Anreise 242
Geld & Kreditkarten 243
Klima 243
Kleidung 243
Öffnungszeiten 243
Feiertage 243
Feste 244
Tiere 244
Gottesdienste 244

Wissenswertes
Allgemeines 244
Notfälle 245
Medien 245
Post 246
Telekommunikation 246
Nützliche Adressen 246

Unterwegs
Mit Kindern 246
Karten 247
Verkehrsmittel 247
Mit dem Auto 248

Unterkunft
Allgemeines 249
Hotels 249
Pensionen 250
Mitwohnzentrale 250
Camping 250
Jugendherbergen 250
Privatzimmer 250

Essen & Trinken
Allgemeines 251
Sächsische Küche 251
Restaurants 251
Cafés 251
Schnellgastronomie 252
Trinken 252

Unternehmungen
Erkundungen 252
Kulturelles 254
Nachtleben 256
Einkaufen 257
Sport 258

Literaturhinweise
Literaturhinweise 259

Visuelle Beiträge 260
Register 261

GESTERN UND MORGEN

Unter August dem Starken war Dresden eine der blühendsten Städte Europas. Hatte die Stadt bei seinem Regierungsantritt 20 000 Einwohner, so waren es am Ende seiner Ära dreieinhalb Jahrzehnte später 45 000. „Fürsten schaffen sich Unsterblichkeit durch ihre Bauten" war Augusts Motto. Mit seinen Visonen und architektonischen Extravaganzen schuf er ein städtebauliches Ensemble, für das Dresden bis heute berühmt ist: den Zwinger, wesentliche Teile des Schlosses, das Taschenbergpalais, den Großen Garten, Moritzburg und Pillnitz. Mit der Entfaltung von Prunk und Pracht an seinem Hof setzte August einen Höhepunkt absolutistischer Selbstherrlichkeit.

Das Buch wird programmatisch eröffnet mit einem Bilderessay der Veduten des Venezianers Bernardo Bellotto (1721–1780), genannt Canaletto, der das Panorama Dresdens in der Zeit der Blüte des Barock in topographischer Treue festhielt.

Auf der ersten Vedute von 1748 stellte Canaletto den Bau der Katholischen Hofkirche 1738–1755 unter Friedrich August II., dem Sohn und Nachfolger August des Starken dar. Die Kirche sollte am Brückenkopf der Augustusbrücke stehen und machtbewußt auf den Weg nach Warschau weisen, der zweiten Residenz der sächsischen Kurfürsten, die auch die Krone Polens innehatten. Die monumentale Kuppel der Frauenkirche auf der folgenden Vedute, jetzt noch Ruine, soll wiedererstehen. Der Altmarkt auf der nächsten Abbildung war eng umbaut und soll wieder eine geschlossene Einheit werden.

Heute leben die knapp 500 000 Dresdner im Spannungsfeld zwischen barocken Elementen, der turbulenten jüngsten Vergangenheit und einer verhalten optimistischen Zukunftsplanung. Wirtschaftlich steht Sachsen nicht schlecht da. Sächsischer Erfindungsgeist paart sich hier mit protestantischem Arbeitsethos und lustvoller Lebensfreude. Eine Stadt, die an Traditionen anknüpft und dennoch dem Neuen nicht abgeneigt ist.

Gestern und morgen. Viel hat sich in Dresden verändert. Nicht nur die Tristesse des Straßenbilds ist in kurzer Zeit gewichen, Dresden ist bunter und lebhafter geworden. Die Menschen haben sich verändert, entwickeln wieder das lebensfrohe sächsische Selbstbewußtsein. Heitere Gelassenheit ist trotz existentieller Sorgen bestimmend.

Und: Das altbekannte Wort vom „Sachsen, wo die schönen Mädchen wachsen" erlebt eine Renaissance. Im Damen-Konversationslexikon von 1834 lesen wir: „Die sächsischen Frauen verbinden französische Reize mit deutschem Gemüte, körperliche Reize mit intellektueller Ausbildung, schaffende Häuslichkeit mit ästhetischem Sinne für alles Edle und Schöne in Natur wie in der Kunst." So sollte es auch morgen sein.

Titelbild: Die Kathedrale mit dem Reiterstandbild König Johanns auf dem Theaterplatz. **Seite 1**: Detail des Zwingers. **Vorherige Seiten**: Höhepunkte des Barock aus der Sicht von Canaletto: Dresden vom linken Elbufer (1748) und Dresden vom rechten Elbufer (1747). Der Altmarkt von Dresden von der Schloßgasse aus gesehen (1749–1753). **Links**: Die Weiße Flotte am Elbufer (um 1990). **Nächste Seite**: Schloß Pillnitz (Neues Palais).

DRESDEN IM MITTELALTER

Die Bewohner Dresdens sind seit jeher stolz auf die weltbekannten Bauwerke und Kunstschätze, auch auf die lange Geschichte ihrer Stadt. Man wird es ihnen daher nicht verübeln, daß sie bis ins 18. Jahrhundert an dem Irrtum festhielten, Dresden sei schon zu den Zeiten Karls des Großen, also um das Jahr 800, gegründet worden. Allerdings wird der Besucher heute vergeblich nach Resten alter Stadttore oder nach einer gotischen Kirche Ausschau halten. Die Zeugnisse späterer Epochen haben die Spuren des mittelalterlichen Dresden weitgehend verwischt.

An die Anfänge Dresdens erinnert der Name der Stadt: **„Drezdany"**, Ort der Auenwaldbewohner, nannten die sorbischen Bewohner ihr Dorf. Es lag im Bereich der heutigen Frauenkirche, die im Mittelalter die Pfarrkirche Dresdens war, obwohl sie vor der Stadtmauer lag. Die Kirche entstand Mitte des 11. Jahrhunderts als ein Mittelpunkt christlicher Missionstätigkeit unter den Sorben, die in den folgenden Jahrhunderten allmählich germanisiert wurden. Tatsächlich erstmals erwähnt wurde Dresden in einer Urkunde Dietrichs des Bedrängten vom 31. März 1206 ohne jede nähere Erläuterung. Hier, an einer von der Natur begünstigten Stelle, überquerten die von Meißen und der Silberbergbaustadt Freiberg nach Nordosten führenden Handelswege die Elbe. Bereits vor dem Gründungsakt des Markgrafen Dietrich dürfte deshalb in diesem Bereich eine Kaufmannsniederlassung bestanden haben. Die neue Stadt sollte die politische Stellung des Markgrafen festigen.

Dresden wird Stadt: 1216 wurde Dresden dann schon ausdrücklich als „civitas", als Stadt erwähnt. Ende des 13. Jahrhunderts war die Burg an der Elbe bevorzugter Aufenthaltsort des alternden Markgrafen Heinrich des Erlauchten, jenes damals im ganzen Reich für seine prächtige Hofhaltung berühmten Fürsten. Er war nicht nur ein Förderer ritterlicher Kultur, sondern trat auch selbst als Verfasser von Minneliedern hervor. Von der Burg aus bestimmte aber auch noch lange Zeit nach der Stadtgründung ein markgräflicher Vogt die Geschicke Dresdens maßgeblich mit, erst spät wurden die Bürger Herren im eigenen Haus.

Die älteste Elbbrücke – an der Stelle der heutigen Augustusbrücke – gehörte schon im Mittelalter zu den Sehenswürdigkeiten der Stadt. Sie war erstaunlicherweise aus Stein

gebaut. Im ganzen Reich gab es nur wenige Brücken ähnlicher Konstruktion und Größenordnung. Die Brücke verband Dresden mit dem kleineren Altendresden, das 1403 Stadtrecht erhielt und im 16. Jahrhundert mit Dresden vereint wurde. Neben der Burg ragten nur wenige größere Profan- und Sakralbauten aus den dicht beieinanderliegenden, mit Stroh oder Schindeln gedeckten kleinen Häusern der beiden Städte hervor. Auf dem heutigen Altmarkt spielte sich wie in allen mittelalterlichen Städten ein großer Teil des öffentlichen Lebens ab. Auch wenn Dresden im Vergleich zu anderen Städten der Mark Meißen eine

Vorherige Seiten: Sonnenuhr des Stallhofs, der den Georgenbau mit dem Johanneum (Verkehrsmuseum) verbindet. **Links:** Das Wappen der Wettiner, die 800 Jahre die Geschicke der Stadt bestimmten. **Oben:** Die Burg Wettin im heutigen Sachsen-Anhalt, Stammsitz der Wettiner.

geringe wirtschaftliche Bedeutung hatte, so strömten hier doch an Markttagen, besonders zum Jahrmarkt, die Menschen aus der Stadt und der näheren Umgebung zusammen.

Regionaler Marktplatz: Im **Rathaus,** das ursprünglich auch als Kaufhaus diente, boten die Gewandschneider oder Tuchhändler ihre Stoffe an. Sie gehörten zu den vornehmsten Bürgern der Stadt. Fast ausschließlich aus ihren Reihen rekrutierte sich der städtische Rat. Erst am Ende des Mittelalters sahen sie sich gezwungen, Vertretern der auf ihre Machtstellung schon lange eifersüchtigen reichen Handwerkerzünfte einige Sitze im Ratskollegium einzuräumen. Die kleinen Händler

weiht, dem Schutzheiligen der Kaufleute und Reisenden, erhielt sie ihren neuen Namen Mitte des 13. Jahrhunderts, nachdem Constantia von Österreich, die erste Gemahlin Markgraf Heinrichs des Erlauchten, einen Splitter vom Heiligen Kreuz sozusagen als Mitgift in die Ehe und nach Dresden gebracht hatte. Die für die kostbare Reliquie errichtete Kapelle wurde zum beliebten Wallfahrtsort.

Vielleicht mehr noch als die Kreuzesreliquie wird dort die Menschen der „Schwarze Heiland von Dresden" magisch angezogen haben, ein geheimnisvolles, angeblich von Menschenhaut überzogenes Kruzifix. 1319 erreichte die Dresdner Geistlichkeit von der

oder Krämer boten in Buden und Ständen außerhalb des Kaufhauses ihre Waren an. Käufer, Schaulustige, Taschendiebe und anderes zwielichtiges Volk bevölkerten an solchen Tagen die Innenstadt und boten ein Bild ausgelassener und derber Lebensfreude.

Der mittelalterliche Mensch war aber auch zutiefst verunsichert und bedurfte in besonderem Maße des religiösen Halts. Geheimnisvolle Symbole oder Zeugnisse christlichen Glaubens besaßen daher für ihn eine besondere Anziehungskraft. Hoch über die Häuser am Markt ragte der Turm der uralten **Kreuzkirche.** Ursprünglich dem heiligen Nikolaus ge-

Kurie in Rom für alle Gläubigen, die am Johannistag in bußfertiger Absicht die Kreuzkirche besuchten oder der mit der Kirche rechtlich und vermögensmäßig verbundenen Elbbrücke Schenkungen machen wollten, einen vierzigtägigen Ablaß.

Erste Touristen: Am Johannisfesttag sollen sich im späten Mittelalter mehr als 10 000 Fremde in der Stadt aufgehalten haben – bei einer Einwohnerzahl von kaum mehr als 4000 Menschen. Hauptursache für diesen auch im Zeitalter des Massentourismus nie wieder erreichten Ansturm war die mit der Aufführung dramatischer Spiele verbundene Johannisprozession. Von der Kreuzkirche aus zogen Geistlichkeit und Mitglieder der Zünfte durch die Gassen Dresdens und gestalteten biblische Szenen nach, besonders die Leidensgeschichte Christi. Der Kreuzchor begleitete singend die Prozession. Höhepunkt war nach Beendigung des Umzugs die Aufführung der „Enthauptung Johannes des Täufers" auf einer Bretterbühne vor der Kreuzkirche. Der Rat veranstaltete seit 1489 am Johannistag außerdem Wettrennen zu Fuß und mit Wagen auf dem Marktplatz, wobei der Sieger als Hauptpreis einen lebenden Ochsen mit nach Hause nehmen konnte. Reformatorischer Eifer und Purismus machten diesem Fest 1539 ein Ende.

Kreuzschule, der seit etwa 1300 bestehenden ehrwürdigen Lateinschule der Stadt, predigten in Prag „infizierte" Magister ihre „Irrlehren". Sie waren 1409 mit anderen deutschen Studenten und Professoren aus der Prager Universität ausgezogen und mußten 1412 auf Betreiben des Meißner Bischofs Dresden wieder verlassen. Peter von Dresden, der Rektor der Kreuzschule, wurde Jahre später in Regensburg auf dem Scheiterhaufen verbrannt.

Zur Neuzeit: An der Wende vom Mittelalter zur Neuzeit begann Dresden aus dem Schattendasein einer am östlichen Rande des wettinischen Machtbereichs liegenden kleinen Landstadt herauszutreten. Herzog Albrecht

Arbeit und Feste, Feuersbrünste, grassierende Krankheiten, Krieg und Tod lagen zu jener Zeit eng beieinander. Das 15. Jahrhundert, das ausgehende Mittelalter, brachte den Bewohnern Dresdens auch politisch-religiöse Unruhen, die auch von kriegerischen Auseinandersetzungen begleitet waren.

Ketzerische Lehre: Zu Beginn des Jahrhunderts wurde der „Bazillus" der hussitischen Lehre in die Stadt eingeschleppt. An der

Links: Graf Dietrich von Wettin im Schlachtgetümmel. **Oben**: Markgraf Konrad legt im Dom zu Meißen die Waffen nieder.

der Beherzte und sein Bruder Ernst teilten 1485 das Land. Ernst erhielt als Inhaber der Kurwürde das Herzogtum Sachsen-Wittenberg Thüringen; Albrecht dagegen nahm die Mark Meißen (mit Dresden und dem Erzgebirge), das spätere albertinische Sachsen und wählte Dresden zur Residenz. Dieser Entschluß beeinflußte die Geschichte der Stadt bis ins 19. Jahrhundert hinein. Die Bedürfnisse einer höfischen Gesellschaft waren von nun an maßgebend für die Prosperität des städtischen Wirtschaftslebens. Ohne den Repräsentationswillen des Landesherrn und das Mäzenatentum des Adels wären die kulturellen

Dresden im Mittelalter

Leistungen der folgenden Jahrhunderte nicht denkbar gewesen. Daß der Hof allmählich auch die Mentalität der Dresdner mit zu prägen begann, wird man dagegen mit zwiespältigen Gefühlen sehen. Die weit verbreitete kritiklose Orientierung auf adelige Lebensart war dem bürgerlichen Selbstbewußtsein besonders im 18. Jahrhundert abträglich.

Stadtbrand: Im 16. und 17. Jahrhundert gingen bürgerlicher Leistungswille, fürstliches Macht- und Repräsentationsstreben und die großen gestaltenden Kräfte von Renaissance und Reformation noch eine Symbiose ein. Als am 15. Juni 1491 ein gewaltiger Stadtbrand 230 Häuser und die Kreuzkirche in Asche täuscht von dem „kümmerlichen Städtchen", während sein Nachfolger Johannes Cochläus knapp drei Jahrzehnte später über die „feine Stadt Dresden" erstaunt feststellte, daß hier Häuser gebaut würden, die anderswo als Schlösser gelten.

Hieronymus Emser gehörte neben dem Herzog selbst zu den Gegenspielern der Reformation. Georg der Bärtige war ein entschiedener Gegner Luthers, auch wenn er von der Notwendigkeit der Reformierung der alten Kirche überzeugt war. Schließlich hatte auch in seinem Land das Ablaßunwesen überhandgenommen. 1508 und 1509 war der unsägliche Ablaßhändler Tetzel in Dresden auf-

legte, schien die Stadt vor dem Nichts zu stehen. Herzog Albrecht, der fast ständig im Dienste des Kaisers auf Kriegszügen unterwegs war und sich recht wenig um seine Residenz kümmerte, handelte aber schnell. Er erließ für einige Jahre die Steuern, um den Wiederaufbau zu fördern. Eine Bauordnung verhalf dem Steinbau zum Durchbruch.

Gegen Luther: Unter dem Nachfolger Albrechts, Herzog Georg dem Bärtigen, zeigten die neuen, gestaltenden Kräfte Wirkung, wenn auch die mit der Reformation verbundenen Unruhen vorerst im Vordergrund standen. Hofkaplan Hieronymus Emser war 1505 ent-

getaucht. Die Sittenlosigkeit des Klerus hatte auch hier ein skandalöses Ausmaß angenommen. Doch an einen Bruch mit der römischen Kirche dachte Georg nicht. Emser war seine rechte Hand im Kampf gegen Luther. Mit Feuereifer brachte dieser eine Schmähschrift nach der anderen gegen den ihm verhaßten Reformator in Umlauf. Dresden erlebte dadurch seine Geburt als Verlagsort.

Luther selbst war vor Beginn der großen Auseinandersetzungen zweimal in der Stadt. 1516 schaute er als Distriktvikar des Augustinerordens für Meißen und Thüringen im Altendresdner Kloster nach dem Rechten, 1518 hielt er – damals noch mit Emser befreundet – eine Predigt in der Schloßkapelle. 1521, nach der Bannbulle Papst Leo X. gegen Luther, schlug eine erregte Menge Emser die Fenster seines Hauses ein. Dem nicht weniger verhaßten Stadtpfarrer Peter Eisenberg drohte man Gleiches an. Buchhändler, die lutherische Schriften verteilt hatten, wurden aus der Stadt gejagt. Doch all das konnte nicht verhindern, daß nach Herzog Georgs Tod sein längst „lutherisch" gewordener Bruder Heinrich der Fromme die Regierung übernahm.

Heinrichs Sohn Moritz erwarb 1547 für die Albertiner die Kurwürde. Er und sein Nachfolger August gestalteten Dresden zu einer

pa. Unter Kurfürst Christian I. wurde 1591 der **Stallhof mit dem Langen Gang** vollendet. Der Kanzler Nikolaus Krell, der calvinistische Bestrebungen verfolgt haben soll, wurde 1601 auf dem Jüdenmarkt enthauptet. August begründete 1560 die Dresdner Sammlungen. Hand in Hand mit dieser Entwicklung kam es zum wirtschaftlichen Aufschwung. Nicht mehr die Tuchmacher allein, sondern für die Bedürfnisse des Hofes produzierende Berufsgruppen gelangten zu bis dahin unbekanntem Wohlstand. Dresden überflügelte jetzt Städte wie Pirna und Freiberg. Die Einwohnerzahl verdreifachte sich zwischen 1500 und 1600 auf etwa 15 000.

großartigen **Renaissancestadt**, zur Metropole des mächtigsten Territoriums des Reiches nach den Ländern der Habsburger. Seit 1546 wurde die mittelalterliche Stadtmauer durch eine moderne Befestigungsanlage nach niederländischem Vorbild ersetzt und erweitert.

Höfische Turniere: Kurfürst August ließ bis 1563 das **Zeughaus**, das heutige **Albertinum**, errichten, seinerzeit eines der größten in Euro-

Links: 1685 wurde Altendresden durch einen Brand zerstört (unbekannter Meister). **Oben**: Johann A. Thiele malte Schloß Moritzburg 1736 (Ausschnitt aus einem größeren Gemälde).

Der **Dreißigjährige Krieg** beendete diese erste Glanzzeit. Hungersnöte, Teuerungen, Kriegssteuern und Seuchen bestimmten das Leben der Bürger. Handwerk und Handel gingen dem Ruin entgegen. Die gewaltigen Befestigungsanlagen ersparten der Stadt die unmittelbaren Schrecken des Krieges. So viele Menschen wollten in die Stadt, „daß alle Tore und Brücken zu enge seyn wollten". Erst 1645 war für Dresden dieser bis dahin furchtbarste Krieg in der Geschichte Mitteleuropas beendet. Eine völlig veränderte Welt trat aus den Greueln des Aberglaubens, der Seuchen und der Glaubenskriege hervor.

BLÜTE DES BAROCK UNTER AUGUST DEM STARKEN

Der dunkle Klang seines Namens und das heitere Erscheinungsbild des Zwingers stehen in einem merkwürdigen Kontrast. Dieser Gegensatz setzt sich fort zum Herrscherpaar. Der streng gotischen Figur der **Kurfürstin Eberhardine** steht die berauschende Gestalt **August des Starken** gegenüber. Barock ist nur vor dem Hintergrund von Reformation und Dreißigjährigem Krieg zu verstehen: „Eine ungeheure gespenstische Leere: zerbrochene Menschen, beraubte Erde, tote Heimstätten und eine entgötterte Welt" – das waren die Hinterlassenschaften. Barock, wollen wir dieses Wort in seiner Bedeutung erfassen, ist vor allem kein kunstgeschichtlicher Begriff. Barock ist ein Kosmos, ist überschäumendes Leben nach den Erfahrungen einer Weltkrise. Daß die Zeit des Barock dennoch einer ganz eigenständigen Konstellation entspricht, geht aus der bedrückenden Parallele zur Gegenwart hervor. Aus dem Ende des Zweiten Weltkrieges 1945 folgte durchaus nicht eine so fruchtbare Periode wie nach dem Ende des Dreißigjährigen Krieges 1648. Trümmer mußten damals wie heute beiseitegeschafft werden. Doch die Zielvorstellungen waren entgegengesetzt. Während wir die Spuren des Krieges beseitigen, indem wir die alten Fassaden wieder herstellen, bauten unsere Vorfahren eine grundsätzlich neue Welt. Sie waren produktiv, während wir restaurativ sind.

Barocke Prachtbauten: Wollen wir uns heute ein Bild vom Barock in Dresden machen, dann müssen wir eine Zeit heraufbeschwören, die vergangen ist. Nur ein paar einsame Inseln ragen noch aus dem Meer der Geschichte heraus. Zwinger, Kathedrale, Großer Garten, Moritzburg, Pillnitz, die Kunstsammlungen mit dem Grünen Gewölbe, Staatskapelle und die Oper als Institution, nicht das Haus – dies entstand später. Und wenn das Schloß einmal wieder aufgebaut sein wird, werden auch der Audienzsaal und das Schlafgemach August

Links: August der Starke, Kurfürst von Sachsen, hier als August II. König von Polen, auf einem Gemälde von Louis de Silvestre 1718. **Oben:** Seine Gattin Christiane Eberhardine, streng evangelisch, hatte nicht viel Freude an August.

des Starken wieder zu sehen sein. Aber alles sind Versatzstücke, deren Schönheit wir nur noch im Detail erleben, nicht mehr in ihrem inneren Zusammenhang. Das sollte uns nicht wundern, begriff doch schon Friedrich der Große diese barocke Welt nicht mehr: Als Preußen im Siebenjährigen Krieg (1756 bis 1763) Sachsen überfiel und besetzte, Dresden zerstörte und den Ersten Minister von August III., den **Grafen Brühl**, bis in den Tod demütigte, zeigte sich der preußische König über

den unglaublichen Luxus des Grafen empört: Zu jedem Anzug gehörte eine besondere Uhr, eine Dose, ein Stock, ein Degen. Die Anzüge waren in einem Buch abgebildet, aus dem Brühl jeden Morgen seine Toilette wählte. 200 Paar Schuhe, 800 Schlafröcke und 1500 Perücken ergänzten die Garderobe. „Wieviel Perücken für einen Menschen, der keinen Kopf hat!" war der Kommentar Friedrichs II.

Die große Zeit des Barock in Dresden umfaßt die Regierungszeiten August des Starken und seines Sohnes **August III.** 1694–1763. Schon 1719 sprach eine Schrift von dem „auf dem höchsten Gipfel der Vollkommenheit

August der Starke 31

und Glückseligkeit prangenden Dresden". Wer sich also ein Bild von dieser Stadt machen will, muß sich in die berühmten Veduten Bernardo Bellottos (1721–1780), genannt **Canaletto,** vertiefen.

August der Starke war als zweitgeborener Sohn des Kurfürsten Johann Georg III. nicht Kronprinz. Folglich führte ihn seine Bildungsreise nicht, wie seinen Bruder, nach Holland, das damals die Vorherrschaft hatte, sondern nach Frankreich, Spanien, Portugal und Italien. Nach drei Regierungsjahren starb plötzlich Johann Georg IV., und August übernahm die Kurwürde. Welche folgenschwere Fügung! Wäre August der Erstgeborene ge-

Rauschende Feste: Diese barocke Freude am Leben und an der Kunst manifestierte sich besonders in glänzenden Festen, von denen man in ganz Europa sprach. **August der Starke** inszenierte sie selbst. Der Hintergrund dieser Feierlichkeiten war selbstverständlich die Demonstration von Macht im Sinne des Absolutismus. Die Prunkbauten, die uns heute noch an diese Ereignisse erinnern, waren im Grunde nur die Kulissen. Zwinger, Großer Garten, Pillnitz, Moritzburg, Japanisches Palais: alles Orte großer Feste. Die Elbe selbst wird in der Phantasie August des Starken zum „Canale Grande", der Zwinger ein Festsaal unter freiem Himmel. Im Herbst 1719 ist der

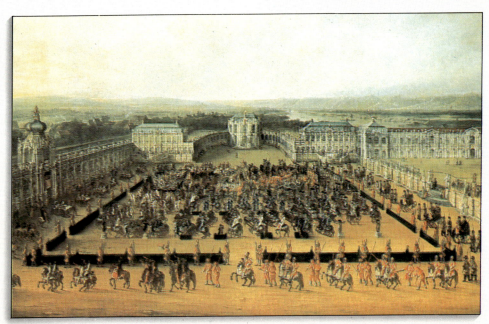

wesen, hätte er sich nach Holland orientiert oder, wäre er nicht Kurfürst geworden, hätte er die auf seinen Bildungsreisen empfangenen Anregungen nicht verwirklichen können. Eine ähnliche Fügung war der Erwerb der polnischen Krone. Der damit verbundene Glaubenswechsel von der evangelischen zur katholischen Religion ließ die große Welle des Barock aus Frankreich und Italien auch nach Sachsen fluten und in Architektur, Malerei, Musik und Dichtung fruchtbar werden. Eine diesseitig ausgerichtete Lebensauffassung setzte sich in allen Bereichen durch.

Bau so weit gediehen, daß hier Teile der Vermählungsfeierlichkeiten des Kronprinzen August III. mit der Kaisertochter Maria Josepha stattfinden konnten, die als Jupiterfest und Merkurfest begangen wurden.

Aus zeitgenössischen Beschreibungen können wir uns einen Begriff davon machen: „Bei dem Carussell der vier Elemente, dem Glanzstück dieses Festes, wirkte der König selber mit, ebenso wie sein Sohn der Kurprinz und die Herzöge von Sachsen-Weißenfels und von Württemberg. Jeder Fürst führte hinter sich sechzehn Reiter und Pferde in denselben Farben. Am prächtigsten erschien August selbst, als Feuer in feuerrotem Atlas gekleidet, mit Diamanten übersät, und mit Salamandern und flatternden goldenen Flammen". Wer war dieser Mann, der zum Sinnbild des Barockfürsten schlechthin wurde?

Legenden über August: Manche Spaziergänger wollen auf der Brühlschen Terrasse gar nicht die schöne Aussicht genießen. Ihr Blick streicht suchend über das Geländer. An sie sollte sich der Fremde halten, denn das sind die Eingeweihten. Sie suchen den Daumenabdruck von August dem Starken im Handlauf des eisernen Geländers. Dabei bemerken sie nicht, daß dieses Geländer bestenfalls aus dem 19. Jahrhundert stammt. Aber die Legende ist

sen zerbrach." Damit bringt der Historiker zugleich noch ein anderes Phänomen mit zur Sprache. August war der Don Juan auf dem Throne. Die Markgräfin von Bayreuth hat in ihren Memoiren berichtet, er habe 354 natürliche Kinder, und ein französischer Professor wies ihm 700 Frauen nach (also 300 weniger als der weise Salomon). Gerechterweise sollten wir bedenken, daß die Zeit, in der August der Starke lebte, einer unglaublichen Demoralisation verfallen war. Eine Mätresse gehörte zum guten Ton. Augusts bekannteste war die **Gräfin Cosel** (1680–1765), die er aus vielerlei Gründen lebenslänglich auf der Burg Stolpen gefangenhielt. Es heißt, sie habe es vorge-

schön, weil sie glaubwürdig in das Bild paßt und August den Beinamen „der Starke" gab. Seine Riesenstärke soll vom Trinken von Löwenmilch hergerührt haben, sagt eine andere Legende. Daß er silberne Becher, Teller und harte Taler wie Papier zerbrach, ist schon eher glaubhaft. So nannte man ihn auch den sächsischen Herkules. Treffend sagt Vehse: „Er zerbrach die Herzen der Damen, wie er Hufei-

Links: Den Zwinger ließ August als Hintergrund für seine ausschweifenden Spiele bauen (J.A. Thiele). Oben: Aussöhnung 1728 mit den Verwandten beim Soldatenkönig Friedrich Wilhelm I. und seiner Frau Sophie-Dorothea (Antoine Pesne).

zogen, an diesem Ort zu bleiben, obwohl sie nach Augusts Tod hätte freikommen können. Seine Frau hingegen, die Kurfürstin Christiane Eberhardine von Bayreuth, war fromm und ernst, weshalb sie auch vom Volk die „Betsäule von Sachsen" genannt wurde.

Sein Aufstieg: August wurde 1670 geboren. Zwischen 1687–1689 lernte er die große Welt kennen. Er reiste nach Frankreich, wo er in Versailles mit Ludwig XIV. zusammentraf, nach Spanien, Portugal und Italien. Den Kurfürstenhut erhielt er 1694, zwei Jahre später wurde sein Sohn und Thronfolger August II. geboren. Mit Unterstützung seines Freundes,

August der Starke 33

des Kaisers Joseph von Österreich, wurde August der Starke 1697 als August der II. zum König von Polen gewählt. Zuvor mußte er der katholischen Kirche beitreten; ein ungewöhnlicher Akt im Mutterland der Reformation. Die Kosten auf die Erwerbung des Throns beliefen sich auf elf Millionen Taler.

Bald ließ sich August der Starke auf den Nordischen Krieg ein. Schweden, genauer gesagt Augusts junger Cousin Karl XII., kämpfte gegen Rußland, Dänemark und Sachsen-Polen. August wurde von ihm 1702 aus Polen vertrieben, 1704 als polnischer König zugunsten Stanislaus Leszcynskis abgesetzt. Im Frieden zu Altranstädt, 1706, mußte August Verzicht auf die polnische Krone leisten. Nach der Schlacht bei Poltawa/Ukraine, in der Schweden geschlagen wurde, gelang es August 1709 erneut, in den Besitz der Krone zu gelangen. Er regierte das Land nun beinahe ein Vierteljahrhundert. Sein Sohn, König August III. von Polen, behauptete die Krone. So blieb die Personalunion zwischen Sachsen und Polen bis 1763 bestehen.

Nach siebenjähriger Abwesenheit kehrte August 1704 nach Dresden zurück. Die Staatskasse war leer. Er nahm Anleihen in Holland auf, veräußerte Land und führte eine individuelle Steuer ein, die Akzise. Dadurch stiegen die Lebensmittelpreise um ein Drittel. Seit 1713 unterhielt er eine stehende Armee von 16 000 Mann. Seine Geldquellen im Land waren die reichen Bergwerke, der gesegnete Ackerbau und ein fleißiges Volk. Die Macht des Adels wurde durch die lange Abwesenheit des Kurfürsten-Königs verstärkt. Die Minister waren mehr Herren des Landes als der König selbst. August hielt sich einen Großkanzler als Geldbeschaffer, einen Oberkämmerer, der für alle Lustbarkeiten zuständig war, und einen Generalfeldmarschall, der die diplomatischen Angelegenheiten regelte.

1733 starb August der Starke in Warschau. Sein Sarg steht in Krakau. Sein Herz wurde

nach Dresden gebracht und in einer silbernen Kapsel in der Gruft der Hofkirche/Kathedrale aufbewahrt.

Der Sünde Blüte: Nicht der Staat, sondern der Hof hatte unter August dem Starken sein goldenes Zeitalter. Es war der glänzendste, der je in deutschen Landen bestand. August entwarf die Pläne aller Hoffeierlichkeiten. Da gab es Mars-, Venus-, Diana-, Neptun- und Saturnfeste. Die Bauernfeste wurden vom Volk mit großem Beifall aufgenommen, denn es kamen Fremde ins Land, Künste und Wissenschaften wurden belebt, Waren und Geld kamen in Umlauf.

Alles, was heute für Dresden steht, war August des Starken Schöpfung. Zu seiner Zeit waren die Häuser der Stadt noch aus Holz. 1708 verfügte er, in Stein zu bauen. Die bedeutendsten Bauten während seiner Regierungszeit sind Zwinger, Frauenkirche, Japanisches Palais, Moritzburg und Pillnitz. Die Kunstschätze, die er zusammengebracht hat, sind noch heute Glanzpunkt im Grünen Gewölbe und in der Gemäldegalerie. Er förderte die französische Komödie, das Ballett, die Dresdner Kapelle und die italienische Oper. Eine Inszenierung kostete 40 000–50 000 Taler, aber alle „anständig gekleideten Personen" hatten freien Eintritt.

rich von Treitschke, preußischer Historiker, schrieb: „Als die Prunksucht der Albertiner mit der Unzucht des polnischen Adels sich freundlich zusammenfand, trat der deutsche Absolutismus in seiner Sünde Blüte."

Augusts Traum: Dem heutigen Besucher will sich ein heiteres Bild des Zwingers nicht so recht herstellen. Durch die Luftverschmutzung ist der Sandstein zerfressen und hat sich tiefschwarz gefärbt. Wem es schwer fällt, sich das barocke Dresden in seiner Phantasie auszumalen, der besuche das Grüne Gewölbe. Johann Melchior Dinglingers (1664–1731) „Der Hofstaat zu Delhi am Geburtstag des Großmoguls Aureng-Zeb" ist der Kunst ge-

Ins Zentrum Europas: August der Starke versetzte Sachsen aus seinem stillen und beschränkten Kreis auf den großen Weltschauplatz der europäischen Politik. Von seinen Niederlagen profitierte hauptsächlich Brandenburg/Preußen. Die preußische Propaganda, besonders unter Bismarck, hat stets für eine Abwertung sächsischer Geschichte zu Gunsten eigener Aufwertung gesorgt. Hein-

Links: Canaletto vermittelte 1749 ein anschauliches Bild vom Neumarkt mit der Frauenkirche und der Alten Wache (Ausschnitt). **Oben:** So wollte August glänzen: *Der Hofstaat zu Delhi* von Johann Dinglinger (1701-1708), hier ein weißer Elefant.

wordene Traum August des Starken von einem großen Reich der Wettiner.

Der Siebenjährige Krieg und zerrüttete Staatsfinanzen beendeten die große Zeit des Barock in Dresden. Helene von Nostitz sagte dazu: „Ein neuer Stil, aus einem sachlicheren und bürgerlicheren Leben erwachsend, bereitet sich vor, und der Alltag behauptet sein Recht auf Kosten des schöpferischen Schwungs. Auch die Fürsten werden gewissenhafter, bürgerlicher und vorsichtiger. Doch vermochten diese Tugenden nicht so dauerhafte Werke für die Nachwelt zu schaffen wie die Maßlosigkeit August des Starken."

CONSTANTIA VON COSEL

Sie liebten sich leidenschaftlich – August der Starke und seine Mätresse Constantia von Cosel. Sie feierte mit ihm rauschende Feste, leitete den Hof, repräsentierte Sachsen geschickt gegenüber ausländischen Diplomaten, engagierte die hervorragendsten Künstler, war anmutig, schön, begehrt und ließ sich gerne von ihm beschenken.

Constantia leitete ihren eigenen Stadthaushalt, das Rittergut Pillnitz, und verdiente als selbständige Geschäftsfrau auf der Leipziger Messe am Geldverleih. August wollte sie immer um sich haben. Nicht nur im Bett – er nahm sie mit auf seine Inspektionsreisen durch das Land und nutzte ihre analytischen Fähigkeiten. Beim Wettschießen ließ sie oft als einzige Dame die Kavaliere des Hofes weit hinter sich. Die Männer am Hofe waren von ihrer erotischen Ausstrahlung angezogen, keiner blieb von ihrer Schlagfertigkeit verschont.

Nie zuvor hatte August eine Mätresse so ausgestattet. Sie hatte zwei Wachen vor ihrem Haus, seine Minister nur eine. Er baute für sie das grandiose Taschenbergpalais, kaufte ihr Schloß Pillnitz und besorgte für sie beim Kaiser den Titel der Reichsgräfin von Cosel. August war der barocke Mensch in seiner vollendeten Form, Constantia stand ihm in nichts nach. Ihre Liebe war so groß, daß sie an August glaubte und zu ihm hielt, selbst als er sie nach politischen Intrigen fallen ließ.

Holsteinische Herkunft: Constantia war nicht nur Augusts Mätresse, sondern insgeheim – aber mit Ehevertrag – auch seine Gattin zur Linken. Sie wurde am 17. Oktober 1680 auf Gut Depenau bei Plön geboren. Die Vorfahren der Mutter stammten aus der reichen hamburgischen Kaufmannsfamilie Marselis, die des Vaters aus der verarmten Familie des holsteinischen Ritters Brockdorff. Ihr Vater lehrte sie reiten, schießen, ließ sie unterrichten. Die Mutter brachte ihr bei, den Hof zu führen. Als Hoffräulein einer dänischen Prinzessin lernte sie die Etikette des Adels.

Adolf Magnus von Hoym, zwölf Jahre älter als sie, der bei Adel, Bauern und Volk verhaßte Steuereintreiber Augusts, heiratete sie 1703 und nahm sie mit nach Dresden. Die Ehe lief schlecht, Hoym isolierte sie, sie verweigerte ihm die ehelichen Rechte, wünschte schließlich die Trennung. Bei einem Ball trat sie vor August, stellte sich selbst vor, redete lange mit ihm. Ein Skandal. Kurz darauf brannte Constantias Haus. Der König ließ sich wegen der gefährlichen Lage für die Stadt zum Brandort fahren und sah Constantia die Anweisungen zum Löschen geben. Er nahm sie in seiner Kutsche mit zu einem Fest. Lange Zeit ließ sie sich nicht auf sein Werben ein.

Ihr Aufstieg: Erst als er ihr ein Haus neben dem Schloß anbot, gab sie seinem Wunsch nach, Mätresse zu werden. Sie diktierte den geheimen Ehevertrag, in dem festgelegt wurde, daß August sich von seiner vorigen Mätresse, der Fürstin Teschen, zu trennen habe; daß er Constantia 100 000 Taler jährlich zahlt, fast soviel wie der Königin; vor allem aber, daß er die gemeinsamen Kinder offiziell anerkennt. August akzeptierte. In den folgenden Jahren war Constantia bei allen Besprechungen in seiner Nähe. Ihre gegenseitige Abhängigkeit schloß seine Minister und Günstlinge aus und machte die weibliche Konkurrenz eifersüchtig. Constantia verhielt sich den höfischen Intrigen gegenüber naiv. Sie vertraute den rivalisierenden Gruppen am Hof und verließ sich auf ihre tiefe Liebe zu August.

Augusts Erster Minister und engster Berater war Generalleutnant Jakob Heinrich von Flemming. Zuneigung und kontrollierte Distanz verbanden ihn mit Constantia. Sie waren Konkurrenten um die Gunst des Königs.

Ihr Absturz: Es war Flemming, der August riet, sich eine polnische Mätresse zu nehmen. Constantia war verletzt und empört. Sie sollte den Ehevertrag herausgeben, Geschenke wurden zurückgefordert. Schließlich wurde sie in Stolpen inhaftiert und lebte dort 49 Jahre lang, 30 Jahre über Augusts Tod hinaus. 1762 soll sie dem Prinzen von Ligne erzählt haben, daß sie nach Augusts Tod hätte freikommen können, es aber vorgezogen habe, in Stolpen zu bleiben, da sie niemanden mehr kenne.

Anna Constantia Gräfin Cosel, Augusts Mätresse, heimliche Ehefrau und Beraterin.

RESIDENZSTADT DES KÖNIGREICHS SACHSEN

Das Augustäische Zeitalter war mit dem Ende des Siebenjährigen Krieges vorbei. Dresden war zerstört; noch lange waren Ruinen zu sehen. Erst 60 Jahre nach Kriegsende wurde die Einwohnerzahl von 1755 wieder erreicht. Verantwortungsbewußte bürgerliche Männer, erfüllt von den Ideen der Aufklärung, hatten 1762/63 gewisse Reformen in der Handels-, Gewerbe- und Agrarpolitik und zur Regulierung des Staatsschuldenwesens entworfen mit dem Ziel, das wirtschaftliche und kulturelle Lebens des Landes wiederzubeleben. Nach jahrelangem Defizit wies der sächsische Staatshaushalt ab 1774 erstmals wieder einen Überschuß auf.

Als am 6. August 1806 Franz I. die römisch-deutsche Kaiserwürde niederlegte, hörte nach 1000 Jahren das „Heilige Römische Reich Deutscher Nation" de jure auf zu bestehen. Seine Auflösung war bereits am 12. Juli 1806 besiegelt, als sechzehn deutsche Reichsstände in Paris die Urkunde des Rheinbundes unterzeichneten, der unter dem Protektorat Napoleons stand. Am 11. Dezember 1806 wurde in Posen Frieden zwischen Frankreich und Sachsen geschlossen, in dessen Folge der Kurfürst Friedrich August III. dem Rheinbund beitrat, den Titel eines Königs von Sachsen annahm und sich Friedrich August I. nannte.

Sieben Könige: Aus der kurfürstlichen Residenz wurde die Königliche Haupt- und Residenzstadt Dresden. Für 112 Jahre. Zwischen 1806 und 1918 residierten in Dresden sieben Könige aus der Linie der Wettiner. Bis auf Friedrich August III. sind sie auf dem **Fürstenzug** (957 Quadratmeter) am Langen Gang des Stallhofes in der Augustusstraße in der Bild- und Vorstellungswelt des 19. Jahrhunderts zu sehen. Zuerst in Sgraffito-Technik (1876) geschaffen, später auf 24 000 Fliesen aus Meißner Porzellan übertragen. Die Stadt verlor ihren Titel, als am 13. November 1918 Friedrich August III. abdanken mußte und Sachsen aufhörte, als Königreich zu existieren.

<u>Links</u>: König Albert, Regent von 1873–1902, und Königin Carola. <u>Oben</u>: Das Altstädter Rathaus.

Mag auch die veränderte Staatsform das Erscheinungsbild der Stadt zunächst kaum beeinflußt haben, so wurden doch im Gefolge eines Befehls Napoleons die Weichen in die Zukunft gestellt; zwischen 1809 und 1829 wurden die alten Festungswerke geschleift. Die in mittelalterlichen Fesseln beengte Stadt konnte sich nun befreien. Treibende Kraft dieser Erweiterung war die Emanzipation des Bürgertums; der Adel verlor an Bedeutung. Sichtbares Symbol ist die Brühlsche Terrasse.

Sie wurde durch eine breite Treppe mit der Stadt verbunden. Ein selbstbewußtes Bürgertum ergriff davon Besitz. Auf dem ehemaligen Festungsgelände, besonders in der Neustadt, wurden Wohnbauten errichtet und Alleen angelegt. Eine allgemeine Bauordnung setzte neue Maßstäbe. Schon 1710 waren die letzten Holzbauten verschwunden. Seitdem dominierte der verputzte Ziegelbau. Ab 1830 wurde auch Sandstein verwendet. Mit der Berufung (1834) von **Gottfried Semper** (1803–1879) – sein Denkmal steht auf der Brühlschen Terrasse – wurde das Stadtbild zunehmend von der Neorenaissance geprägt.

NAPOLEON IN DRESDEN

von E.T.A. Hoffmann

Ernst Thedor Amadeus Hoffmann kam am 25. April 1813 als Musikdirektor der Operntruppe Joseph Secondas nach Dresden. Er berichtet seinem Verleger, wie Napoleon die Stadt erneut einnahm.

Napoleon hatte die Französische Revolution zerschlagen und doch ganz Europa nach ihren Idealen geformt. 1812 zog er mit 600 000 Soldaten nach Rußland und trat geschlagen im Oktober den Rückzug an. Der Verbündete Preußen fiel von ihm ab und schloß einen Neutralitätsvertrag mit Rußland. Der preußische König rief zum erstenmal das Volk zum Widerstand auf: „Es ist der letzte, entscheidende Kampf, den wir bestehen für unsere Existenz, unsere Unabhängigkeit, unseren Wohlstand!" Napoleon rückte blitzschnell an, siegte zunächst in Bautzen, wurde aber in der „Völkerschlacht von Leipzig" im Oktober 1813 geschlagen. Deutschland wurde frei bis zum Rhein, Paris wurde besetzt, Napoleon mußte nach Elba ins Exil.

Es ist eine Zeit, in der sich Neues an Neues drängt, so daß man nur das zunächst Erfahrene erzählen mag; verlangen Sie daher nichts umständliches über meine Fata. Nur so viel, daß das herrliche Dresden selbst in den kritischsten Zeiten, selbst in meiner übermißlichen Lage, mich ganz ermutigte. Schon den 3. Mai ging ungeheure russische Bagage über die Elbe, Tag und Nacht. Am 7. verließ der Staatskanzler v. Hardenberg mit den Staatsräten Dresden. Den 8. ritt der König von Preußen durch die Stadt. Der Kanonendonner erschütterte die Fenster der Häuser an der Elbe. Um elf ritt ein französischer Trompeter durch die Straßen, Cavallerie und Infantrie folgten, und um fünf Uhr traf unter dem Geläute aller Glocken und von verschiedenen Deputationen empfangen Seine Majestät der Kaiser Napoleon ein.

Die Russen blieben in der Neustadt, und nun ging ein Tirailliren an mit Büchsen. Wie der russische Offizier hin und hersprang, um seine Feinde zu entdecken und wie er eifrig dem versammelten neugierigen Volke zuwinkte, sich zu entfernen! Die Kugeln prallten am Schloßtore ab, und eine Frau wurde schwer verwundet, ein Knabe erschossen. Am 9. Mai hatten sich französische Jäger auf die Galerie und auf den Turm der katholischen Kirche postiert und schossen munter herüber. Jetzt flogen Kartätschenkugeln – die Russen hatten Geschütz aufgepflanzt – bis in den Neumarkt, und um 1 1/2 Uhr platzte mitten auf dem Altmarkt eine hereingeworfene Granate.

Mit dieser Gefahr unbekannt ging ich noch vormittags um zehn Uhr an das Brühlsche Palais und fand in der Nähe des Schloßtores mehrere Menschen, wurde aber in dem Augenblick von einer Kugel, die von der Mauer abschlug, am Schienbein, jedoch so matt getroffen, daß eigentlich nur meine neue Stiefelklappe verwundet wurde, ich aber nur einen blauen Fleck davontrug. Die wie ein Geldstück plattgedrückte Kugel hob ich zum Andenken auf und mit diesem Andenken ganz zufrieden...entfernte ich mich schnell und gab die Idee auf, den Wall zu besuchen...

An kein Amt, an keine Vesper war zu denken, denn die Kugeln zersplitterten die Fenster der Kirchen und schlugen in die Türe ein. Sodaß schon in aller Frühe ein alter Mann an der Kirchentreppe erschossen wurde – an das Schloß-Thor fuhren zischend unaufhörlich Kugeln. Kurz, in der ganzen Gegend konnte man den Tod der Neugierde sterben. Ob ich nun hier in Dresden bleibe – wie und wann ich nach Leipzig gehen werde, das wissen die Götter. Ich habe daher das teure Hotel verlassen und mir auf dem Altmarkt Nr 33, bei Madame Vetter vier Treppen hoch, ein höchst romantisches Stübchen ganz in der Nähe des Uranus gemietet, worin ich jetzt sitze und im stolzen Bewußtsein meines Heldenmutes von ausgestandener Angst und Gefahr schreibe. ■

Akzente im Stadtzentrum setzten zunächst das Opernhaus (1838–1841) und später die Gemäldegalerie (1847–1854). Das 1869 abgebrannte erste Opernhaus wurde 1871–1878 durch einen Neubau ersetzt.

Industrialisierung: Nach 1870/71 wurden die öffentlichen und privaten Bauten überladen (Historizismus/ Eklektizismus) und zunehmend stillos. Die Industrialisierung und das rasche Wachstum der Bevölkerung ließen in den Vorstädten Mietskasernen entstehen. Hans Erlwein, seit 1905 Stadtbaurat, belebte das Stadtbild, indem er an den Dresdner Barock anknüpfte. Das **Italienische Dörfchen** (1911–1913) sei hier als Beispiel genannt.

endem Grund am Stadtrand. Auch die anderen öffentlichen Gebäude beanspruchten zentrale Plätze. Bedenkt man noch die zahlreichen Privatbauten, die in diesem Zeitraum entstanden, so wurde in den Gründerjahren das Stadtbild bedenklich verändert. Sicher, der damalige Zeitgeist empfand es weniger problematisch als der heutige denkmalschützerische Blick. Durch die solide Bauweise überstanden viele öffentliche und private Bauten aus jenen Jahren die Bombardements besser als die historischen Gebäude des alten Dresden. Sie beherrschen das Stadtbild und werden gar aufgewertet durch den Kontrast zu den einfallslosen Neubauten nach 1945.

Nachdem Berlin das Reichstagsgebäude erhalten hatte, wollte auch Dresden nicht nachstehen und ließ sich vom gleichen Architekten Paul Wallot (1841–1912) das **Landtagsgebäude** zentral am Schloßplatz bauen (1901-1907), dem viel alte Bausubstanz (Palais Brühl, Palais Fürstenberg) weichen mußte.

Bauboom: Wachsende Verwaltungsaufgaben und gesteigerte Repräsentationssucht gaben sich nicht zufrieden mit neu zu bebau-

Verwaltungsbauten: Blickt der Besucher von der Brühlschen Terrasse auf das gegenüberliegende rechtselbische Neustädter Ufer, sieht er zwei wuchtige Gebäude, links das ehemalige Finanzministerium (1892–1894), rechts das ehemalige Gesamtministerium (1900–1904). Diese Behörden waren für die Verwaltung des Königreichs Sachsen zuständig (und sind heute Sitz der Landesregierung). In der Schießgasse, neben dem Stadtmuseum, entstand das Polizeipräsidium (1894–1898), das in den siebziger Jahren unseres Jahrhunderts zur Frauenkirche hin kräftig erweitert wurde, ohne daß die Denkmalspflege ihr Mit-

Links: Napoleon hatte 1813 kein Glück in Dresden, wenig später muße er ins Exil nach Elba. **Oben:** Das Japanische Palais in der Neustadt um 1835.

spracherecht wahrnehmen konnte. Auch das **Rathaus** wurde neu gebaut (1905–1910). Der wuchtige Turm ist mit 100,20 Meter das höchste Bauwerk der Stadt. Der vergoldete Rathausmann auf der Spitze des Turmes (Höhe 5,60 Meter) wurde zum Wahrzeichen Dresdens. Nach dem Krieg sagten die Einwohner scherzhaft: Der Mann zeigt, wie hoch bei uns der Dreck liegt. Der Bau dient nach wie vor der kommunalen Verwaltung.

Entwicklung zur Großstadt: 1839 wurde die erste deutsche Fernbahn zwischen Leipzig und Dresden eröffnet, gefolgt von sechs verschiedenen Linien der Sächsischen Staatsbahn. Der Hauptbahnhof (1892–1895) und der III. Neustädter Bahnhof (1898–1901) ragen bis in unsere Zeit heraus. Mit dem Beginn der Dampfschiffahrt auf der Elbe (1837) wurde die einzige Brückenverbindung zwischen Dresden-Altstadt und der Neustadt zum Problem. Die Brückenbögen wurden zu eng und hatten eine zu geringe Höhe. So wurde der alte Bau (1727–1731) von Matthaeus Daniel Pöppelmann abgetragen und an gleicher Stelle eine **neue Brücke** aufgeführt (1907–1910). Fünf weitere Brücken wurden über die Elbe errichtet. Zu Recht kann man sagen, daß sich Dresden erst in diesem Zeitraum, in dem auch die Straßenbeleuchtung, das Abwassersystem, Banken, Warenhäuser und Hotels gebaut wurden, zu einer Großstadt entwickelte.

Wer heute nach Dresden kommt, um die berühmte Stadt des Barock zu sehen, muß enttäuscht werden. Nur noch vereinzelt stehen Zeugen aus dieser großen Vergangenheit. Was die kapitalistischen Gründerjahre vor dem Ersten Weltkrieg nicht schafften, vollendete die sozialistische Gründerzeit nach dem Zweiten Weltkrieg.

Zwei architektonische Außenseiter: Auf dem zentralen Platz zwischen Schloß, Opernhaus und Zwinger (Gemäldegalerie) wird, nach Entwürfen des Berliner Architekten Karl Friedrich Schinkel (1781–1841) die **Altstädter Wache** erbaut (1830–1832). Sie blieb erhalten. Ein Kuriosum im Stadtbild Dresdens ist die als Moschee verkleidete **Zigarettenfabrik Yenidze** (1912). Sie wird als ein architektonisches Kleinod von vielen bestaunt. Zu Beginn des 19. Jahrhunderts hatte noch alles, Haus, Platz, Straße, sein auf den Menschen bezogenes harmonisches Maß.

Oben: Sächsische und preußische Truppen 1849 beim Angriff auf die Barrikaden auf dem Dresdner Neumarkt, hinter denen auch Richard Wagner und Gottfried Semper standen. **Rechts:** Barrikadenkämpfe im Revolutionsjahr 1848.

Richard Wagner im Aufstand

Richard Wagner war dabei, als die demokratisch gesinnten Bürger Dresdens 1849 den Aufstand gegen die fürstliche sächsische Regierung wagten. Obwohl ein großer Teil des Bürgertums eng an den Hof gebunden war, konnten die sächsischen Demokraten bei den Landtagswahlen 1849 ihre Position festigen. Das Königshaus löste daraufhin den Landtag auf. Dies und die Ablehnung der vom Parlament in Frankfurt beschlossenen Reichsverfassung gaben den Anstoß zur Auseinandersetzung. Erst als auf das Volk geschossen wurde, rief der „Vaterlandsverein" zum bewaffneten Aufstand. Die unerfahrenen Truppen unterlagen dem preußischen Militär, das dem sächsischen Hof zu Hilfe eilte. Der Aufstand wurde niedergeschlagen, die Gefängnisse füllten sich, Wagner und der Architekt Semper flohen ins Ausland. Aus Wagners Tagebuch:

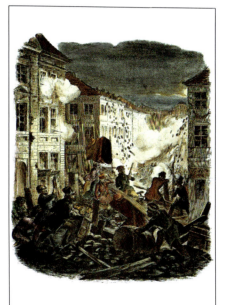

Sonntag, der 7. Mai 1849, war einer der schönsten Tage des Jahres; ich wurde vom Gesang einer Nachtigall geweckt. Gegen Sonnenaufgang senkte sich ein Nebel herab: durch ihn vernahmen wir die Musik der Marseillaise zu uns herdringen, wie sie sich näherte, zerstreuten sich die Nebel, und hell beschien die glutrot aufgehende Sonne die blitzenden Gewehre einer Kolonne, welche von dorther der Stadt zuzog.

Es war unmöglich, dem Eindrucke dieser andauernden Erscheinung zu wehren... Es waren dies nicht weniger als einige tausend gut bewaffnete und organisierte Erzgebirgler, meist Bergleute, welche zur Verteidigung Dresdens herangekommen waren. Bald sahen wir sie auf dem Altmarkt, dem Rathaus gegenüber, aufmarschieren und nach jubelnder Bewillkommung dort zur Erholung vom Marsche sich lagern.

Einen ungleich bedeutungsvolleren Eindruck erhielt ich aber, als ich gegen elf Uhr das alte Opernhaus, in welchem ich vor wenigen Wochen noch die letzte Aufführung der Neunten Symphonie dirigiert hatte, in hellem Brand aufgehen sah. Von je war die Feuergefährlichkeit dieses mit Holz und Leinwand angefüllten Gebäudes der Gegenstand der Befürchtung von Feuergefahr gewesen. Man sagte mir, es sei, um einem gefährlichen Angriff der Truppen von dieser bloßgelegten Seite her zu begegnen und zugleich die berühmte Sempersche Barrikade vor einer übermächtigen Überrumpelung zu schützen, aus strategischen Gründen in Brand gesteckt worden; woraus ich entnahm, daß derlei Gründe in der Welt ein für mächtiger als ästhetische Motive bleiben, aus welchen seit langer Zeit vergeblich nach Abtragung dieses häßlichen, den eleganten Zwinger so arg entstellenden Gebäudes verlangt war.

Von so ungemein leicht brennbarem Stoff angefüllt, brach dieses in seinen Dimensionen imposante Haus in kürzester Zeit in ein ungeheures Flammenmeer aus. Mit Kunsteifer wußte man dem Weitergreifen des Brandes auf die Galerie des Zwingers zu wehren.

Endlich füllte sich unser bis dahin verhältnismäßig ruhiges Observationsasyl mit immer größeren Scharen von Bewaffneten, welche hierher kommandiert waren, um von der Kirche aus den Zugang nach dem Alten Markt, dessen Angriff von der Seite der schlecht verwahrten Kreuzgasse her man befürchtete, zu verteidigen. Unbewaffnete hatten nun hier nichts mehr zu suchen; außerdem war mir eine Botschaft meiner Frau zugekommen, welche nach ausgestandener schrecklicher Beängstigung mich nach Hause rief. Nur mit großer Mühe und unter den zeitraubendsten Schwierigkeiten gelang es mir, auf allerhand Umwegen in meine abgelegene Vorstadt, von welcher ich durch die kampferfüllten Teile der Stadt und namentlich durch eine Kanonade vom Zwinger aus abgeschnitten war, zurückzugelangen. ∎

DRESDEN IM 20. JAHRHUNDERT

Die Geschichte Dresdens im 20. Jahrhundert ist mittlerweile genug zu Papier gebracht worden, denn die zum Teil eigentümlichen Darstellungen aus der DDR-Zeit waren durch die Politisierung unbrauchbar. Vorrangig das Stadtmuseum und das Militärhistorische Museum hatten Hochkonjunktur beim Überarbeiten ihrer Sammlungen.

Die offizielle Geschichtsschreibung im SED-Staat sollte den Siegeszug der Arbeiterklasse unter Führung der kommunistischen Partei darstellen. Auch die Lokalgeschichte wurde in diesem Sinne verfälscht. Verschwiegen wurden reformistische Versuche wie Hellerau, die Gartenstadt im Norden Dresdens, die ein humanistisch gesonnener Holzfabrikant vor dem Ersten Weltkrieg für seine Arbeiter bauen ließ.

Unerforscht blieben auch die Politik im demokratischen Freistaat Sachsen nach dem Ersten Weltkrieg und die damals maßgeblich von Sozialdemokraten bestimmte Stadtpolitik. An sie sollte unter der Herrschaft der SED genausowenig erinnert werden wie an die 1952 aufgelöste und 1990 wiederhergestellte föderalistische Gliederung Ostdeutschlands. Totgeschwiegen wurde auch die Geschichte der Juden in Deutschland.

In vielen westdeutschen Städten bildeten sich in den siebziger Jahren Geschichtswerkstätten, die die Lokalgeschichte erforschten. Im Osten geschah wenig dergleichen – und wenn, nur im Verborgenen und gegen den Willen des Staates. Antifaschismus wurde zur Staatsdoktrin der DDR, doch eine gründliche Auseinandersetzung mit dem Nationalsozialismus fand nicht statt.

Die SED-Geschichtsdarstellungen zur Nachkriegszeit waren nichts anderes als geschönte Leistungsbilanzen der herrschenden Partei. Mit der Wende begann zunächst die Verdrängung der jüngsten Vergangenheit.

Links: Martin Luther vor der zerstörten Frauenkirche (vor 1993). **Oben:** Ernst Grämer präsentierte zum 1. Treffen der Jungen Pioniere 1952 seine in Stein gehauene Leninbüste. Ihr heutiger Stand- bzw. Lagerort konnte nicht ermittelt werden.

Normalerweise kann ein Geschichtsüberblick wie dieser auf die Arbeit der professionellen Historiker zurückgreifen. Vor dem skizzierten Hintergrund können die folgenden Seiten nicht mehr sein als der Versuch, ein historisches Puzzle zusammenzubauen.

Zwischen den Kriegen: *„Gegen Abend ging Fabian in die Altstadt hinüber. Von der Brücke aus sah er die weltberühmten Gebäude wieder, die er, seit er denken konnte, kannte: das ehemalige Schloß, die ehemalige Königli-*

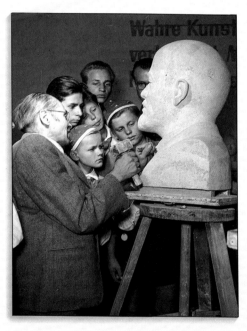

che Oper, die ehemalige Hofkirche, alles war hier wunderbar und ehemalig. Der Mond rollte ganz langsam von der Spitze des Schloßturms zur Spitze des Kirchturms, als gleite er auf einem Draht. Die Terrasse, die sich am Flußufer erstreckte, war mit alten Bäumen und ehrwürdigen Museen bewachsen. Diese Stadt, ihr Leben und ihre Kultur befanden sich im Ruhestand. Das Panorama glich einem teuren Begräbnis." So hat **Erich Kästner** seine Vaterstadt 1930, in dem Roman *Fabian*, gezeichnet. Kästner zog es nach dem Studium wie viele junge Künstler und Intellektuelle nach Berlin, das Dresden den Rang als führende Kulturmetropole des Reiches längst abgelaufen hatte. Dresden nahm seit Mitte der zwanziger Jahre immer mehr den Charakter einer ruhigen Provinzstadt an, bis es von der Wirtschaftskrise der frühen dreißiger Jahre erschüttert wurde.

Vorangegangen war ein politisch aufregender Zeitabschnitt. Am 9. November 1918 hatte die Revolution auf Dresden übergegriffen. Ein revolutionärer Rat aus Arbeiter und Bauern erklärte die sächsische Landesregierung für abgesetzt und proklamierte eine „soziale Republik". Der sächsische König mußte abdanken, auf dem Schloß wurde die rote Fahne gehißt. Eine Spur dieser Tage ist noch in den staatlichen Gemäldesammlungen zu sehen: An den meisten Bilderrahmen fehlt oben über der Bildmitte die besitzanzeigende Krone, die damals abgebrochen wurde.

Beim Spartakusaufstand im Januar 1919 erschossen gegenrevolutionäre Truppen 14 kommunistische Arbeiter. Im April wurde der sächsische Kriegsminister, ein Sozialdemokrat, von Demonstranten in die Elbe geworfen. Daraufhin verhängte die Reichsregierung den Ausnahmezustand über Sachsen.

Während des rechten Kapp-Putsches im März 1920 in Berlin floh die Reichsregierung nach Dresden, fand aber beim dortigen Reichswehrkommandeur keinen Unterschlupf und reiste nach Stuttgart weiter. Am 15. März kam es in Dresden zum Generalstreik gegen die Putschisten. Auf dem Postplatz eröffnete die Reichswehr das Feuer und erschoß 59 Demonstranten.

Bei den ersten Wahlen zum sächsischen Landesparlament und zur Dresdner Stadtverordnetenversammlung konnten die gemäßigten Linken (SPD und USPD) absolute Mehrheiten erzielen. Im November 1920 wurde eine neue sächsische Verfassung verabschiedet, in der das Land sich als „Freistaat" definierte. Landesparlament und Landesregierung nahmen in Dresden ihren Sitz. Wie we-

nig Freiheitsspielraum die Regierung des „Freistaates" besaß, zeigte sich im Oktober 1923: Als der Sozialdemokrat Erich Zeigner sein Kabinett umgebildet und die Kommunisten an der Landesregierung beteiligt hatte, wurde diese mit Hilfe der Reichswehr per Dekret von der Reichsregierung abgesetzt. Die gewählte Landesregierung verschwand im Gefängnis, ein Reichskommissar übernahm die Geschäfte.

Stadt der Hygiene: Im ersten Jahrhundertdrittel war Dresden für seine Vorreiterrolle bei der Krankheitsvorsorge fast so berühmt wie für seine Oper und seine Kunstschätze. 1911 veranstaltete der Dresdner Großindustrielle Karl August Lingner zusammen mit der Stadt Dresden die I. Internationale Hygiene-Ausstellung. Die sich in der Besucherzahl von fünf Millionen widerspiegelnde Resonanz führte zur Gründung des Deutschen Hygienemuseums. Das vom Architekten Wilhelm Kreis entworfene Haus am Lignerplatz, in das das Museum 1929 einziehen konnte, ist – neben Hellerau – die einzige bedeutsame Dresdner Bauleistung aus dieser Epoche.

Im Folgejahr wurde in einem riesigen Ausstellungspark rund um den Neubau die II. Internationale Hygieneausstellung veranstaltet. Davon übriggeblieben ist die Parkeisen-

Der Weg in die Zerstörung: Es gibt nur eine veröffentlichte Quelle, die eine Ahnung vom Dresdner Alltag zwischen 1933 und 1945 vermittelt: Victor Klemperers 1946 erschienenes Buch „LT I", eine Studie über die faschistische Sprache. Klemperer lehrte seit 1920 französische Literatur an der Technischen Hochschule Dresden. Als Jude verlor er 1933 erst seinen Lehrstuhl, dann nach und nach alle Bürgerrechte. Er überlebte die Nazizeit, weil seine „arische" Frau zu ihm hielt und ihn schützen konnte. Viktor Klemperer verfaßte eine Geheimchronik jener Jahre. Er kann von einer Auflehnung der Dresdner gegen den Nationalsozialismus nichts berichten. Sein

bahn im Großen Garten. Trotz der heraufziehenden Weltwirtschaftskrise wurde die Ausstellung 1931 in erweiterter Form wiederaufgenommen.

Unter den Nationalsozialisten verkehrte sich der fortschrittliche Ansatz des Hygienemuseums ins Gegenteil: 1933 wurde hier damit begonnen, Ausbildungsgänge in „Rassekunde und Rassepflege" anzubieten.

Das waren noch Zeiten, als 1914 der König auf dem Alaunplatz die letzte Parade abnahm (links, 1914) und auf dem Altmarkt (oben, 1937) lauter Oldtimer geparkt waren.

Buch beschreibt die schleichende Infizierung des Denkens durch die allgegenwärtige Nazisprache, die langsam selbst diejenigen mit faschistischem Gedankengut vergiftete, die keine überzeugten Nazis waren.

Aus Dresden vertrieben wurden 1933 unter anderen der Maler Otto Dix, der an der Akademie für Bildende Künste lehrte, und der Dirigent Fritz Busch. Mitten in einer Aufführung von Verdis „Rigoletto" am 7. März 1933 wurde er von den Nazis vom Dirigentenpult der Semperoper weggeholt. Die Staatlichen Kunstsammlungen wurden u.a. von Werken von Dix, Kokoschka, Schmitt-Rottluff und

DIE ZERSTÖRUNG 1945

Erich Kästner, geborener Dresdner, sagte nach der Zerstörung über seine Heimatstadt: „Das, was man früher unter Dresden verstand, existiert nicht mehr. Man geht hindurch, als liefe man im Traum durch Sodom und Gomorrha. Fünfzehn Quadratkilometer Stadt sind abgemäht und fortgeweht. Was sonst ganze geologische Zeitalter braucht, nämlich Gestein zu verwandeln – hat hier eine einzige Nacht zuwege gebracht."

Die mit Flüchtlingen überfüllte Innenstadt wurde durch den anglo-amerikanischen Bombenangriff in der Nacht vom 13. zum 14. Februar 1945 vollkommen zerstört. Die Zielsektor-Markierung auf der Aufnahme der britischen Royal Air Force (RAF) läßt keinen Zweifel zu: dieser Angriff war genau so geplant. Die Militäranlagen im Norden Dresdens, Fabriken und Rangierbahnhöfe wurden kaum beschädigt.

Die Bombardierung verlief planmäßig: Im Stadtzentrum wurde ein Feuersturm entfacht, der nicht zu löschen war. 15 Quadratkilometer Stadtgebiet brannten nieder. Auch der Große Garten und die Elbwiesen, wohin sich viele flüchteten, wurden bombardiert. Wieviele Menschen umkamen, 35 000 oder 135 000, weiß niemand. Es waren so viele, daß die Toten selbst in Massengräbern nicht schnell genug beerdigt werden konnten. Auf dem Altmarkt wurden Lattenroste aus Straßenbahnschienen errichtet, auf denen man die Leichen einäscherte.

Über die Motive für den von Churchill gebilligten Befehl des britischen Luftmarschalls Harris wird bis heute spekuliert. Rache für die Zerstörung Coventrys 1941 wird vermutet. Aber damit ist die Bombadierung in der Nacht vom 13. zum 14 Februar 1945 nicht zu erklären. Die Menschen kamen direkt im Bombenhagel um oder starben einen qualvollen Erstickungstod. Sir Arthur T. Harris, „Bomber - Harris", organisierte die mörderischsten Flächenbombardements des Weltkriegs. Mehr als 500 000 deutsche Zivilisten und über 55 000 britische Soldaten der RAF wurden Opfer seiner „Strategie der Feuerstürme". Britische Militärhistoriker halten die Angriffe für „Vergeudung von Menschen und Materialien, weit davon entfernt, dem Gegner einen lähmenden oder gar entscheidenden Verlust zuzufügen." Vor Dresden wurden Lübeck, Rostock, Pforzheim, Hamburg, Hildesheim, Köln, Magdeburg, Mainz und Würzburg nach der Taktik möglichst viele Bomben in einem möglichst großen Zielgebiet bombardiert.

Kriegskameraden von Harris sammelten über 100 000 Pfund Sterling, um dem 1984 verstorbenen Luftmarschall vor der St. Clement Danes Kirche in London, der Hauskirche der RAF, ein überlebensgroßes Bronzedenkmal widmen zu können, gebilligt vom Londoner Magistrat und der Air Force. Bürgermeister bombardierter deutscher Städte baten die britische Regierung, auf das Bomber-Denkmal zu verzichten – ohne Erfolg. Kritik am „Architekten der Vernichtung" hätte weitreichende Folgen. Dann müßte auch über Winston Churchill diskutiert werden. Dessen Beweggrund, dem Bombardement zuzustimmen, waren nach Meinung von Militärhistorikern die Fehlschläge der RAF bei Einsätzen gegen militärische Ziele oder Industrieanlagen.

In seiner Jugenderinnerung „Als ich ein kleiner Junge war" mahnt Erich Kästner: „Ich mußte, was schön ist, nicht erst aus Büchern lernen. Ich durfte die Schönheit einatmen, wie ein Försterkind die Waldluft... Noch heute streiten sich die Regierungen der Großmächte, wer Dresden ermordet hat. Und niemand will es gewesen sein. Jeder sagt, die anderen seien daran schuld. Ach, was soll der Streit. Damit macht man Dresden nicht mehr lebendig. Bestraft künftig die Regierungen, und nicht die Völker! Und bestraft sie nicht erst hinterher, sondern sofort. Das klingt einfacher, als es ist? Nein. Das ist einfacher, als es klingt." ■

Barlach „gesäubert". Die Synagoge wurde beim Pogrom von 1938 niedergebrannt, fast alle Dresdner Juden vertrieben oder ermordet. Die Einwohnerzahl sank zwischen 1933 und 1939 von 642 143 auf 625 117.

Die Katastrophe: Die Dresdner konnten länger als andere Deutsche an Hitler und den „Endsieg" glauben. Während andere Städte Bombenangriffen ausgesetzt waren, blieb Dresden bis kurz vor Kriegsende verschont. So bildete sich die Legende, die Stadt sei für die alliierten Bombengeschwader tabu. Sogar die Flakbatterien gegen feindliche Flugzeuge wurden abgezogen. Die Bombardierung in der Nacht vom 13. zum 14. Februar 1945 war ein terroristischer Akt gegen die Zivilbevölkerung. Es bestand keine Notwendigkeit, die mit Evakuierten, Flüchtlingen und Kriegsverletzten überfüllte Stadt anzugreifen. Innerhalb von einer Nacht wurde Dresdens Innenstadt vollständig zerstört, Zehntausende kamen um. Kriegswichtige Ziele in den Außenbezirken wie die Kasernen blieben verschont.

Der Wiederaufbau: Anfang Mai 1945 marschierte die sowjetische Armee in die Stadt ein. Schon am 10. Mai 1945 hatte Dresden eine neue Stadtverwaltung mit dem Sozialdemokraten Rudolf Friedrichs als kommissarischem Oberbürgermeister an der Spitze. Im Sommer erschien die erste Tageszeitung, nahmen Theater und Philharmonie den Spielbetrieb wieder auf. Ein Denkmal vor dem Rathaus erinnert daran, daß es vor allem Frauen waren, die die 17 Millionen Kubikmeter Trümmer wegräumten.

An den Wiederaufbau des alten Dresden war angesichts des Ausmaßes der Zerstörung, des Zwangs zur schnellen Bereitstellung großer Wohnungskapazitäten und der ökonomischen Situation nicht zu denken. Außer der Not gab es aber auch Vernunftgründe, die für eine weiträumiger geplante Neubebauung sprachen: So schön das kleinteilige, verwinkelte Stadtbild der versunkenen Stadt gewesen war, die sanitären und hygienischen Bedingungen in vielen der alten Gebäude waren nach modernen Maßstäben unzumutbar.

Es fällt allerdings auf, daß die Gegenden, in denen man sich wirklich von der Notwendigkeit leiten ließ, Wohnraum zu schaffen, gar nicht so häßlich sind – zumindest gilt das für Bereiche, die noch vor 1958, vor Einführung

Links: Die historische Innenstadt ist in den Aufnahmen der britischen Luftwaffe (RAF) als Zielsektor markiert. Den Krieg hatte Deutschland am 13./14. Februar 1945 längst verloren. **Oben:** Bund deutscher Mädchen oder Junge Pioniere? Schwer zu beantworten, wäre da nicht Genosse Stalin...

Das 20. Jahrhundert

der sterilen Betonplattenbauweise, bebaut wurden. Schlimmer sind die Zeugnisse der Versuche, Dresden in den sechziger Jahren das repräsentative Gesicht einer „sozialistischen Großstadt" aufzuzwingen. Mit der Thälmannstraße wurde eine gewaltige Aufmarschachse ins Zentrum hineingeschlagen, der Altmarkt zur wüsten Freifläche für staatlich gelenkte Massenkundgebungen erweitert. Der 1969 vollendete Kulturpalast war wie die Neubebauung der Prager Straße eine Verhöhnung der historischen Substanz.

Seit Mitte der siebziger Jahre zeichnete sich eine Trendwende zu einem behutsameren Umgang mit den überlieferten städtebaulichen Strukturen ab. 1979 wurde die Straße der Befreiung eingeweiht, die wegen ihres Eingehens auf menschliche Maße und die Integration historischer Bauten auch von Städteplanern aus dem Westen gelobt worden ist. In den achtziger Jahren ging man im Bereich des Nobelhotels „Dresdner Hof" zu einer historisierenden Bauweise über. Gleichzeitig entstanden außerhalb des Zentrums die DDR-typischen Siedlungen aus genormten, am Reißbrett zusammenkomponierten Betonburgen. Mit dem Wiederaufbau des Zwingers, der Frauenkirche, der Semperoper, mit Ausstellungen und Kongressen versuchte Dresden, an seine Tradition als Kulturstadt wiederanzuknüpfen. Die ehrgeizigen Rekonstruktions- und Neubauprojekte verhinderten jedoch, daß die weniger zerstörten Reste des alten Dresden außerhalb des Stadtkerns gepflegt wurden. So sind viele Straßenzüge erst in den letzten vierzig Jahren verfallen. Die Benachteiligung von selbständig Gewerbetreibenden im Sozialismus führte zur Verödung ganzer Geschäftsstraßen, in denen sich noch bis in die sechziger Jahre Handwerksbetriebe, Geschäfte und Kneipen aneinanderreihten. Die Dresdner, die sich eine innere Distanz zum offiziellen Weltbild der Einheitspartei bewahrten, nahmen die letzten zwei Jahrzehnte der DDR

als eine Periode fortschreitender Erstarrung wahr. Die Lebenssituation insgesamt verschlechterte sich, die Umweltbelastung nahm zu, das Angebot an Konsumgütern blieb hinter der Nachfrage zurück. In den Nischen des autoritären Staatsgebäudes hielten sich jedoch die bewährte Gastfreundschaft und Hilfsbereitschaft der Dresdner.

<u>Oben</u>: Der Stolz des Proletariats – die fahrbare Betonmischstation für Baustoffzugabe. <u>Rechts</u>: Halb von der Wand gekratzt: Hans Modrow, der Bezirksparteisekretär der SED aus Dresden, der als Kurzzeit-Ministerpräsident die DDR auflöste.

HERBST 1989

Die heruntergewirtschaftete DDR ist reif für den Zusammenbruch, aber keiner glaubt daran. Desillusioniert und müde vom Alltag, von der Allmacht des Staates, von der Angepaßtheit ihrer Mitbürger wagen die meisten von Veränderungen nicht mehr zu träumen. Die Unzufriedenheit entlädt sich resignativ in einer Massenflucht.

Tal der Ahnungslosen: So hieß die Region im Volksmund, weil man dort das Westfernsehen nicht empfangen konnte. Die Anzahl der Ausreiseanträge lag im Bezirk Dresden über dem Durchschnitt – im Sommer 1989 sollen 22 000 Menschen geflohen sein. Züge mit Republikflüchtlingen werden durch den Hauptbahnhof geleitet. Am Mittwoch, dem 4. Oktober versammelt sich dort eine große Menschenmenge: „Wir bleiben hier, Reformen verlangen wir". Andere, deren Fluchtpläne durch die Schließung der Grenze zur CSSR vereitelt wurden, wollen auf die Züge springen. Der Bahnhof wird gestürmt, Polizei und Armee greifen hart durch.

Die Angst vor der „chinesischen Lösung" geht um. Am 8. Oktober weist Parteichef Honecker die Bezirkssekretäre an, die Demonstrationen in der Provinz mit allen Mitteln zu unterdrücken. Tausende gehen in Dresden auf die Straße, der Polizeichef zerschlägt die friedliche Versammlung nicht, nimmt aber massenhaft „Zuführungen" vor.

Berghofer und Modrow: Abends die Meldung: Am nächsten morgen will OB Wolfgang Berghofer eine Abordnung von 20 Demonstranten empfangen. In Dresden gibt es keine organisierte Opposition, niemand, der die spontanen Demos vorbereitet oder gelenkt hätte. Die erste Gruppe, die sich neben der Evangelischen Kirche zu Wort meldete, war das Ensemble des Staatsschauspiels; Schauspieler verlasen nach den Vorstellungen eine Protesterklärung, informierten über die Ereignisse in Leipzig und Berlin und und luden zur Diskussion ein. Die „Zwanzig" wollen den gewaltlosen Dialog und Veränderungen an der Basis. Sie fordern bei Berghofer die Freilassung der Verhafteten, Presse- und Demonstrationsfreiheit, Reisefreiheit. In überfüllten Kirchen informiert die Gruppe die Bevölkerung. Unter dem Druck weiterer Demonstrationen werden die Gespräche fortgesetzt, die Forderungen um lokale Themen erweitert: Anwendung des Verursacherprinzips bei Umweltschäden, des Leistungsprinzips in Gaststätten.

Das Klima für Gespräche war günstiger als anderswo, weil die verhaßte Staatspartei hier zwei Politiker repräsentierten, die, aus der Berliner Parteizentrale in die Provinz abgeschoben, dort hohes Ansehen erworben hatten. OB Wolfgang Berghofer und Bezirksparteichef Hans Modrow galten als heimliche Anhänger Gorbatschows. Man rechnete Modrow hoch an, daß er keine abgeschirmte Dienstvilla bezogen hatte, sondern eine Wohnung im Zentrum, und daß er an der Kasse der Kaufhalle Schlange stand. Bekannt war auch sein gespanntes Verhältnis zu Berlin. Seine Reformvorschläge blieben unbeantwortet. Realpolitiker Berghofer war der erste SED-Funktionär, der den Dialog mit der Bevölkerung aufnahm. Am 6. November setzten sich beide an die Spitze der Montagsdemonstration von 70 000 Menschen. Sie waren nach dem Bankrott der alten Führung Hoffnungsträger der Partei. Modrow wurde am 13. November 1989 zum Ministerpräsidenten gewählt und regierte die DDR bis zu den ersten freien Wahlen im März 1990.

Kohl kommt: Als die Forderung nach Anschluß der DDR an die Bundesrepublik auf den Montagsdemonstrationen immer lauter wurde, kam Bundeskanzler Kohl am 19. Dezember nach Dresden. Vor der Ruine der Frauenkirche begrüßten ihn die Menschen mit einem schwarz-rot-goldenen Fahnenmeer. Der Bundeskanzler kam zu der Einsicht, daß die deutsche Einheit möglichst schnell auf den Weg zu bringen sei. ∎

LEBEN IN DRESDEN

Dresden ist bunter geworden. Die schwärzlichen Fassaden der alten Stadt dominieren nicht mehr das Stadtbild. Die grelle Farbigkeit des freien Wettbewerbs überblendet das Einheitsgraubraun, das für die Stadtbilder in der DDR typisch gewesen war. Reklametafeln überall, auch auf den Straßenbahnen, die noch den Rhythmus des öffentlichen Verkehrs bestimmen. Wurstbuden an jeder Ecke, ambulantes Gewerbe, Schwarzhandel mit Zigaretten. Baumaschinen und Stahlgerüste, die für den beschleunigten Wiederaufbau der alten Residenz stehen. Altes und Neues reibt sich oft noch aneinander.

Autos, Fernreisen, Konsum: Mehr als ein halbes Jahrzehnt ging ins Land, welches nun wieder Freistaat Sachsen heißt. Die grelle Farbigkeit des freien Wettbewerbs verdrängt das Einheitsgrau von Tag zu Tag mehr. Vieles muß als Werbeträger seinen Mann stehen. Schade nur, daß Straßenprofile für diesen Zweck ungeeignet sind, ein weiteres großes Übel wäre dann auch Geschichte.

Der Typus Mensch ist natürlich auch in Dresden nacherlebbar. Dem Normalverbraucher treten die Nachteile der neuen Gesellschaft immer deutlicher vor Augen. Die zahlreichen positiven Seiten sind längst Alltag geworden: Das Auto, die Fernreise, Konsumgüter im Überfluß, daran hat sich jeder schnell gewöhnt. Arbeitslosigkeit, Mieterhöhungen, überhaupt der freie Markt, das ist schwer verdaulich. Viele hätten auch gern wieder das durchs Leben geleitende „Händchen" – aber natürlich nicht das von damals!

Etwa 12 000 Mieter der Dresdner Wohnungsbaugesellschaft Südost (Woba), gut ein Viertel aller Mieter, sind mit ihren Zahlungen im Rückstand. Manche verweigern ihr Mietgeld, weil sie nicht „wie bei Erich wohnen und wie bei Helmut zahlen" wollen. Viele handeln jedoch aus blanker Not, weil sie nach fünf Jahren Marktwirtschaft völlig verschuldet sind oder den Weg zum Sozialamt scheuen: „Das ist wie Almosennehmen, das gehört sich nicht."

Die kleine Gruppe der großen Vereinigungsgewinnler trägt ihre Anpassung an den gehobenen Lebensstil zur Schau. Viele Menschen vor allem ab fünfzig haben

dagegen das Gefühl, vor dem Nichts zu stehen. Sie hatten sich in hohem Maße über ihre Arbeit definiert. Jetzt haben sie trotz Anzeichen des Aufschwungs kaum Chancen, noch einmal Arbeit zu finden.

Viele mußten mitansehen, wie ihr Betrieb von der Treuhandanstalt an eine westliche Firma verkauft wurde, die zwei Drittel der Belegschaft entließ, sich jedoch mit der alten Leitung, den „roten Socken", arrangierte.

Neue Hotels und Bürozentren: Fast unvorstellbar erscheint die Energie, die beim Stadtbildneugestalten freigesetzt wurde.

Vorherige Seiten: Die originelle Art, für einen Friseursalon zu werben. Links: Auch die Straßenmusikanten auf der Prager Straße können sich wieder freuen. Oben: Ob McDonald's die Wende auf dem kulinarischen Sektor schafft?

Nach der Wende 55

Da bekommen selbst die Plattenbauten in den Satellitenstädten ein neues Bild. Die bevölkerungsreichen Gründerzeitgebiete hellen durch die neuen Fassaden auf. Hotels und Bürozentren schießen, in schon fast unvernünftigem Maß und trotz drohender Überkapazitäten aus dem Boden. Autokolonnen wie nie gekannt quälen sich im nun gewohnten Vierertakt zu den gigantischen Einkaufszentren an der Peripherie. Baukräne haben längst die Silhouette der Stadt erobert.

Der abgeschlossene Wiederaufbau des Taschenberg-Palais zum Hotel der absoluten Spitzenklasse, der Bau weiterer Hotels bedauern nun den Verlust der Ruinen-Mahnstätte mit dem Luther-Standbild davor. Man befürchtet das Glätten von Geschichte und daß hier eines Tages ein „Barock-Disney" entstehen könnte. Dazu gehört auch die Frage, wozu die rekonstruierte Kirche denn dienen soll. Als Gotteshaus? Als Konzerthalle? Als gesamtdeutsches Prestige-Objekt? Man wird alle möglichen Gründe sammeln müssen zum Argumentieren. Der Kostenvoranschlag stieg in kürzester Zeit von ehemals 170 über 250 Millionen auf inzwischen 400 und mehr. Die Stadt Dresden allein muß jährlich rund zwei Millionen beisteuern,

der Spitzenklasse und die Arbeiten an Residenzschloß und Kunstakademie werden das Zentrum stark verändern. Aber auch im restlichen Stadtgebiet sind wir Zeuge solcher Entwicklungen. Dutzende Villen, Wohngebäude und Kultur- und Industriedenkmale sind bereits neu entstanden.

Angst vor einem Barock-Disney: Einen Stimmungswandel erlebten die Initiatoren des Wiederaufbaus der barocken Frauenkirche. Viele, die sich zunächst für den Wiederaufbau stark gemacht hatten, haben es sich inzwischen anders überlegt. Immer mehr Dresdner und deren Gäste Gelder, die mancher lieber in freien Kulturprojekten investiert sehen würde. Die Argumentation im Bezug auf die enormen Kosten ist so einfach aber nicht nachvollziehbar, handelt es sich doch, abgesehen von Pflichtzuschüssen, größtenteils um projektbezogene Gelder aus Spenden und Stiftungen. Lächerlich erschienen dagegen solche Projekte wie eine unterirdische Straßenbahnführung im Zentrum, das Wiederherstellen barocker Straßenzüge sowie Abrißplanungen von Gebäuden, die zwar unumstritten keine architektonische Bereicherung darstellen, aber bei dem

Mangel an bezahlbaren Wohnraum derzeit noch frevelhaft erscheinen.

Ein Wort, das auch Langhaarfrisuren zum Senkrechtstehen bringt, sind Diskussionen, wie Dresden und Prag wohl am optimalsten verbunden werden. Man hat das Gefühl, daß Südsachsen unter Beton verschwindet, würden alle erörterten Varianten genutzt. Eine Sonderstellung bei den geplanten Projekten nimmt die Bebauung des Ostragebiets ein. Hier soll die IGA 2003 stattfinden. Damit wird ein westlich des Zentrums gelegenes und seit dem Zweiten Weltkrieg vernachlässigtes Gebiet die Innenstadt maßgeblich bereichern.

stellung ein, die aber bundesweit irrelevant ist. Den Grund für die relativ günstige Arbeitsmarktlage finden wir unter anderem im Erhalt einiger großer, traditioneller Industriezweige wie Pharmaka, Tabakindustrie, Zahnpastafabrikation oder dem Kamerabau. Ein wichtiger Arbeitgeber ist die Technische Universität. Als besonders positiv gilt die Entwicklung auf dem Gebiet der Mikroelektronik. Durch ein Siemens-Großprojekt, das die qualifizierten Arbeitskräfte nutzt, entsteht mit Dresden ein neuer Hochtechnologiestandort.

Tenor dieser Gesamtentwicklung ist das World Trade Center, ein imposanter Kom-

Gleichzeitig bleibt das Architekturdenkmal Schlachthof (1912 fertiggestellt) erhalten. Diskussionen über alle diese Projekte bieten Gesprächsstoff, primär aber sind es andere Themen, die die Menschen direkt betreffen. Eines gilt als Langzeitthema, die Arbeitslosigkeit. Dresden hat zwar verglichen mit den anderen Großstädten der neuen Bundesländer die niedrigste Arbeitslosenquote und nimmt eine Sonder-

Links: Suum cuique, jedem das Seine. Oben: Wie leicht wäre es gewesen, die einfachen Konsumwünsche der Bevölkerung auch vorher zu erfüllen.

plex am Innenstadtring. In naher Zukunft könnte ein Schwerpunkt des Ost-West-Handels hier ansässig sein.

Erfrischend und hoffnungsvoll stimmt dagegen der zur rechten Zeit verbreitete Slogan „Kauft sächsisch". Nicht nur der alteingesessene Konsum, sondern auch die großen Discounterketten bemerkten diesen Trend. Weniger der Lokalpatriotismus als das gute Preis-Leistungsverhältnis waren und ist die Voraussetzung für diesen Erfolg der regional erzeugten Produkte.

Ein wichtiges Objekt für die Region ist neben der Wirtschaft und einem erfolgreichen Tourismus der bezahlte Fußball. Eine so renommierte Mannschaft wie Dynamo Dresden, die sich auch im europäischen Wettbewerb eine guten Namen verdiente, erlebte nach vier Jahren in der ersten Bundesliga einen Absturz und muß sich ihr Brot nun in der Regionalliga verdienen. Der Wert des Fußballs litt leider unter den ständigen DM-Zahlenspielen. Spielt dort Mannschaft A gegen Mannschaft B, oder fighten zwei Konten? Ein Trost bleibt. In der Regionalliga geht es eventuell wieder um das runde Leder.

Eine fast vergessene Form der Geselligkeit erwachte mit dem Dahinscheiden der DDR wieder zum Leben – das Vereinswesen. Alte Vereine mit Gründungsdaten um die Jahrhundertwende sind wieder präsent, Lohnsteuervereine nützlich. Viele Vereine dienten dem Selbstschutz. Ob Garagenverein oder Bürgerinitiativen, die sich berufen fühlen, den Stadtteil oder das Wohngebiet so zu erhalten, daß es lebenswert erscheint. Eine Vielzahl solcher Initiativen verschwand im Rausch der Zeit. Einige aber handeln und leisten dadurch Großes. Die Frage ist hier oftmals, was wird aus den engagierten Mitarbeitern, die über unterschiedliche staatliche Förderprogramme wie ABM oder Aktion 249 h zeitlich begrenzt für ihre Arbeit bezahlt werden. Es gibt Vereine, die schier daran verzweifeln und deren wichtige Arbeit durch das Auslaufen der Stellen gefährdet ist. Vieles hat sich so etabliert, daß eine Fortführung in gleicher Qualität auf Freiwilligenbasis allein undenkbar scheint.

Die Kulturmetropole: Dresden, die Kulturmetropole, lebt auch vom Ruf und kämpft um dessen Erneuerung. Man gibt sich konservativ, ist allerdings zu arm dafür. Schon peinlich erschien die Kunsthallendebatte. Großes hatte der Kölner Investor vor: zeitgenössische Kunst, moderne Architektur und deren Finanzierung. Die Entwürfe lieferte kein Geringerer als Frank Stella. Ein zähflüssiges Genehmigungsverfahren hemmte diese Initiative, arbeitete dabei mit Argumenten, die sogar geistige oder kulturelle Outsider aufhorchen ließen. Im Umfeld des sensiblen Zwinger sei solche Architektur nicht möglich. Ungeklärte Eigentumsfragen verschleppten auf peinliche Art und Weise die Entscheidung. Der Bürger winkt bei solcherlei Meldungen inzwischen schon ab und ärgert sich weiter über das Brachland namens „Herzogin-Garten" in Zwingernähe.

Einem aber gelang es, Modernes, gar Befremdliches ins Stadtbild zu zwingen. Er heißt Penck und ist ein verlorener Sohn der Stadt. Sein „Standart T(x)"-Männchen blickt vom Dach des „art' otel" zur City herab und stellt mit seiner Größe sogar den berühmten Goldenen Rathausmann in den Schatten. Der Tenor der Bevölkerung ist diplomatisch. Wer die Skulptur nicht mag,

kann ja vorbeischauen – zum Beispiel zur Tabakmoschee, einem Glanzstück von Anfang des Jahrhunderts.

Sechs Jahre ist es her. Es scheint, es wären zehn oder zwanzig. Was haben wir alles gelernt und gesehen! Auch wir wurden gesehen. Auswärts oder hier zu Hause. Tausend Fakten und Vorurteile tauchten auf und wollen erst einmal verarbeitet sein.

Oben: Die Faszination über Insignien der importierten Westkultur war nach 1989 groß. **Rechts:** Dresdens Partnerstadt Hamburg und private Sponsoren unterstützen den Wiederaufbau.

Partnerstadt Hamburg

Dresden hatte Glück mit dem Elbe-Partner Hamburg. Zwei Städte an der Elbe, die 40 Jahre von ihrem Hinterland abgeschnitten waren. Verschüttete historische Bande konnten neu geknüpft werden.

Der Hamburger Bürgermeister Henning Voscherau ergriff die Chance, Dresden sofort nach der Wende unter die Arme zu greifen und Hamburg als logistisches Zentrum für die Modernisierung anzubieten. Mit 75 Hamburger Top-Managern flog er im Januar 1990 nach Dresden, um die wirtschaftlichen Kontakte auf solide Füße stellen zu können. Es war der erste Flug der Lufthansa nach dem Zweiten Weltkrieg nach Dresden.

Bei der Dresden-Koordinatorin in der Hamburger Verwaltung stehen mittlerweile 30 Ordner, die über alle Ebenen der Zusammenarbeit Auskunft geben.

Die DDR war bisher schon mit 2,6 Millionen Tonnen der größte Transitkunde des Hamburger Hafens. Knapp die Hälfte des hamburgischen Verkehrsapparats war vor der Teilung auf den Osten ausgerichtet gewesen. Nach Voscheraus Besuch ging es Schlag auf Schlag: der Obermeister der Gebäudereiniger informierte sich in Hamburg, Schulpartnerschaften zwischen beiden Städten wurden geknüpft, die Ärztekammern vereinbarten den Austausch von Medizinern, und Frauen der Grün-Alternativen-Liste nahmen in Dresden an der Einweihung eines Frauenzentrums teil. Zwei Städte wurden wieder Partner.

Die Kosten der ggeplanten Restaurierung der historischen Bausubstanz sind ungeheuer. Allein 500 Millionen Mark wird der Aufbau des Schlosses bis ins Jahr 2006 kosten. 250 Millionen Mark sind für die Frauenkirche veranschlagt. Mit dem Steuersäckel allein wird das nicht zu schaffen sein. Private Sponsoren schlossen sich in der „Stiftung Dresden" zusammen: Initiiert von der Drägerstiftung

schlossen sich u.a. Daimler Benz, Axel Springer, die Frankfurter Allgemeine, die Dresdner Bank und die Norddeutsche Landesbank zusammen, um „Optimismus und Bereitschaft zur Hilfe zu signalisieren" und damit „Pessimismus und Resignation" zurückzudrängen. Die erste Million der Spendengelder soll für den Wiederaufbau des Gebäudes des Sächsischen Kunstvereins an der Brühlschen Terrasse fließen.

Einer von denen, bei denen das Geld ankommt, ist Erich Jeschke. Zwischen morschen Dachlatten an den Wänden und aufgerissenen Parkettböden steht er in der Gemäldegalerie. Bei den Geschichten, die Erich Jeschke erzählt, greift sich der Zuhörer unwillkürlich an den Kopf. So konnte es vorkommen, daß die Maurer und Steinmetze schon alle Leitern zum Thronsaal Augusts des Starken hinaufgestiegen waren, als sie die Nachricht erreichte, daß am Wasserwerk in der Neustadt der Hochbehälter dringend ausgebessert werden müsse. Da stiegen die Werktätigen die wackligen Leitern wieder herunter, setzten sich in ihre Trabis und fuhren zum Wasserwerk. Erich Jeschke sah sie oft wochenlang nicht wieder. Doch er ist zuversichtlich: „Mit der Semper-Oper sind wir auch fertig geworden." Der weltweite Beifall, der damals für diese gelungene Restaurierung gespendet wurde, klingt ihm noch in den Ohren. Er spricht von der Charta von Venedig, die den Denkmalschützern auferlegt, soviel historische Substanz wie nur irgendmöglich in ihrem Urzustand zu belassen. „Abreißen und wieder aufbauen ist natürlich billiger." Seit sechs Jahren kümmert sich Jeschke vor allem um das Dresdner Schloß, an dem die Sachsen 700 Jahre gebaut hatten.

Öffentliche und private Hilfsleistungen sind eng verzahnt. Die Sponsoren der „Stiftung Dresden" stehen für die Restaurierung einzelner Gebäudeteile ein. Die Dresdner Bank etwa bezahlte den „Jürgen-Ponto-Raum" im Grünen Gewölbe. Für Sponsoren und Gesponserte eine elegante Lösung. ■

ÜBER SACHSEN UND SÄCHSISCH

„Ei forbibbsch, nu is mir doch schon wieder so viel Bähbe beim Didschen in Gaffe geBroggd." So oder ähnlich könnte es sich bei einer sächsischen Kaffeetafel anhören. Dabei kommt der Satz nicht wütend über die Lippen, höchstens gelassen-ärgerlich. Nichts geht über die „Gemiedlichkeid", nichts über des Sachsen liebstes Getränk, den „Gaffe", den er bittschön in Ruhe trinken will. „Nu – un sieße mußr sein." Das ist sächsische Kultur, sächsischer Kult. Und so wie er Ruhe und Gediegenheit im Leben liebt, so ist auch seine Sprache: weich, freundlich-gemütlich. Lästerer meinen, der Sachse mache nur den Mund leicht auf und lasse die Worte rauslaufen, weil er zu träge sei, die Buchstaben einzeln auszusprechen. Das will kein Sachse hören. Zu oft wurde er im letzten Jahrhundert wegen seiner Sprache zum dummen August gemacht, „forhonebibelt", spielte in Filmen den Drollig-Doofen, den südostdeutschen Ostfriesen und neuerdings den unfähigen Ex-DDR-Bürger.

Vor allem: Königstreue: Vorsicht! Neben seiner Ruhe besitzt der Sachse auch einen ausgeprägten Stolz. Stolz auf seine schöne, bergig-wilde und gleichzeitig sanfte Heimat, geistige Größen, sein reiches Kulturerbe, auf städtische und dörfliche Kleinode. Ganz abgesehen von der widersprüchlichen Mischung zwischen dem eigenen „Nischel" (sprich Kopf) und der Königstreue. Beide schon historisch vertretenen Eigenschaften spiegelten sich 1989/90 wider: auf der einen Seite im rebellischen Aufbegehren gegen den DDR-Staat und andererseits in der anschließenden Obrigkeitswahl. Und selbst wenn der Dresdner sich – meist erfolglos – bemüht, die sächsische Herkunft zu verbergen, so gibt es auch Situationen, in denen er ganz bewußt seinen Dialekt benutzt: in Dresden, wo an einem Hochhaus im Stadtzentrum in roten Leuchtbuchstaben prankte: „Der Sozialismus siegt!" hieß es dann auf sächsisch: „Dr Sozialismus siecht!"... Das macht den Sachsen aus, auch wenn es *den* Sachsen gar nicht gibt. Fragen Sie einen Leipziger oder Dresdner, wo der echte Sachse, der ursprüngliche, lebt, würde keiner sein Recht dem anderen abtreten. Aber fragen Sie mal den gleichen Leipziger, wer das „schlimmere" Sächsisch spricht, ist es immer der Dresdner oder Chemnitzer, und umgekehrt.

Edle Sprache: Ein Sachse hört deutlich, aus welcher Ecke sein Gesprächspartner kommt, denn auch Sächsisch ist nicht gleich Sächsisch. Diese Feinheiten bleiben den Filmemachern meist verborgen, die das schönste Chemnitzer flugs nach Dresden verlegen oder alles „formandschen". Die feinen Unterschiede in der Sprache haben sogar ihren eigenen Namen: So wird in Chemnitz vorerzgebirgisch, in Leipzig südwestosterländisch, in Bautzen neulausitzisch, in Riesa nordmeißnisch und in Dresden ostmeißnisch gesprochen. All diese Dialekte sind auch vom Slawischen geprägt. Das wird zuerst in den Ortsnamen deutlich: Dresden = Drezdany = Sumpfwaldbewohner.

Goethe sah sächsisch als beste und klarste aller deutschen Sprachen, und die Sachsen ärgern sich heute noch über Bemerkungen wie „greulich wüstes deutsch" (Karl Barth) oder ein „förmliches Mäh, Mäh von Schafen", „eine blökende E-Sprache" (Franz Grillparzer).

Verhaßte Preußen: Mit der Diffamierung verbreitete sich eine Scham, die gewollt war – gewollt von den Preußen, die die Sachsen nie richtig unter ihre Herrschaft zwingen konnten – sagen die Sachsen. Die Preußen verleugneten die Sachsen sowieso öfters, sie sollen beispielsweise die Legende von den über 350 Kindern Augusts des Starken verbreitet haben. Damit nicht genug, beschossen sie auch noch das Zentrum Dresdens. Das sind Hintergründe für eine weitere sächsische Eigenschaft: unversöhnliche Fehde mit den Preußen, die in den Augen der Sachsen überheblich, großmäulig, hektisch, aggressiv und arrogant sind – ganz besonders die Berliner, die den Dresdnern auch noch die Hauptstadtwürde abspenstig machten.

Vorherige Seiten: Das Volk auf der Straße, nicht zur Montagsdemo, sondern beim Dixiefestival. Die Jugendlichen brauchen viel Selbstbewußtsein, um die Zukunft zu meistern. **Links:** Fehlt noch der sportliche Wagen zu der rasanten Frisur.

Sachsen und Sächsisch 67

DIE ELBE

„Städte am Fluß bezaubern den Blick", sagt der Dichter. Und er hat wohl recht damit. Wer Dresdnern je ins Gesicht blickte, wie sie, die Augustusbrücke überquerend, auf den Elbebogen schauen, wird das bestätigen. Im Auge ist dann jener unbestimmte und unlöschbare Widerschein von Harmonie und Schönheit.

Am altstädtischen Brückenkopf vereinen sich Strom und Raum zu einer glücklichen Symbiose aus Natur und Architektur. Geht hier vom Wasser und der weltbekannten Silhouette jenes Leuchten und Heiter-Gelassene aus, das letztendlich Dresdens reizvollstem landschaftlichem Merkmal geschuldet ist.

Die Römer nannten ihn Albis: Der Fluß, den die Römer Albis nannten, ist Dresdens Wiege und Lebensring. An ihm wurzelten einst die „Drezdzany", die slawischen Sumpfbewohner, die der Stadt ihren Namen gaben. Über ihn hinweg strebten Spätere zum Erzgebirgssilber und halfen ihren Glanz und Reichtum mehren. Seit grauer Vorzeit pulsiert auf ihm der Schiffsverkehr, der die Stadt zu einer wichtigen Passage macht. Schließlich inspirierte der Fluß die kunstbeflissenen Wettiner dazu, ihre Residenz an ihm aufzurichten. Kurfürst-König August der Starke hatte die geniale Idee, den Fluß zu einem zweiten Canale Grande auszubauen. So rahmt das Silberband des Stroms Dresden und hebt die Stadt mit aus bloßer Ansehnlichkeit zur Einzigartigkeit.

Majestätisch und in weitem Bogen strömt er ihr zu, ihre Festlichkeit ebenso untermalend wie den Liebreiz ihres Ambientes – die nahen Heide- und Lößnitzhänge und das Erz- und Elbsandsteingebirge in der Ferne. Jeder

nimmt den Fluß anders wahr. Canaletto bannte ihn auf seine Veduten, durch die der Vergleich mit dem Süden, mit Venedig und Florenz konkrete Bildhaftigkeit gewann. Carl-Maria von Weber streifte an ihr musikalisch „durch die Wälder, durch die Auen", andere wiederum spüren vom Fluß nur die von ihm ausgehende hohe Luftfeuchtigkeit.

Frühlingsimpressionen: Im Frühling tanzt das Licht wie Phosphor auf dem Wasser, es braucht noch, bis es mittäglich-italisch gleißt und die abendlichen Rottöne oder die nächtlich-fahlen Caspar-David-Friedrich-Töne annimmt. Am ruhigen rechtselbischen neustädtischen Ufer, wo die Wiesen weit, der Elbeschwung elegant ist, wird der Einsichtspunkt zum Stadtkern aussichtsreich. Hier kann man noch still dem Glockenschlag vom herausragenden Turm der Martin-Luther-Kirche lauschen. Das Flußbett ist hier gerade mal 100 Meter breit, die Fahrrinne nicht mehr als zwei Meter tief. Ansehnlich hoch wirken stromauf die Elbhänge mit Villen, die da und dort noch die Tradition des Dresdner Landhausstils erkennen lassen und mit den drei Elbeschlössern um die schönste Aussicht streiten.

Fischreicher Transport- und Handelsweg: Man meint hier noch einen Hauch Riesengebirgswürze zu riechen, beigegeben auf dem 1400 Netzeflicken, vom fischreichen Strom. Schon im 11. Jahrhundert war die Elbe ein bedeutender Transport-und Handelsweg. Treibholz, gesächselt „Rammludersch", Sandbänke, Inseln, Klippen, Stromschnellen, aber auch Schiffsmühlen, Fischerei-und Flößereianlagen erschwerten die Arbeit der Schiffer auf ihren Holzkähnen. Wenn bei Windstille die Segel schlaff hingen, mußten Ochsen vom Ufer aus die Schiffe ziehen oder Schiffszieher oder Treidler sie ins Schlepptau nahmen.

Die ersten Sehfahrten: 1837 lief die *Königin Maria* als erstes dampfgetriebenes, mit Seitenradschaufeln ausgerüstetes Fahrgastschiff auf die Elbe aus – und dort auf Grund. Erst ihre

Meter hohen Kamm, auf dem die Elbe entspringt, bevor sie Flüsse der Sudeten, des Mährischen Hügellandes und des Böhmerwaldes aufnimmt, bei Melnik sich mit der Moldau vereinigt, als stattlicher Strom die Böhmische und bei Schmilka die Sächsische Schweiz durchfließt und dann die hügeligen Elbtalweiten erfrischt.

Vom Treiben der Elbfischer haben wir nur vergilbte Fotos: vom Setzen der Aalreusen, dem Lachsfang, Trocknen der Schleppsäcke,

Links: Abendstimmung am Fluß. Oben: Die Augustusbrücke im Winterlicht.

umgerüsteten Nachfolger schafften es später bis in die weiße Sandsteinwelt der Sächsischen Schweiz, die man als „suberbe Sommerfrisch" entdeckt hatte. 1928 erhielten die Dampfer einen weißen Außenanstrich, seitdem bürgerte sich der Name „Weiße Flotte" für die Fahrgastschiffe ein. Einige schippern bis heute dorthin. Dresdens 1836 gegründeter Personenschiffahrtsbetrieb ist nämlich nicht nur der landesälteste, sondern verfügt mit seinen acht Dampfern über die größte und älteste Raddampferflotte der Welt.

Eine Elbfahrt „ins Blaue" ist in Dresden so wichtig wie der Besuch der Sixtinischen...

Die Elbe 69

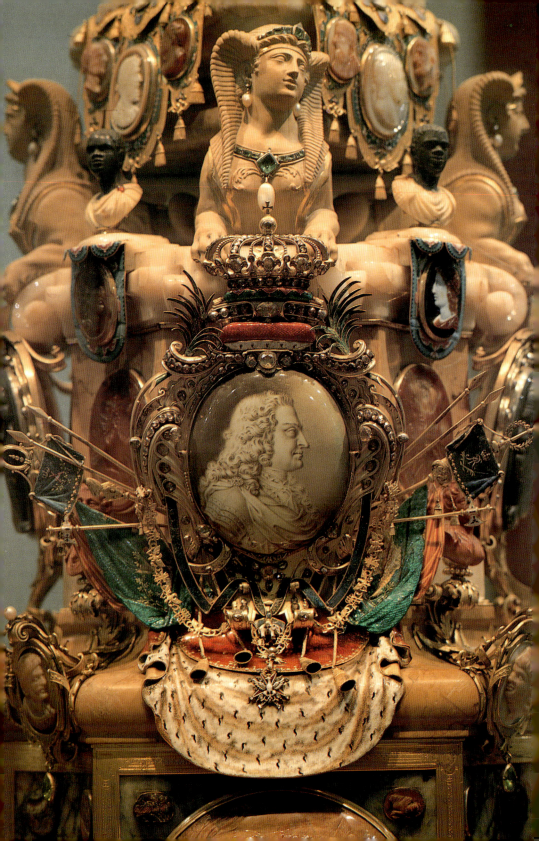

ALTE UND NEUE KUNSTSCHÄTZE

Dresden ist eine der prächtigsten Kunst-Schatzkammern der Welt. Der sächsische Kurfürst August gründete 1560 im Dresdner Schloß die „Churfürstliche Kunst- und Wunderkammer", ein fürstliches Renommierkabinett mit Raritäten und Kuriositäten aller Art. Seitdem war Dresden Schauplatz internationaler Kunst- und Sammeltätigkeit. Sie gipfelte im 18. Jahrhundert, als August der Starke und sein Sohn mit Leidenschaft Kunstschätze aus aller Welt zusammenkauften und in Spezialsammlungen ordnen ließen.

Im 19. Jahrhundert wurden die Sammlungen wissenschaftlich bearbeitet und ausgestellt. Während des Kriegs im Februar 1945 wurden über 200 Gemälde zerstört, weitere 500 aus den Auslagerungsdepots gestohlen. Nach dem Krieg verbrachte man die Dresdner Sammlungen in die Sowjetunion, wo sie in den Museen von Moskau, Leningrad und Kiew aufbewahrt und konservatorisch betreut wurden. Zehn Jahre später brachte man sie nach Dresden zurück.

Heute präsentiert sich Dresdens Kunstbesitz in elf Museen der Staatlichen Kunstsammlungen. Von 1988 bis 1992 war der Museumsbau Gottfried Sempers am Zwinger geschlossen. Gebäude und technische Anlagen mußten überholt werden. Von 1956 an waren sie ununterbrochen genutzt worden, 30 Millionen Kunstinteressierte hatten sich in den Museen umgesehen. Die nunmehrige künstlerische Fassung des Hauses und die Hängung der Bilder entsprechen viel mehr dem Semperschen Original von 1854 als die Aufbaufassung nach dem Zweiten Weltkrieg.

Im Schatten der „Sixtina": Bis heute gilt die **Gemäldegalerie** als großartigste der Dresdner Sammlungen und Raffaels Sixtinische Madonna als ihr berühmtestes Bild. Es wurde 1754 für 20 000 Dukaten aus einem Kloster in Piacenza erworben. „Platz für den großen Raffael" soll der König gerufen und seinen Thronsessel freigemacht haben, als das Riesengemälde im Schloß zu Dresden eintraf. Die Erwerbung der Sixtina krönte eine Periode glanzvoller Ankäufe. So kamen allein in den Jahren um 1740 stolze 268 Gemälde der Sammlung Wallenstein aus Dux, 100 der besten Bilder aus der berühmten Sammlung des Herzogs von Modena und 69 aus der Kaiserlichen Galerie zu Prag nach Dresden. König August III. umgab sich in seinen Privatgemächern und auf seinen Reisen und Kriegszügen

gern mit den Perlen seiner Gemäldegalerie, deren Aufbau der Siebenjährige Krieg beendete. In der fürstlichen Galerie dominieren Werke der italienischen Renaissance, des italienischen und französischen Barock sowie der holländischen und flämischen Malerei des 17. Jahrhunderts.

Neben der „Sixtina" kann der Besucher in der Gemäldegalerie Spitzenwerke der bedeutendsten Meister dieser Epoche finden. Und es gibt Kenner, die großartigen Gemälden wie „Schlummernde Venus" von Giorgone, Tizians „Zinsgroschen", Vermeers „Brieflesendes Mädchen am Fenster" oder Rembrandts

Vorherige Seiten: Die Engel der Sixtinischen Madonna in der Dresdner Gemäldegalerie. **Links**: Barock heißt, alles Schöne dieser Welt verarbeiten: Ägyptischer Obelisk mit dem Porträt von August dem Starken. **Oben**: Saal in der Gemäldegalerie mit der Sixtinischen Madonna.

„Selbstbildnis mit Saskia" vor Raffaels Madonna den Vorzug geben.

Die neueren Meister: Manche Besucher, die moderne Malerei nicht mögen, lassen sich von dem Adjektiv „neu" abschrecken und ersparen sich den Besuch dieser Galerie im Albertinum an der Brühlschen Terrasse. Dabei verpassen sie einige der schönsten und berühmtesten Gemälde Dresdens. Finden sie doch hier eine der reichsten Sammlungen deutscher Romantiker und deutscher Impressionisten mit Hauptwerken von Caspar David Friedrich, Ludwig Richter, Max Liebermann, Lovis Corinth und Max Slevogt, aber auch das bewegende Triptychon „Der Krieg" von Otto Dix.

1843 sein Ruhegehalt zur Förderung von Kunst und Kultur, besonders auch zum Ankauf zeitgenössischer Gemälde zur Verfügung stellte. Eines der ersten dieser Bilder war Ludwig Richters populärer „Brautzug im Frühling". Von den rund 2000 Gemälden kann zur Zeit kaum ein Fünftel gezeigt werden.

Im Glanz von Gold und Edelsteinen: Das „Grüne Gewölbe", die legendäre Schatzkammer der Wettiner Fürsten, ist die kostbarste und größte ihrer Art in Europa. Ihren Namen trägt sie nach dem einstigen Standort im Residenzschloß, wohin sie nach dessen Fertigstellung auch wieder verbracht wird. Diese überwölbte Raumgruppe mit zwei Meter starken Außen-

Die Gemäldegalerie Neue Meister umfaßt jenen Teil der Dresdner Galeriebilder, die seit etwa 1800 entstanden sind. Dabei handelt es sich vorwiegend um Werke deutscher Künstler mit Ausnahme einer Gruppe von Bildern französischer Impressionisten und Nachimpressionisten von Manet bis van Gogh und Gauguin. Bis zum Bildersturm der Nazis auf „Entartete Kunst", 1937, waren hier auch hervorragende Werke der Moderne zu sehen. Die Galerie Neue Meister verdankt ihre Existenz nicht mehr fürstlichem Sammeleifer, sondern demokratischem Kunstsinn des sächsischen Staatsministers Bernhard von Lindenau, der

wänden und durch schwere Gitter gesicherten Fenstern galt als die gegen Feuer und Diebstahl sicherste der Residenz. Hier ließ August der Starke 1723–24 das erste Pretiosenmuseum der Welt einrichten. Es bestand hier bis zur kriegsbedingten Auslagerung der kostbaren Bestände in die Kasematten der Bergfestung Königstein im Jahre 1942. Die Sammlung mit ihren über 3000 Werken aus Gold, Silber, Edelstein, aus Elfenbein, Bernstein und Bronze hat den Krieg unbeschadet überstanden. Etwa die Hälfte ist heute im Albertinum ausgestellt. Zu den bestaunten Stücken der zauberhaften Glitzerwelt gehören das pretiöse Fürsten-Puppenhaus mit dem „Hofstaat zu Delhi am Geburtstag des Großmoguls Aureng Zeb", der Königsberger Bernsteinschrank, oder der goldgefaßte Kirschkern mit 183 eingeschnitzten Köpfen, durch eine Lupe zu betrachten.

Die Skulpturensammlung: Sie vereint Objekte aus fast allen Kulturen des Vorderen Orients und Europas: Assyrische Reliefs und ägyptische Mumien, griechische Vasen und römische Porträtbüsten, mittelalterliche Madonnenstatuen und Renaissancebronzen, aber auch Bildwerke von Rodin, Maillol, Barlach und Kollwitz. Ihr Kernstück ist die Antikensammlung, aus der sie hervorgegangen ist. Diese ist eine der ältesten Europas und war nach ihrer Gründung 1723 durch August den Starken lange Zeit die einzige größere ihrer Art in Deutschland. Ihre Entstehung wird dem kulturellen Unverständnis und der Knauserei des preußischen „Soldatenkönigs" Friedrich Wilhelm I. verdankt, der seine schöne Sammlung antiker Plastik 1726 nach Sachsen verkaufte. Kurz danach – 1728 – erwarben Augusts Agenten in Rom die wundervolle Sammlung Chigi mit Meisterwerken wie der Athena Lemnia, dem Knabensieger des Polyklet und dem Einschenkenden Satyr von Praxiteles.

Die Dresdner Antiken – zunächst im Palais des Großen Gartens kostbar aufgestellt – genossen schon im 18. Jahrhundert internationalen Ruhm. Später waren sie im Japanischen Palais untergebracht. Dort durften sie von prominenten Dresdenbesuchern des Abends bei Fackelschein besichtigt werden. Nicht minder berühmt war auch die Mengs'sche Sammlung von Abgüssen antiker Bildwerke im sogenannten Stallhof.

Kunst aus weißem Gold: In einem der Pavillons des Zwingers ist die Porzellansammlung

Die Galerie Alter Meister hat reichlich Akte gesammelt. Links: „Die schlummernde Venus" von Giorgione (1478–1510). **Oben:** „Leda mit dem Schwan" von Peter Paul Rubens (1577–1640).

untergebracht. Hier sind Kunstwerke aus jenem „weißen Gold" zu bewundern, dessen zweite Erfindung dem Alchimisten Böttger 1709 nur wenige hundert Meter von hier in den Kasematten der alten Festungswerke unter der Brühlschen Terrasse gelang. Die Erzeugnisse der berühmten Meißner Manufaktur traten unter dem Zeichen der blauen Schwerter den Siegeszug in alle Welt an und brachten den Sachsenherrschern gewaltige Einnahmen. Die Sammlung ist ein Kind der Porzellan-Besessenheit Augusts des Starken, der 1717 das heutige Japanische Palais als Porzellanschloß einrichten und dafür in aller Welt die weiße

Ware japanischer und chinesischer Produktion in riesigen Mengen aufkaufen ließ. Zugleich mußte die Meißner Manufaktur große Porzellanplastiken wie Tier- und Apostelstatuen liefern. Augusts Porzellanträume grenzten ans Utopische: Er wollte gar einen Porzellanthron mit Baldachin, Kapelle und Orgel.

Kupferstichkabinett: Die ehemalige Kunstgewerbeakademie am Sachsenplatz beherbergt auch das Kupferstichkabinett, eine der ältesten Sammlungen ihrer Art. Es umfaßt Werke aller graphischen Techniken sowie Zeichnungen, Aquarelle und Pastelle. Seine ältesten Bestände, darunter 181 Blätter von Albrecht Dürer, gehörten schon zur kurfürstlichen Kunstkammer. 1720 ließ August der Starke die 150 000 Graphiken zu einem speziellen „Cabinet" vereinen. Eine zweite Blütezeit begann 1882, als sich bürgerliche Kunstwissenschaftler der Sammlung annahmen. Mutig setzten sie sich für beschimpfte und verkannte Künstler wie Max Liebermann, Käthe Kollwitz und Toulouse-Lautrec ein. Glanzpunkte des Kabinetts sind neben Konvoluten altdeutscher und niederländischer Meister, vornehmlich Rembrandts, eine hervorragende Kollektion deutscher Romantiker sowie Blätter von Otto Dix.

Das Münzkabinett ist die mit Abstand älteste Dresdner Sammlung. Sie wurde bereits zu Luthers Zeiten durch Herzog Georg gegründet. In einem bemerkenswert alten Bauwerk aus dem Jahr 1568 in der Neustadt ist das Museum für Volkskunst untergebracht.

Von der Rüstkammer zum Historischen Museum entwickelte sich die Sammlung von Prunkwaffen und Harnischen im Erdgeschoß des Museumsbaus des Zwingers. Die Arbeiten am Residenzschloß werden von den Dresdnern und ihren Gästen mit großem Interesse verfolgt, da man sich von der Fertigstellung des Schlosses eine spürbare Verbesserung der Raumsituation der Kunstsammlungen erhofft. Eine Dauerausstellung im Georgentor des Schlosses präsentiert die Geschichte des Residenzschlosses und seiner Bewohner sowie dessen Zukunft als ein Museumszentrum von internationalem Rang.

Etwa ab dem Jahr 2000 wird das Grüne Gewölbe wieder an seinem ursprünglichen Standort im Westflügel des Schlosses eingerichtet sein, später auch das Kupferstichkabinett und das Münzkabinett in das wiedererstandene Residenzschloß einziehen.

<u>Oben</u>: Auch die Sagenwelt muß herhalten, wenn es um die Lust geht. „Nymphen und Kinder unter Fruchtbäumen" von Hendrik van Balen (1575-1632). <u>Rechts</u>: Johann Ludwig Tieck.

JOHANN LUDWIG TIECK

Ludwig Tiecks erster Besuch in Dresden galt einer Frau. Zusammen mit Wilhelm Heinrich Wackenroder (1773–1798) besuchten die Freunde in der Gemäldegalerie die Sixtinische Madonna. Herzensergießungen und Phantasien über die Kunst folgten. Das war 1796.

Nach vielen Reisen durch halb Europa, wo er kennenlernte, was Rang und Namen hatte, und einer äußerst bemerkenswerten literarischen Produktivität, nahm Tieck erneut Anlauf, sich in Dresden niederzulassen. Diesmal sollten es 23 Jahre werden. Erst im Sommer 1842 wird Tieck Dresden wieder verlassen, um einer Einladung des Königs Friedrich Wilhelm IV. nach Berlin zu folgen.

Tieck nahm Wohnung am Alten Markt, dem heutigen Altmarkt. Das Haus steht nicht mehr. Als das „ungekrönte Haupt der deutschen Romantik" hielt er in seiner Wohnung regelrecht Hof. Immer am Sonnabend, gab er hier seine berühmten Vorleseabende. Clemens von Brentano bringt das Phänomen auf den Begriff, wenn er sagt: Tieck sei das „größte mimische Talent, was jemals die Bühne *nicht* betreten" hat.

In jedem zeitgenössischen Reiseführer Dresdens fand sich die Beschreibung der Tieckschen Leseabende, kein Bildungsreisender konnte sich dieses Erlebnis entgehen lassen, denn es war an Bedeutung nur vergleichbar mit der Gemäldegalerie. Der Ort der Veranstaltungen wurde zum Mittelpunkt des kulturellen Lebens der Residenzstadt, Tieck zu einer Institution der geistigen Welt Europas.

Als Herausgeber der Werke seiner verstorbenen Freunde machte sich Tieck einen Namen. Er editierte die Gesammelten Schriften von Kleist und von Lenz (1751–1792), gab Solgers (1780–1819) Nachgelassene Schriften heraus und in neuen, vermehrten Auflagen abermals die Schriften von Novalis (1772–1801). Während dieser Jahre in Dresden war Tieck natürlich auch eigenschöpferisch tätig. „Geschichte des Herrn William Lovell"; „Volksmärchen"; „Franz Sternbalds Wanderungen"; „Kaiser Oktavianus"; „Phantasus"; „Gedichte" und „Dramaturgische Blätter" sind weitere bekannte Werke, die damals entstanden. Vierzehn Bände füllen allein die gesammelten Novellen. Sie reflektieren kritisch sowohl die speziellen Verhältnisse in Dresden als auch die damaligen deutschen Zustände überhaupt.

Jene Jahre waren überschattet von einer reaktionären Politik. Die scharfe Zensur erstickte die aufkeimenden nationalen Bewegungen nach dem Sieg über Napoleon und sorgte für Friedhofsruhe. Ein wacher Geist wie Tieck reagierte darauf freilich in künstlerisch verschlüsselter Form.

1825 wurde der Dichter zum Hofrat und Dramaturgen am Königlichen Hoftheater ernannt. Damit erweiterte sich Tiecks Wirkungsgrad beträchtlich, denn er konnte auf die Spielplangestaltung Einfluß nehmen. Schon 1821 fand auf Anregung Tiecks die bahnbrechende Aufführung von Kleists „Prinz Friedrich von Homburg" statt, und 1829, zu Ehren von Goethes 80. Geburtstag, veranlaßte er eine Aufführung des Dramas „Faust", Erster Teil.

Mit seiner Tochter Dorothea (1799–1841) und mit Wolf Heinrich Graf Baudissin (1789–1878) begann Tieck 1825 auf der Grundlage der Schlegelschen Übersetzung eine neue Übertragung der Dramen Shakespeares ins Deutsche. In neun Jahren vollendeten sie eine der großartigsten Übersetzungen der deutschen Literatur. Thomas Mann (1875–1955) sprach „von wirklicher Einverleibung großer Literaturgüter in den geistigen Bestand eines anderen Volkes." Zum 60. Geburtstag Tiecks fertigte Pierre-Jean d'Angers eine Kolossalbüste, wie er Jahre zuvor eine von Goethe geschaffen hatte. Das Ereignis ist dokumentarisch festgehalten auf einem Gemälde von Tiecks Freund Carl Vogel von Vogelstein (1788–1868). ■

GEMALTES DRESDEN

Die Romantiker hatten Dresden voll im Griff: „Blick auf Dresden bei Vollmondschein" von Johan Christian Clausen Dahl (1788–1857).

„Wer Dresden nicht siehet, hat nichts Schönes gesehen", schrieb 1749 begeistert Johann Joachim Winckelmann, der Wiederentdecker der Antike und einer der prominentesten Besucher der sächsischen Residenz. Dresdens Ruhm als eine der schönsten Städte Europas spiegelt sich aber nicht nur in verbalen, sondern auch in bildlichen Lobpreisungen. Seit dem 16. Jahrhundert hat sich ein Heer von Zeichnern, Stechern und Malern von der Erscheinung der Stadt zur künstlerischen Gestaltung inspirieren lassen. In der Tat gab es wenige Hauptstädte, die sich in so reizvoller natürlicher Szenerie darboten wie die sächsische Metropole. Sie liegt in einer beckenartigen Erweiterung des Flußtales, das im Süden und Norden von sanft ansteigenden Höhenzügen gesäumt wird. Dresdens Strom, die Elbe, in dem sich Paläste, Türme und Brücken spiegeln, sorgt mit seinen Windungen und grünen Ufern für malerische Blicke auf die Stadt.

Die frühesten bekannten Darstellungen aus dem 16. Jahrhundert zeigen ein heute unbekanntes Dresden, nämlich die spätmittelalterliche Stadt, von der Renaissance geprägt, welche sich freilich auf ihre Weise schon recht reich und ansehnlich darbot. Die Kupferstich-Veduten aus dieser Zeit, sachgetreue Ansichten der Stadt, zeigen ein Bild von harmonischer Geschlossenheit: Über dem breit hingelagerten Mauersockel seiner Festungswerke die Prachtgebäude der sächsischen Renaissancefürsten, besonders das imposante Schloß und das Zeughaus, dazu die hohen Dächer und Türme der alten Kirchen, die heute ganz anders aussehen.

Überhaupt ist von dem prächtigen Dresden des 16. Jahrhunderts außer dem Residenzschloß, das wiederaufgebaut wird, und Resten des Jägerhofs in der Neustadt, in dem die Kurfürsten jagdbares Getier hegten, so gut wie nichts geblieben. „...gleichsam nur ein großes Lustgebäude", – so nannte Johann Michael von Loen, Zeitgenosse Augusts des Starken,

Gemaltes Dresden 79

die barocke Residenz, in die des Königs Bauleidenschaft die Renaissancestadt verwandelte.

Canalettos Veduten: Den malenden Chronisten dieses neuen Glanzes an der Elbe ließ sein Sohn und Thronfolger August III. aus Venedig kommen: Bernardo Bellotto, genannt Canaletto. Er malte in sechs Jahren vierzehn großformatige Veduten. Es sind bis heute die berühmtesten Dresden-Bilder geblieben. Da sich der Italiener einer *camera obscura* als Hilfsmittel bediente, sind sie von großer Genauigkeit und dokumentarischer Treue. Zudem bieten sie interessante Einblicke in das Leben und Treiben auf Dresdens Straßen und Plätzen um 1750. Für den allmächtigen die Repräsentationsbedürfnisse des Hofes geschaffen, so verlangte im späteren 18. und im 19. Jahrhundert bürgerliches Kaufinteresse nach billigeren Kunstprodukten. Die in hohen Auflagen gedruckten, oft kolorierten Radierungen des Professors Adrian Zingg (1734–1816) waren die Vorläufer der Ansichtskarte als Souvenir. Sie zeigen Dresden aus der Ferne, gezeichnet von markanten Aussichtspunkten der Umgebung. In der Folge stachen, radierten und lithographierten einige Dutzend Kleinmeister die Umrisse Dresdens für die wachsende Touristenschar. So wurde die Stadt in der ersten Jahrhunderthälfte zur meistdargestelltesten Deutschlands. Heute noch

Staatsminister von Brühl hatte Bellotto von jedem der Gemälde für 200 Thaler eine kleinere Wiederholung zu liefern, die der Besteller ihm freilich größtenteils zu bezahlen vergaß. Bellottos Bilder zeigen erstmals die Silhouette Dresdens mit der Kuppel der Frauenkirche und dem Turm der katholischen Hofkirche. Wie zwei spätere, zwischen 1760 und 1763 entstandene Gemälde dokumentieren, scheute er sich aber auch nicht, die Zerstörungen darzustellen, welche die rüden Preußen während des Siebenjährigen Krieges anrichteten.

Vorläufer der Ansichtskarten: Hatte Bellotto seine aufwendigen Dresden-Bilder noch für kann man mit ein wenig Glück im Kunsthandel schöne Blätter aus der Zeit finden.

Weit über diesen Erzeugnissen für den täglichen Bedarf stehen die Dresden-Bilder der Romantiker wie Carus und Dahl, dessen nächtliche Vedute der Altstädter Elbfront in der Galerie hängt.

Die Impressionisten: Mit einem ganz anderen Blick hat Gotthardt Kuehl um 1900 die Stadt gesehen, die sich nun wie ein Tintenfleck auf Löschpapier rasch nach allen Richtungen ausweitete. Während an ihren Rändern Industrie- und Arbeiterquartiere wuchsen, bewahrte die Innenstadt das Flair der wohlgepflegten Residenz. Kuehl, Akademiedirektor und energischer Reformator der hiesigen Kunstszene, malte eben dieses alte Residenz-Dresden auf beiden Ufern des Stromes. Mit der optischen Sensibilität des Impressionisten entdeckt er neue Schönheiten im Antlitz der alten Stadt. Und auch da, wo er die Stadt in der Verwandlung zeigt, im scheinbar Chaotischen der Häuserabbrüche und Baustellen, wird sie im neuen Sinne als Ganzheit erlebt. Zu einer besonderen malerischen Aufgabe wurde ihm die alte Augustusbrücke. Wie Monet seine Kathedralfassaden zu Rouen, so malte er die Brücke wieder und wieder im Wechsel der Beleuchtung und Witterung.

senbrücken der Industrieviertel Löbtau und Friedrichstadt. In ihren Arbeiten wird die Stadt nicht mehr abgebildet, sondern subjektiv verwandelt. Sie nahmen häßliche Motive und machten daraus farbig schöne Bilder.

Einen anderen großen expressionistischen Maler verschlug es nach dem Ersten Weltkrieg nach Dresden: Oskar Kokoschka war von 1910 bis 1924 Professor an der Kunstakademie. Seine sechs temperamentvollen Ansichten der Neustadt und der Elbebrücken sind von seinem Atelier auf der Brühlschen Terrasse aus gemalt. Über der gobelinhaft glühenden Pracht ihrer Farben vergißt man das Topographische des Gegenstandes.

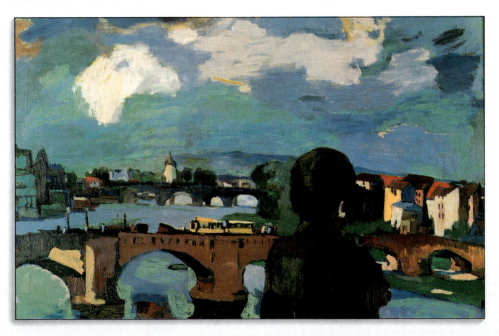

Expressionisten: 1905 wurde die „Brücke" zum Namen, Symbol und Firmenzeichen der jungen Expressionisten, die von Dresden aus die neue Botschaft ihrer Malerei aller Welt verkündeten. Von ihnen haben sich besonders Kirchner und Heckel mit dem Stadtbild beschäftigt. Sie allerdings interessierten sich nicht für Dresdens Schokoladenseite, sondern zeichneten und malten Häuserecken und Ei-

Otto Dix, der ruppige Bürgerschreck der zwanziger Jahre, hat seine Wahlheimat Dresden öfters ins Bild gesetzt. Prophetisch malte er 1939 die brennende Stadt in den Hintergrund seines großen Bildes „Lot und seine Töchter". Sechs Jahre später, im Februar 1945, wurde seine Schreckensvision grausame Wirklichkeit.

Das schönste Poem auf das „Unsterbliche Dresden" (so der Titel eines seiner Gemälde) hat Ernst Hassebrauck geschaffen. Mit Recht hat man ihn den „legitimen Erben des augusteischen Dresden" genannt, denn er hat wie kein anderer den schöpferischen Dialog mit dem Dresdner Barock geführt.

Links: Caspar David Friedrich (1774–1840) malte „Das Große Gehege bei Dresden". **Oben:** „Elblandschaft in Dresden" – Oskar Kokoschka (1886–1980) fand die schönsten Motive in Dresden.

ROMANTIKER

Die sächsische Residenz war eines der Zentren der romantischen Bewegung in Deutschland. Bei ihrer Geburt spielte die Gemäldegalerie eine wichtige Rolle. Besonders Raffaels *Sixtinische Madonna* wurde den jungen romantischen Dichtern wie Wackenroder, Tieck, Novalis und den Brüdern Schlegel zum Gegenstand glühender Verehrung, vor deren „Altar" man kniete. Raffael war Idol und Schutzheiliger jener alternativen Szene, die sich im Sommer 1798 in Dresden traf und gleichermaßen gegen die Zöpfe des 18. Jahrhunderts wie gegen Klassik und Klassizismus rebellierte. Auch die geistlichen Konzerte in der katholischen Hofkirche zogen viele der von einer neuen religiösen Hochstimmung ergriffenen jungen Intellektuellen an.

Nach diesem Auftakt durch die Literatur kamen die jungen Maler an die Elbe: 1798 Caspar David Friedrich, 1801 Philipp Otto Runge und 1804 die Gebrüder Riepenhausen und Olivier. Alle hatten sie den Kopf voller Ideen, wie man die darniederliegende deutsche Kunst zu neuer Blüte führen könne.

Runges Dresdner Jahre: Nachhaltige Anregungen erhielt Runge während seiner Dresdner Zeit 1801 bis 1804. Auch er, der geistvolle Erneuerer und profunde Theoretiker der deutschen Kunst, stand so ergriffen vor der Madonna in der Galerie, daß er „nicht wußte, wo ich war". Aber im Sommer 1801 schon war dem 24Jährigen noch eine andere „Madonna" erschienen: Er verliebte sich in die 15jährige dunkelhaarige Pauline Bassenge, Tochter eines Handschuhfabrikanten. In zahlreichen Bildnissen und auch in thematischen Arbeiten – wie in der romantischen Allegorie „Lehrstunde der Nachtigall" (1804) – stellte er Pauline dar.

In den Dresdner Jahren entwarf Runge sein Kunstkonzept. Es gewann erste Gestalt in dem graphischen Zyklus der „Zeiten", den er später in großformatigen Wandbildern auszuführen und in einem neugotischen Raum, mit Musik untermalt, darzubieten gedachte. Damit hatte Runge die Idee des romantischen Gesamtkunstwerks vorweggenommen, die später Richard Wagner in seinen Musikdramen zu realisieren versuchte.

„…**die Flammenzeichen rauchen!":** Zwischen 1806 und 1815 stand Deutschland im Zeichen der Besetzung und Unterdrückung durch Napoleons Armeen und Machtapparate sowie der nationalen Befreiungskriege. In Sachsen wuchs der geistige Widerstand im Sinne einer

patriotischen Romantik oder eines romantischen Patriotismus. Die bekannteste Gestalt dieser Bewegung und gleichsam ihre Symbolfigur ist der jugendliche Freiheitsdichter und -kämpfer Theodor Körner, eigentlich ein genialischer Tunichtgut, der als Student in Leipzig wegen Schlägereien und unbezahlter Rechnungen im Karzer einsitzen mußte und schließlich von der Universität verwiesen wurde. Er fiel 1813, zweiundzwanzigjährig, als Leutnant der Lützower Jäger in einem Gefecht gegen die Franzosen. „Leier und Schwert" heißt – symbolisch für ihn – die Sammlung seiner Kriegslieder, deren Helden-

Links: Carl Gustav Carus (1789–1869) – „Die Frau auf dem Söller". **Oben:** Caspar David Friedrich – „Das Kreuz im Gebirge".

pathos uns heute kaum noch erreicht. Zum Kreis der nationalen Erneuerer und Napoleon-Gegner in Dresden gehörten vor allem Künstler und Intellektuelle. Heinrich von Kleist schrieb hier neben der Novelle „Michael Kohlhaas" sein vaterländisches Drama „Die Hermannsschlacht", Gerhard von Kügelgen malte politische Allegorien und Caspar David Friedrich seine „patriotischen" Bilder. Einer seiner Künstlerfreunde, Georg Friedrich Kersting, kämpfte als Freiwilliger im Lützowschen Freikorps.

Kerstings Innenraum-Porträts: Dieser Kersting ging in die Kunstgeschichte ein als Schöpfer einer besonderen Form des Bildlem Berg die halbverfallene Burg Scharfenberg, die Carl von Miltitz 1812 notdürftig herrichtete und seine Freunde vaterländischer Gesinnung dorthin einlud. Hier gruselten sie sich, spielten Mittelalter und unterstützten sich gegenseitig als Komponisten, Dichter und Zeichner. Sobald aber 1813 „der König rief", schwangen sie sich auf die Schlachtrösser und zogen in den Befreiungskrieg.

Malen, was man in sich sieht: Zu Lebzeiten Caspar David Friedrichs fand das große Publikum seine Kunst wenig anziehend. Die biederen Dresdner ahnten nicht, daß da in dem kahlen Atelier im Haus „An der Elbe 33" der größte Landschaftsmaler der Deutschen hin-

nisses. Er hatte nämlich die Idee, Dresdner Künstler und Gelehrte in ihrem Wohn- und Arbeitsmilieu darzustellen, und er tat dies auf eine bewundernswert einfühlsame und verinnerlichte Weise, zugleich aber auch mit dokumentarischer Treue. So wissen wir nur durch ihn genau, wie es im Atelier des großen Caspar David Friedrich aussah. Seine Darstellung des Malers Kügelgen in seinem Atelier ermöglichte die Rekonstruktion des heute noch vorhandenen Raumes im Haus „Gottessegen" auf der Straße der Befreiung.

Die Tafelrunde zu Scharfenberg: An der Elbe zwischen Dresden und Meißen liegt auf steiter seiner Staffelei stand. Friedrich, ein Norddeutscher aus der Hafenstadt Greifswald, war als junger Mann nach Dresden gekommen und blieb hier bis zu seinem Tode. Für Aufsehen sorgte er, als er zu Weihnachten des Jahres 1808 in seinem verdunkelten Atelier ein nur durch Kerzen beleuchtetes großes Andachtsbild, den berühmten „Tetschener Altar", zu öffentlicher Besichtigung ausstellte. Man war darüber schockiert, daß es eine Landschaft war. Eine heftige Pressefehde für und wider das Bild bewirkte, daß der Name des kühnen Neuerers bald in aller Munde war. So kauften in den folgenden Jahren der König von

Preußen, der Großherzog von Weimar und der Zar von Rußland bei ihm Gemälde, darunter großformatige Hauptwerke wie „Mönch am Meer" und „Abtei im Eichwald".

Friedrichs Motivkreis war ungewöhnlich und unkonventionell: Verschneite Friedhöfe, kahle Eichen, Kirchenruinen, Hünengräber, nächtliche Meeresstrände unter der Mondsichel und immer wieder einsame Menschen am Ufer, auf hohem Berge oder am Abgrund vor Rügens Kreidefelsen, in den Anblick der Ferne versunken. Er liebte die Stimmungen des Herbstes und des Winters, der Dämmerung und des Nebels, kurz: „Es war sonderbares Zeug", wie Wilhelm von Kügelgen sagte. „Bringen Sie uns doch einmal etwas Lustiges, etwas Genrehaftes, das man übers Kanapee oder übers Aquarium hängen kann", riet ihm ein Bilderhändler.

Was wir heute aus der zeitlichen Entfernung klar erkennen, das war den Mitlebenden unverständlich: Friedrich war der erste deutsche Moderne, eigentlich ein Expressionist, denn – so meinte er – der Maler solle vor allem malen, was er in sich sieht und nicht nur, was er vor sich sieht. Seine Landschaften sind Bilder dieser inneren Sicht, Gleichnisse menschlichen Seins, Sinnbilder religiöser oder politischer Hoffnungen.

Carus – Statthalter Goethes: Eine der interessantesten Gestalten der Dresdner Romantik war Carl Gustav Carus, ein vielseitig begabter Leipziger, der schon mit 22 Jahren zwei Doktortitel erworben hatte, mit 25 als Professor und Direktor der Entbindungsklinik nach Dresden berufen wurde und hier nicht nur als Arzt und Naturwissenschaftler, sondern auch als Philosoph, Schriftsteller und Künstler tätig war. Mit Friedrich und Johan Christian Dahl befreundet, malte er nur nebenberuflich zur eigenen Freude und Erbauung, aber mit hohem Anspruch.

In seinen zahlreichen wissenschaftlichen Arbeiten vertrat er romantische Positionen, blieb aber auch den Anschauungen seines verehrten Vorbildes Goethe verbunden. Seine Bilder hängen heute in der Gemäldegalerie neben denen Friedrichs. Seine Kunstansichten hat er in den „Neun Briefen über Landschaftsmalerei" niedergelegt, mit denen Friedrichs Werken die theoretische Grundlage nachgereicht wird.

Hoffmann, Weber, Wagner, Schumann: In der schillernden Gestalt E.T.A. Hoffmanns finden wir die romantische Wechselwirkung der Künste verkörpert. Der studierte Jurist war Dichter, Komponist, Dramaturg und Maler zugleich. Er weilte zwischen 1813 und 1816 in Dresden als Kapellmeister der berühmten Secondaschen Theatertruppe, die im Sommer auf dem „Linckeschen Bade" spielte, einer Art Volkstheater. Hier komponierte er die romanti-

sche Oper „Undine" und schrieb die Märchennovelle „Der goldene Topf".

Die Musik als vornehmstes Medium romantischen Gefühls hat auch sonst in Dresden viele ihrer Siege errungen. Carl Maria von Weber schuf im Kampf gegen die italienische Oper mit „Freischütz", „Euryanthe" und „Oberon" die deutsche Nationaloper. Richard Wagner wirkte als Hofkapellmeister am Semperschen Opernhaus, das er mit „Rienzi" 1842 eingeweiht hatte. Hier schuf er u.a. den „Tannhäuser" und „Lohengrin", bis er 1849 als Mitstreiter der Revolution vor drohender Festnahme ins Ausland fliehen mußte. Robert Schu-

Links: „Die Überfahrt über die Elbe am Schreckenstein bei Aussig" von Adrian Ludwig Richter (1803–1884) hing zwecks Stärkung der Heimatliebe in sächsischen Schulklassen. **Oben:** „Frühlingslandschaft II" von Carl Gustav Carus.

mann hat in Dresden seine glücklichsten und fruchtbarsten Jahre verbracht.

Ludwig Richter, der Spätromantiker: Richter ist einer der wenigen Dresdner Romantiker, die nicht von außerhalb kamen, ein Urdresdner, dem es am wohlsten zu Hause war. Der geistige Anspruch und Zuschnitt seiner Kunst nimmt sich neben Friedrich oder Runge eher bescheiden aus. „Biedermeier" heißt das treffende Schlüsselwort.

Richter stammt aus dem zipfelmützigen Kleinbürgermilieu der Dresdner Friedrichstadt, und das hing ihm zeitlebens an. Dennoch strebte er nach Großem, als er mit 20 Jahren nach Rom kam, um hier beim alten Koch das Landschaftsfach zu erlernen. Gemälde von ihm, auch aus dieser Frühzeit, hängen in der Gemäldegalerie „Neue Meister". Seine Wendung von der italienischen zur deutschen Landschaft kam einer religiösen Bekehrung gleich.

Ein Erlebnis an der Elbe bei Aussig unterhalb der Ruine Schreckenstein öffnete ihm die Augen für die Schönheit der heimatlichen Natur. So entstand die berühmte „Überfahrt am Schreckenstein", die als Farblithographie früher in den sächsischen Klassenzimmern hing. Seine ungeheure Popularität verdankte Richter allerdings nicht seinen Gemälden, sondern seinem umfangreichen graphischen Werk. Mit über 3000 Holzschnittillustrationen für Kalender, Märchen- und Liederbücher und andere literarische Werke wurde er der Bildermann fürs deutsche Haus. Und ist diese Bildwelt auch kindlich gemütvoll und sonntäglich geschönt, so trifft sie doch genau den Volkston der Zeit.

Stätten der Romantiker: Wer heute die Spuren der Romantiker in Dresden aufsuchen möchte, hat es schwer, denn fast alle ihre Wohnstätten sind verschwunden. Ein Haus jedoch, in dem sie alle ein- und ausgingen, blieb erhalten: Das Haus Gerhard von Kügelgens in der inneren Neustadt, das heute das Museum zur

Dresdner Frühromantik beherbergt (früher Straße der Befreiung, heute Hauptstraße 13).

Auf der Brühlschen Terrasse am Albertinum steht seit 1990 immerhin ein Denkmal für Caspar David Friedrich. Sein Grab findet der geneigte Leser auf dem Trinitatis-Friedhof in der Johannstadt (Fiedlerstraße). Ludwig Richter ist auf dem Neuen katholischen Friedhof in der Bremer Straße zur letzten Ruhe gebettet.

<u>Oben:</u> **Ein jugendfreies Schäferstündchen träumte sich Adrian Ludwig Richter – „Junilandschaft mit dem Regenbogen" (1859).**

Hermann Krone

„Ich sage Ihnen, man könnte den Verstand verlieren, wenn man so ein von der Natur gewissermaßen selbst geschaffenes Bild sieht", schrieb 1839 der Berliner Kunst- und Photohändler Louis Sachse angesichts einer Daguerreotypie, wie die ersten Lichtbilder nach ihrem Erfinder hießen. Nie wurde wohl eine Erfindung sehnsüchtiger erwartet, stürmischer begrüßt, rascher und massenhafter verbreitet als diese.

Auch nach Breslau drang alsbald diese Neuigkeit. Sogleich baute dort einer eine Kamera, und es gelang ihm damit ein erstes Photo: Hermann Krone (1827–1916). In der königlich-sächsischen Residenzstadt Dresden eröffnete er 1852 sein erstes Photographisches Atelier und gründete eine Photographische-Verlags-Kunsthandlung.

Er gab die Anregung zur Gründung der „Photographischen Gesellschaft zu Dresden" (1869) und stellte schon 1853, wohl als erster dieses Fachs, einen Antrag auf Errichtung eines Lehrstuhls für Photographie. 1870 erhielt er eine Dozentur und wurde 1895 Professor am damaligen Polytechnikum. Krone vereinigte erfolgreich Kunst und Kommerz. Die Ergebnisse seiner Arbeit bereiten uns nicht nur heute noch Freude, sondern sie dienen der wissenschaftlichen Dokumentation, besonders im Bereich des Denkmalschutzes.

Krone wurde durch seine Bilder zum Chronisten der Stadt und ihrer Menschen in der zweiten Hälfte des 19. Jahrhunderts. Er schuf Porträtaufnahmen bekannter Persönlichkeiten aus Wissenschaft, Kunst und Politik. 1853 photographierte er die Sächsische Schweiz unter für uns kaum noch vorstellbaren Mühen, mit einer Kamera mit dem Plattenformat 30 mal 40 Zentimeter. Die Chemikalien und das Dunkelzelt zog er im Handwagen hinter sich her.

Zur Erinnerung an diese Pioniertat der Landschaftsphotographie ließen Freunde 1857 in den Stein eines Basteifelsens meißeln: „Hermann Krone Hic Primus Luce Pinxit 1853." (Hier malte Hermann Krone als erster mit Licht). Noch heute kann, wer aufmerksam über die Basteibrücke geht, diese Inschrift lesen.

Um 1872 veröffentlichte Krone sein großes Mappenwerk, das unter dem Titel „Königs-Album" bekannt wurde. In 142 Photographien nahm er alle Städte Sachsens auf. Ihm folgte ein Album mit 60 Aufnahmen der Städte von Sachsen-Altenburg. Krone photographierte in vielen Städten und Landschaften Deutschlands, aber auch in Böhmen und in der Schweiz.

1874 nahm er an einer Expedition zur Beobachtung des Venusdurchgangs durch die Sonnenscheibe auf den Auckland-Inseln südlich von Neuseeland teil. Seine Aufnahmen dieses Ereignisses waren auch für astronomische Messungen auswertbar, und Alexander von Humboldt lud Krone zu sich nach Berlin ein. Die technische Universität Dresden verwahrt einen einmaligen Schatz. Krone übergab dem Institut 1907, als er in den Ruhestand trat, sein „Historisches Lehrmuseum für Photographie".

Diese Sammlung umfaßt außer Kameras, Objektiven, Arbeitsgeräten und Negativen 141 großformatige Lehrtafeln mit über 1000 Bildern und zirka 100 Daguerreotypien, die Krone selbst herstellte und die von ihm beschriftet sind. Diese Tafeln stehen in ihrer Vollständigkeit für die damalige Zeit wohl einzig in der Welt da. Krone verwendete diese Tafeln im Unterricht. Sie dokumentieren auch Krones pädagogische Berufung, damit „aus der Erneuerung alter Erfahrungen immer wieder neu, der Neuzeit förderliche Fortschritte erwachsen mögen", wie er in der Einleitung seines Lehrbuchs schrieb.

Zu Krones 100. Geburtstag stiftete der Sächsische Photographenverband eine Medaille, die Hermann Krones Wahlspruch trägt: „Im Licht – durchs Licht – zum Licht!" ∎

Die klingende Stadt

Die Dresdner sind stolz auf ihre lange und glanzvolle Tradition als Musikmetropole, und sie sind davon überzeugt, daß ihre Oper, ihre Staatskapelle und ihr Kreuzchor noch immer zu den führenden der internationalen Musikwelt gehören. Wenn Sie einen Dresdner Musikprofessor bitten, Ihnen einen Überblick über das Dresdner Musikleben zu schreiben, liefert er eine Leistungsbilanz ab, die suggerieren soll: das Plansoll ist erfüllt, wir waren nicht nur eine der führenden Musikmetropolen, wir sind es immer noch.

Wahr an dem Mythos von der Musikmetropole Dresden ist, daß die Bevölkerung sich mehr als anderswo mit dem einheimischen Musikleben identifiziert. Trotz aller Anstrengungen hat aber Dresden den Rang, den es einmal als Musikstadt besaß, nicht wiedergewinnen können – die Isolation von weiten Teilen des ausländischen Musikgeschehens stand dem im Wege.

Die Stadt ist reich an Chören, Orchestern und Kammermusikensembles, in denen nachwachsende Talente von klein auf lernen können, was es heißt, Musikwerke auf hohem Niveau einzustudieren. Die berühmteste Talentschmiede ist der Dresdner Kreuzchor, aus dem viele international bekannte Solisten hervorgingen: Der Sänger Peter Schreier ist der berühmteste unter den Lebenden.

Der Kreuzchor: Der Chor der im 13. Jahrhundert gegründeten Kreuzschule ist die älteste musikalische Institution der Stadt. Er arbeitete mit großen Orchestern zusammen, spielte Schallplatten ein und bereiste auf Konzerttourneen das Ausland.

Die Staatskapelle Dresden: Der bekannteste Klangkörper der Stadt ist die Staatskapelle Dresden, das Orchester der Semperoper, das auch als Konzertorchester weit über Dresden hinaus bekannt ist. Das Gründungsdatum der Staatskapelle ist der 22. September 1548; an diesem Tag unterzeichnete Kurfürst Moritz von Sachsen die Stiftungsurkunde für eine zunächst nur aus 20 Sängern und einem Organisten bestehende Hofkantorei. 55 Jahre lang, von 1617 bis zu seinem Tod, hat Heinrich Schütz das Orchester geleitet.

Als der Dreißigjährige Krieg tobte, kam das Musikleben zeitweise zum Erliegen. Die Hofmusiker wurden vom Staat nicht ausbezahlt, flohen vor den Kriegsgreueln in sichere Gebiete oder starben an der Pest. Schütz wechselte mehrmals an den Kopenhagener Hof, um Geld

zu verdienen, kehrte aber trotz größter Schwierigkeiten immer wieder nach Dresden zurück. Schütz komponierte als erster eine Oper auf ein deutschsprachiges Libretto des Dichters Martin Opitz.

Italienische Dominanz: Im folgenden Jahrhundert dominierte die italienische Oper das Musikleben der Stadt. Gefragt waren pompöse Gesamtkunstwerke, damit der sächsische Hof in der Konkurrenz der absolutistischen Herrschersitze bestehen konnte. Dafür wurde 1719 innerhalb von elf Monaten ein riesiges Opernhaus am Zwinger errichtet, mit einer 32 Meter tiefen Bühne und über 1500 Zuschauer-

Links: Es fällt kaum auf, daß die Lettern des Plakats zur Heinrich-Schütz-Ehrung mit der Hand gezeichnet sind (Hans Wiesenhütter). <u>Oben</u>: Posaunist auf dem Dixielandfestival.

plätzen – in einer Stadt, die damals gerade 30 000 Einwohner zählte. Die Musik spielte nur eine Nebenrolle in Opernaufführungen, bei denen eine hochentwickelte Bühnentechnik mit Fontänen und Wasserfällen, bis zu vierhundert Menschen und hundert Pferde aufgeboten wurden. Mozart, der sich 1789 ein paar Tage in Dresden aufhielt, nannte die Oper „wahrhaft elend".

1750–1755 entstand in der Hofkirche die letzte und größte Orgel des sächsischen Orgelbaumeisters Johann Gottfried Silbermann. Sie ist als einzige Dresdner Silbermannorgel erhalten geblieben.

E.T.A. Hoffmann: Ein Vorbote des kulturellen Aufstiegs im 19. Jahrhundert war der Jurist, Dichter, Maler und Musiker Ernst Theodor Amadeus Hoffmann. 1813 hielt er sich in Dresden auf und vollendete seine romantische Zauberoper „Undine" (s.a. S. 40).

Carl Maria von Weber: 1816 wurde Carl Maria von Weber zum Musikdirekor der neu gegründeten Deutschen Oper berufen. Weber wollte die Vorherrschaft der italienischen Oper brechen und in Dresden ein volksnahes nationales Musiktheater aufbauen. Er trat als Reformator auf, nicht nur als Komponist des „Freischütz", auch als Dirigent, der wichtige Neuerungen im Spielbetrieb einführte und eine realistische Opernregie anstrebte. Nach anfänglichen Widerständen kannte die Begeisterung des Orchesters und des Publikums für den unbequemen Musiker keine Grenzen.

Richard Wagner: Der neunjährige Richard Wagner, der die Kreuzschule besuchte, hat Weber an der Spitze der Staatskapelle erlebt und soll sich damals entschlossen haben, „nicht Kaiser und nicht König", sondern Dirigent zu werden.

Nach der erfolgreichen Uraufführung seiner Opern „Rienzi" und „Der fliegende Holländer" wurde Wagner 1843 zum Hofkapellmeister auf Lebenszeit bestellt. Er ließ die Gebeine Webers aus London nach Dresden überführen und beisetzen. Wagner traf gelegentlich mit Robert Schumann zusammen, der zwischen 1845 und 1850 in Dresden wohnte. Schumann komponierte hier unter anderem sein berühmtes, mit Clara Schumann als Solistin uraufgeführtes a-moll-Klavierkonzert. Richard Wagner mußte nach dem Maiaufstand 1849 sein geliebtes Orchester – „Wunderharfe" nannte er die Hofkapelle – verlassen. Als „hervorragendster Anhänger der Umsturzpartei" wurde er steckbrieflich verfolgt. Zehn Jahre lang durfte keine Oper Wagners in Dresden gespielt werden. Erst 1862, nach einer Amnestie, konnte er wieder Aufführungen seiner Werke in Dresden besuchen. Mehr zu Wagner und v. Weber lesen Sie im entsprechenden Kapitel des Reiseteils.

Richard Strauss: Der Ruhm der Staatskapelle im Kaiserreich beruhte auf der festen Bindung an den Dirigenten Ernst von Schuch und den Komponisten Richard Strauss, dessen Opern seit 1901 in Dresden uraufgeführt wurden (darunter der „Rosenkavalier", 1913). In Sonderzügen reisten die Berliner Musikliebhaber nach Dresden, um die Oper zu sehen. Während der Weimarer Republik setzte sich Fritz Busch als Leiter des Orchesters für neue Komponisten wie Busoni, Kurt Weill und Paul Hindemith ein. Randalierende Nazis verjagten Busch 1933 vom Pult der Semper-Oper.

Bürgerliche Musikkultur: Seit dem 19. Jahrhundert entwickelte sich neben der Hofoper eine eigenständige bürgerliche Musikkultur: 1854 wurde die „Tonkünstlervereinigung" gegründet, die sich die Pflege zeitgenössischer Musik zum Ziel setzte, 1856 das Konservatorium, 1870 eine ernsthafte Konkurrenz für die Staatskapelle – die Dresdner Philharmonie. Brahms, Tschaikowski, Dvorak und Strauss haben das Orchester dirigiert.

Ausdruckstanz: Mary Wigman, Begründerin, Choreographin und Pädagogin des modernen Ausdruckstanzes, eröffnete 1920 in Dresden ihre erste Schule, die von den Nazis geschlossen wurde. Die 1925 gegründete Schule ihrer berühmtesten Schülerin, Gret Palucca, besteht bis heute. In einem achtjährigen Lehrgang werden die Schüler zu Tänzern ausgebildet und erwerben gleichzeitig die Mittlere Reife.

Aus dem Konservatorium und der Orchesterschule der Staatskapelle ist die Hochschule für Musik „Carl Maria von Weber" hervorgegangen. In ihr bilden Musiker beider Orchester den Nachwuchs aus. Eine andere wichtige Einrichtung ist das „Zentrum für zeitgenössische Musik", das lebende Komponisten fördert und Anfang Oktober die Dresdner Tage der zeitgenössischen Musik veranstaltet. Sie ergänzen die Dresdner Musikfestspiele (im

Mai/Juni) mit ihrer eher konservativen Programmgestaltung.

Alle künstlerischen Einrichtungen litten zu Beginn des deutschen Einigungsprozesses nach 1989 an Besucherschwund und Geldmangel. Inzwischen beginnt die Lage sich zu stabilisieren. Nach dem ständig wachsendem Zuspruch und Erfolgen der letzten Jahre ist auch der Fortbestand des großen Internationalen Dixielandfestivals gesichert, zu dem früher jedes Jahr im Frühsommer Tausende von Jazzfans aus der ganzen DDR nach Dresden gereist waren.

Der große Star – Ludwig Güttler: Die profilierteste Erscheinung des gegenwärtigen Musiklebens ist – neben dem Sänger und Dirigenten Peter Schreier – der als Solotrompeter international bekannte Ludwig Güttler. Schon vor der DDR-Revolution von 1989 trat er als unbequemer und regimekritischer Musiker hervor, der sich nicht scheute, die Versäumnisse der staatlichen Kultur- und Bildungspolitik beim Namen zu nennen.

In Eigeninitative veranstaltete er Benefizkonzerte in Kirchen und gründete ein von staatlichen Subventionen unabhängiges Kammermusikensemble. Mit ihm brachte Güttler altes Notenmaterial des sächsischen Hofes zur Aufführung, das er in der Sächsischen Landesbibliothek bei seinen Forschungen zur Dresdner Musikgeschichte ausgegraben hatte. Während der Dresdner Revolution gehörte Ludwig Güttler zu den einflußreichsten Wortführern der demonstrierenden Bevölkerung.

Neue Kräfte: Sogenannte Westimporte haben zusätzlichen Schwung in das Dresdner Musikschaffen gebracht. Die Semper-Oper hat einen neuen Intendanten bekommen, Christoph Albrecht aus Hamburg, und der italienische Stardirigent Guiseppe Sinopoli ist neuer Chef der Staatskapelle geworden. Das Ensemble der Semperoper strebt danach, den alten Glanz der Musikmetropole Dresden

wieder aufleben zu lassen. 1995 nahm schließlich eine neue Opernfestspiel-Tradition ihren Anfang. Aus „eigener Kraft" mit dem Ensemble der Sächsischen Staatsoper und renommierten Gästen, aber ohne Gastspiele anderer Bühnen, wurden die Dresdner Opern-Festspiele kreiert. Diese werden sich nunmehr jährlich mit immer anderen Programmakzenten, die jedoch stets mit der Dresdner Tradition verbunden sein werden, ihrem internationalen Publikum stellen.

Die Straßenmusikerinnen im Zwinger setzen die jahrhundertelange Musiktradition Dresdens fort.

Die klingende Stadt 91

THEATER IN DRESDEN

Das Theater in Dresden kann heute wieder an die Tradition anknüpfen, die es jahrhundertelang gepflegt hat: eine unabhängige, die Gesellschaft begleitende und kommentierende Institution zu sein, frei von staatlichem Dirigismus und Einflußnahme von außen. Die großen Bühnen haben sich innerlich erneuert, neue freie Theater wurden gegründet, die das aktuelle Zeitgeschehen auf die Bühne bringen und vieles kritisch hinterfragen. Im Gegensatz zu DDR-Zeiten müssen sich die Theater dem Wettbewerb um das Publikum aussetzen.

Auch vor der Wende ging man im Theater auf die aktuellen Ereignisse ein. In der *Fidelio*-Inszenierung von Christine Mielitz vom Herbst 1989 wurde das DDR-System massiv angeprangert, kurz nachdem Tausende im Dresdner Hauptbahnhof auf die Züge aufspringen wollten, die die Flüchtlinge aus der Prager Botschaft in den Westen brachten.

Hans Modrow, der Bezirksparteisekretär der SED, saß bei der Premiere demonstrativ im Publikum. Die Bühne war dabei, zu ihren alten Formen zurückzufinden. Ohne Rücksicht auf das eigene Vorwärtskommen engagierten sich die Künstler auf der Seite des Volkes. Auch das hat Tradition: Aufführungen, die gegen den Willen der Staatsmacht durchgesetzt werden.

Wie es anfing: Schauspieler – das waren für die Dresdner lange Zeit wandernde „Banden" von Tänzern, Springern, Spaßmachern und Komödianten, die, begleitet von Instrumentalisten, auf Märkten und Plätzen oder in Wirtshäusern und Kneipen mit improvisierten Stegreifspielen für Unterhaltung sorgten. Solcherlei „fahrendes Volk" genoß zwar volle künstlerische Freiheit, sah sich aber der Gefahr des Verhungerns ausgesetzt, wenn der Publikumszulauf ausblieb. Die Überlebenschancen erhöhte bestenfalls ein landesherrliches Privileg für den „Prinzipal", eine Art Spielerlaubnis, Schutzbrief und Reisepaß, wodurch die Gleichstellung der Schauspieler mit vagabundierendem Gesindel knapp vermieden wurde.

Die „Chur-Sächsische Comödianten Gesellschaft" blieb ein knappes Jahrzehnt am Hof von Dresden. Allerdings standen die Schauspieler im Range niederer Kammerlakaien, und die Jahresgage für alle zusammen betrug ebensoviel, wie ein einzelner Solist der italienischen Hofoper erhielt.

Festes Ensemble: Erst unter August dem Starken wurde in Dresden 1696/97 ein eigenes

kleines Komödienhaus für die französischen Schauspieler errichtet, die nun, der galanten Mode entsprechend, am kurfürstlichen Hof die Meisterdramen eines Corneille, Molière und Racine in der Originalsprache darboten.

Demgegenüber führte das deutsche Schauspiel noch lange ein Schattendasein in den Vorstädten und nahm erst einen Aufschwung, als die Prinzipalin Friederike Caroline Neuber bahnbrechend die Schauspielszene reformierte. Die lebendige Darstellungskunst der attraktiven jungen Frau wurde vom theaterbegeisterten Publikum ihrer Zeit in vielen deutschen Städten bejubelt. Seit 1724 spielte sie

Links: Architektur und Kunst der Semper-Oper auf höchstem Niveau. **Oben:** Friederike Caroline Neuber säuberte das Theater vom allgegenwärtigen Hanswurst und baute ein festes Ensemble auf.

mit ihrer Truppe mehrfach im Saal des alten Gewandhauses in Dresden, wo sie zusammen mit ihrem Bühnenkollegen und Ehemann auf einige Jahre ein kursächsisches Privileg erhalten hatte. In Leipzig gelang dann der Neuberin mit der Verbannung des zotigen, possenreißenden Hanswurst aus den seriösen Stücken die eigentliche Reform des Theaters. Angeregt vom jungen Lessing, sorgte die Neuberin für die Auswahl anspruchsvoller Stücke und eine hohe Qualität der Aufführungen durch ein fest geformtes Ensemble. 1789 übernahm der Italiener Franz Seconda als geschäftstüchtiger Impresario die Schauspielergesellschaft.

der neue Dramaturg, der „Jungdeutsche" Karl Gutzkow, bald daran, daß er im Umkreis der Revolution 1848/49 eine Theaterreform, nämlich die Umwandlung der monarchisch regierten Hoftheater in demokratisch verwaltete Nationaltheater, gefordert hatte. Gutzkows Tragödie „Uriel Acosta" wurde damals trotz königlicher Einwände in Dresden erfolgreich uraufgeführt.

Volksbühne: Seit der Jahrhundertwende stellte sich auch das königliche Schauspielhaus auf die Kulturbedürfnisse breiter Bevölkerungskreise ein. Ab 1902 wurden jährlich bis zu 15 „Volksvorstellungen" vor allem mit Klassikerinszenierungen gegeben. Die

„König der Romantik" war während seiner langen Jahre in Dresden 1819–1842 Ludwig Tieck. An den berühmten Leseabenden seines Einmann-Zimmertheaters rezitierte er vor einer ausgewählten Zuhörerschaft Dramen der Weltliteratur, wozu eine Tasse Tee und etwas Biskuit gereicht wurden. Außerdem rezensierte er als ebenso fein- wie scharfsinniger Theaterkritiker das Dresdner Bühnengeschehen und regte die Aufführung von Kleists „Prinz von Homburg" an. Deshalb berief ihn Generaldirektor von Lüttichau 1825 als Schauspieldramaturg des Hoftheaters, ein damals ganz neues Amt. Nach Tiecks Weggang scheiterte

Eintrittspreise betrugen zwischen 20 Pfennig und 1,25 Reichsmark.

Zu Beginn des Ersten Weltkriegs paßte sich auch das Dresdner Schauspiel dem herrschenden Hurrapatriotismus an, der vom blutigen Krieg und dem entbehrungsreichen Alltag ablenken sollte. Die zunehmende Kriegsmüdigkeit ermöglichte es im Februar 1918, das Antikriegsdrama „Seeschlacht" von Reinhard Goering einmalig in einer geschlossenen Vorstellung der Dresdner Literarischen Gesellschaft erfolgreich aufzuführen. Nach geharnischten Protesten hoher Militärs durfte das Stück nicht mehr aufgeführt werden.

Goldene zwanziger Jahre: Die Umwälzung der Novemberrevolution 1918 brachte auch im Dresdner nunmehrigen „Staatstheater" einschneidende Veränderungen mit sich. In den „goldenen" zwanziger Jahren wurde das Dresdner Staatsschauspiel zu einer führenden Pflegestätte expressionistischer Dramen deutscher Autoren. Die Stücke von Wedekind, Sternheim und Hasenclever fanden bei den jungen Leuten zwar großen Widerhall, erschreckten jedoch den biederen Dresdner Bürger. Bei der Uraufführung von Ernst Tollers „Hinkemann" 1924 inszenierten die ewig unbelehrbaren nationalistischen Schreier einen Theaterskandal und bewirkten das Aufführungsverbot; ein erster Vorgeschmack auf die gravierenden Eingriffe auch ins Dresdner Kulturleben, die 1933 einsetzten.

Nach dem Krieg: Als sich danach im Juli 1945 der Vorhang auf der Interimsbühne Tonhalle im kriegszerstörten Dresden erstmals wieder hob und Lessings verfemt gewesener „Nathan der Weise" sein aufklärerisches Hohelied der Toleranz und Völkerverständigung von neuem verkündete, keimten vielerlei Hoffnungen und Erwartungen auf, die sich in den folgenden vier Jahrzehnten jedoch nicht erfüllten. Bald zeigte es sich, daß auch in der DDR das künstlerische Leben kontrolliert und gegängelt wurde, somit auch Schauspieler, Regisseure, Dramaturgen und Dramenautoren zum Kompromiß zwischen wirklicher Kunst und propagandistischen Aufträgen gezwungen waren. Allzuviel Tendenziöses und Wertloses ging über die Bühne. Anfang Oktober 1989 verlasen die Schauspieler des Dresdner Ensembles am Ende jeder Vorstellung einen jener mitreißenden Aufrufe, die dazu beitrugen, die große Wende einzuleiten.

Links: Victor Klemperer (1881–1960), der unter den Nazis amtsenthobene Romanist, während des Künstlerkongresses von 1946. **Oben:** Die Dresdner Kabarettgruppe „Zwinger-Trio".

Verheißungsvoller Neuanfang: Das Dresdner Schauspielhaus spielt nun Stücke mit aktuellen Bezügen: „König Ubu" von Alfred Jarry und „Hochzeit" von Elias Canetti geißeln das Leben einer Gesellschaft, deren oberstes Prinzip die materielle Bereicherung ist. Die Inszenierung von Brechts „Dreigroschenoper" stellt die alten Seilschaften bloß, die sich mit Verrat und krummen Touren hochgearbeitet haben. Der Puck in Shakespeares „Sommernachtstraum" im Theater der Jungen Generation hält denen den Spiegel vor, die „nur ihre Pflicht getan" und nur „auf Befehl von oben" gehandelt haben wollen.

Theater in Dresden

STRASSEN UND PLÄTZE

Auf dem Weg von der Autobahn, vom Flughafen oder dem Bahnhof zum historischen Zentrum werden Sie zunächst eine Stadt erleben, die sich nicht wesentlich von anderen Großstädten unterscheidet. Dresden ist seit der Zeit Augusts des Starken um mehr als das Zehnfache gewachsen, zu einer Metropole von Wirtschaft, Industrie und Verwaltung geworden und gleicht in den Außenbezirken, abgesehen vom Elbufer, anderen Städten Ostdeutschlands: Wohnsiedlungen im Plattenbau, viele dunkle Fassaden durch die Tallage und die – früher – hohen Umweltbelastungen. Die Prager Straße, eine Fußgängerzone zwischen dem Hauptbahnhof und dem Altmarkt, sollte in den 60er Jahren schöner, besser, größer werden als die Boulevards in den Städten der „geknechteten Massen" in Westdeutschland – sozialistische Prachtentfaltung unter dem Gulaschkommunismus. Aber brechen wir nicht den Stab über Dresden! Wie wurde denn damals in anderen europäischen Städten gebaut? Von Individualität oder gar Ausstrahlung, von humanem Wohnen war auch dort nichts zu sehen.

Den historischen Kern können Sie einschließlich der Neustadt gut zu Fuß erschließen. Die Luftaufnahme auf Seite 126 wird Ihnen zur Orientierung sicher hilfreich sein. Zwinger, Schloß, Semper-Oper – alles liegt dicht nebeneinander. Eine schöne Einstimmung könnte der Fürstenzug sein, wo auf 24 000 Fliesen die 35 wettinischen Markgrafen, Herzöge, Kurfürsten und Könige der Reihe nach angetreten sind und den Geist spüren lassen, mit dem dieses Adelsgeschlecht die Geschicke der Stadt über Jahrhunderte bestimmt hat. Sie stehen dann schon vor dem Schloß und können nachempfinden, welche Vorstellungen August der Starke von urbaner Ästhetik hatte.

Auf dem Weg durch das Zentrum stellen wir keine Restaurants oder Cafés vor. Die Gastronomie ändert sich noch zu schnell. Ähnlich ist es mit den Straßennamen. Die neuen wurden in die Karte auf der nachfolgenden Seite aufgenommen, manche Namen werden bestimmt noch geändert. Für den Besucher ist das nicht problematisch, weil die Dresdner die alten und die neuen kennen. Das fördert die Kommunikation. Erwidern Sie die oft angebotene Gesprächsbereitschaft. So viele Details aus der Geschichte der Stadt und zu den einzelnen Bauwerken sind zu entdecken. Die echten Dresdner kennen sie und erzählen gerne davon.

Sie haben hoffentlich die Zeit, uns auch zum Schloß Pillnitz, in die Gartenstadt Hellerau und in die wunderschöne Umgebung der Stadt, in die Sächsische Schweiz, zum Schloß Moritzburg sowie nach Radebeul oder Meißen zu begleiten.

Vorherige Seiten: Die Semper-Oper erstrahlt nachts in goldenem Glanz. Hofkirche und rechts das Schloß (1990). Schloßplatz und Kathedrale (1991). Blick auf das Nymphenbad im Zwinger. **Links**: Schloßimpression.

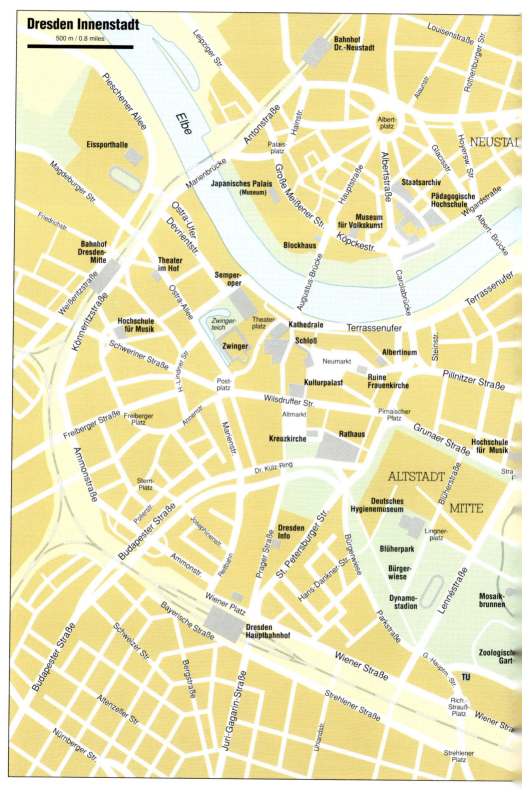

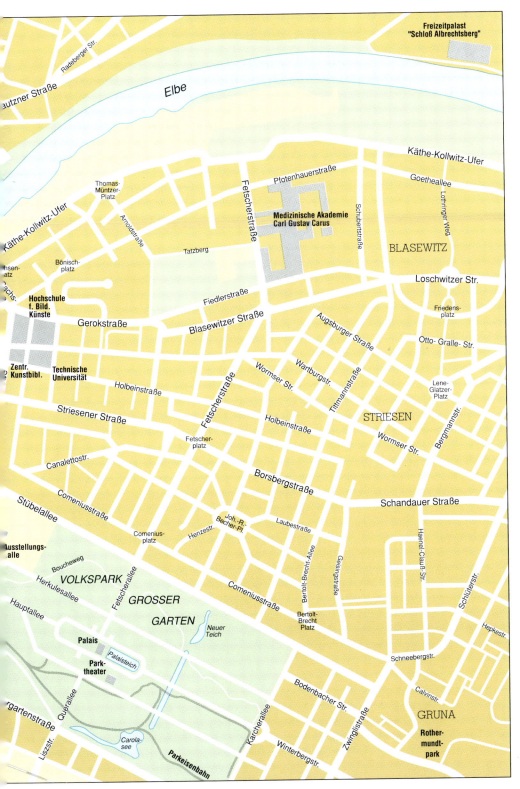

ALT- UND NEUMARKT

Den aussichtsreichsten Überblick über die Dresdner Altstadt kann zweifellos der höchste Mann Dresdens für sich beanspruchen: Auf ein segenspendendes Füllhorn gestützt, streckt der goldene Athlet an der Spitze des hundert Meter hohen **Rathausturms** seinen rechten Arm über die Stadt aus. Er ist 5,60 Meter groß, aus vergoldetem Kupferblech und wurde 1910 von Richard Guhr erschaffen.

Leider ist die Auffahrt mit dem Lift zur Aussichtsbalustrade in Zweidrittelhöhe des 1905–1910 erbauten Rathausturms (Hofeingang Kreuzstraße 6) heute nicht mehr möglich. An der Südseite des oberen Turmrundgangs steht nämlich jene brandgeschwärzte Sandstein-Statue, deren Foto – mit der Trümmerwüste des zerstörten Dresden im Hintergrund – nach 1945 als Friedensmahnung um die Welt gegangen ist.

Die frühere Altstadt: Beim Blick von oben tritt am auffälligsten zuerst der rechtwinklig-gitterartige **Grundriß der inneren Altstadt** rund um den Altmarkt hervor. Diese klare, übersichtliche Anlage entspricht ganz den traditionellen Stadtgründungen der deutschen Ostkolonisation. Gegen Ende des 12. Jahrhunderts wurde Dresden als Stadt auf einer hochwasserfreien, von Sümpfen umgebenen Fläche gegründet, vermutlich unter Beteiligung von Kaufleuten. Den Flußübergang sicherte eine mittelalterliche, türmebewehrte Burg anstelle des jetzigen Residenzschlossses.

Vom früher etwa ein Hektar großen rechtwinkligen Marktplatz gingen und gehen mehrere Gassen aus, deren Namen auf ihre Rolle im Leben und Treiben, im Handel und Wandel der Stadt, ihrer Einwohner und Gäste hinweisen.

Historisches Servicezentrum: An der früheren Scheffelgasse diente ein angekettetes, geeichtes Hohlmaß zum Vergleich bei Kaufhandlungen von Getreide und Hülsenfrüchten. Die Webergasse, als moderne Geschäftsstraße neu gestaltet, bezeichnete zwar ein altes Handwerkerquartier, trug aber schon vor 1945 im Volksmund den Namen „Freßgasse" wegen der zahlreichen Lebensmittelläden und Gaststätten. Die Schössergasse weist auf die Beamten, insbesondere die Steuereinnehmer der ehemals kurfürstlich-sächsischen Kanzlei hin; die Schreibergasse bezeichnet jene Handvoll Gebildeter, die dort der Mehrheit der Schreib- und Leseunkundigen ihre Dienste anboten.

Die alte „Rats-Baderei" an der Badergasse diente dem Reinlichkeitsbedürfnis der städtischen Bürger. Am Anfang der Schulgasse stand die alte Kreuzschule, seit 1539 Gymnasium, deren berühmter Knabenchor eine über 775jährige Tradition aufweist.

Weihnachtsmarkt: Inmitten der bedrückenden Enge des alten Dresden, eingeschnürt von Doppelringmauer und Stadtgraben, gewährte gerade der **Altmarkt** für unterschiedliche Zwecke und Bedürfnisse einen nutzbaren Freiraum: An den Markttagen boten hier im bunten Ge-

Vorherige Seiten: Vor und nach der Reinigung. **Links:** Der Altmarkt mit der Kreuzkirche. **Rechts:** Sonnenbad vor dem Rundkino in der Prager Straße, im Hintergrund der Rathausturm.

wimmel der Buden vielerlei Händler vom Lande ihre Waren feil. Zur Weihnachtszeit erfreut sich noch immer der Dresdner Striezelmarkt größter Beliebtheit, benannt nach dem – auch als „Stollen" bekannten – Gebäck. Der Altmarkt diente den Bürgern ebenso als bevorzugter Ort für Festlichkeiten, Fastnachtsspiele oder Mummenschanz, gelegentlich aber auch als Hinrichtungsplatz zur allgemeinen Abschreckung. Der Mörder des beliebten Dresdner Malers Gerhard von Kügelgen wurde 1821 hier auf dem Richtblock öffentlich enthauptet, wozu die Anwohner ihre marktseitigen Fenster und Dächer an zahlreiche sensationslüsterne Gaffer vermieteten.

Auf dem Altmarkt versammelte sich die Bürgerschaft, sowohl die verteidigungsverpflichteten „Spießbürger" als auch die zweitklassigen „Pfahlbürger" aus den Vorstädten, um gemeinsam Rat zu halten.

Das Rathaus: Über Wohl und Wehe der Stadt wurde im Rathaus entschieden, das seit 1380 mehr als 300 Jahre unmittelbar auf dem Marktplatz stand, bis es dem Repräsentationsbedürfnis Augusts des Starken mißfiel, der das teils noch gotische Gemäuer abreißen ließ. Er beschränkte sich nämlich nicht auf den landesherrlichen Schloßbezirk, sondern beanspruchte den Altmarkt zusätzlich als geeignetes Gelände für seine rauschenden Festlichkeiten oder gar grausigen Tierhatzen, bei denen wilde Bestien einander zerfleischten.

An den barocken Nachfolgebau des **Altstädter Rathauses,** der, 1741/44 in die Häuserfront des Altmarkts eingegliedert und 200 Jahre danach von Bomben zerstört wurde, erinnert heute das **Türmchen auf dem Langbau** an der Altmarkt-Westseite.

Aufstand und Aufmarsch: Im barocken Rathaus hatte während des bürgerlichen Maiaufstands 1849 die Provisorische Regierung ihr Hauptquartier. Viele in Dresden Ansässige zogen von hier aus in den erfolglosen Barrikadenkampf gegen die überlegenen königstreuen sächsisch-preußischen Regimenter.

Orientierungslos auf der Prager Straße, der sozialistischen Vorzeigemeile? Augen zu und durch. Immer geradeaus geht es zum klassischen Zentrum.

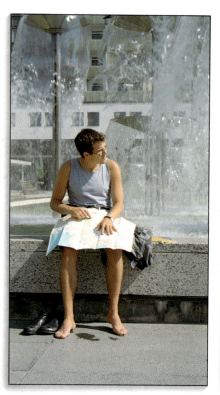

Die braune Gewaltherrschaft hatte gegen ihr Ende hin große offene Löschwasserbecken auf dem Altmarkt anlegen lassen, in denen – obwohl nutzlos gegenüber dem Flammenmeer des Februar 1945 – brennend aus den Altstadt-Gassen Geflüchtete einen schrecklichen Tod fanden. Nach dem Bombenangriff wurden tagelang Hunderte verstümmelter Leichen offen auf dem Altmarkt verbrannt, um die Seuchengefahr zu bannen.

Im Spätherbst 1989 erlebte der Altmarkt das gewaltlose und erfolgreiche Aufbegehren des Volkes gegen das überlebte Regime einer vergreisten Monopolpartei, die beim Neuaufbau 1953/58 von Berlin her mit zentralistischen Eingriffen in die Stadtplanung den Altmarkt als gigantomanischen stalinistischen Massenaufmarschplatz um das fast Dreifache seiner Fläche ausweiten ließ.

Wiederaufbau: Ein knappes Jahrzehnt lang blieb die Innenstadt nach der Zerstörung eine fast unbegehbare, menschenleere Steinwüste, bevor der Neuaufbau begann. Als Prachtboulevard mit zahlreichen Springbrunnen, vier Hotels, Pavillons und Einkaufszeilen wurde die 700 Meter lange **Prager Straße** zwischen Hauptbahnhof und Altmarkt bis in die frühen siebziger Jahre gebaut.

Der Versuch, dabei an einst bewährte Dresdner Bautraditionen der Barockepoche anzuknüpfen, hat zu keiner befriedigenden Gesamtlösung geführt, da sich die historisierende Architektur auf nachgeahmte barocke Details beschränkt.

1996 beginnt mit der Bebauung der Altmarkt-Südseite, in Anlehnung an die historischen Baufluchten, die Rückführung des überdimensionierten Platzes auf seine frühere Größe. Nach Abschluß umfangreicher archäologischer Grabungen, wobei man hofft, auf Spuren der alten Kaufleutesiedlung aus dem 12. Jahrhundert zu stoßen, soll hier die Bebauung des zu DDR-Zeiten offen gebliebenen Platzes bis hin zum Külzring erfolgen.

Kreuzkirche: Hinter dem Altmarkt ragt die schon im 13. Jahrhundert als Nikolaikirche nachgewiesene spätgotische

Freundlicher Empfang.

Kreuzkirche auf. Sie wurde benannt nach einem früher dort verwahrten, angeblichen Splitter vom Kreuze Christi. Die Kirche hat eine leidvolle Geschichte. Nach ihrer Zerstörung 1760 durch die preußische Artillerie wurde sie 1764–1792 wiederaufgebaut und brannte 1897 sowie 1945 aus. Ihr Inneres ist in schlichtem Rohputz wiederhergestellt. Das Geläut der Kreuzkirche ist das zweitgrößte seiner Art in Deutschland: fünf Bronzeglocken der Stimmung E-G-A-H-D. Der Turm der Kirche kann bestiegen werden. Man hat von dort einen schönen Ausblick auf das Treiben und die Bautätigkeit in der Innenstadt.

Neumarkt: Rund um den Neumarkt wandeln Sie auf den Spuren internationaler Prominenz, die sich hier über die Jahrhunderte versammelte: Anfang des 18. Jahrhunderts stieg der russische Zar Peter der Große im Hotel „Zum goldenen Ring" ab; an der Südseite lebte 1766 bis 1813 der Porträtmaler Anton Graff und 1877 bis 1822 der Komponist Carl Maria von Weber; 1809 wohnte im Dachgeschoß der Löwenapotheke Heinrich von Kleist, 1813 E.T.A. Hoffmann; die Seestraße beherbergte 1813 Goethe und 1835 schließlich Chopin.

Gegenwärtig bietet der Neumarkt noch nicht wieder das Bild eines in sich abgerundeten, auf geschlossenen Straßen- und Häuserfronten beruhenden Bauensembles. In den vergangenen vier Jahrzehnten ist dieser traditionsreiche Platz der Dresdner Altstadt stets ein Stiefkind der Stadtplanung geblieben, wohl auch deshalb, weil die zentrale Position dieses Marktes von der Ruine der evangelisch-lutherischen Hauptkirche Dresdens eingenommen wird.

Seit der Bombenzerstörung sind zwar mehrere unterschiedliche Projekte vorgelegt worden, die vom detailgetreuen rekonstruierenden Wiederaufbau der einstigen historischen Anlage bis zu modernistischer Neugestaltung reichen. Nachdem die Trümmer abgeräumt waren, wurden jedoch bisher nur einige wenige Bauten rekonstruiert oder neu errichtet, deren zusammenhanglose Rand-

Ganz links: Altmarkt-Arkaden, die Verlängerung der Prager Straße, im Hintergrund das Schloß und rechts der Kulturpalast. **Links:** Rathaus mit Trümmerfrau. **Rechts:** Ludwig Tieck, gemalt von Carl Vogel von Vogelstein.

Die Dresdner Kinderstrassenbahn

Im Herbst 1990 gingen Ängste in allen Kultureinrichtungen um. Was wird aus unserem Haus? Gerade in dieser so schwierigen Zeit dachten vor allem die Mitarbeiter des „Theaters Junge Generation" und der Dresdner Verkehrsbetriebe über ein in Deutschland einzigartiges Projekt nach. Eine Straßenbahn für Kinder! Diese sollte zur Vernetzung verschiedenster Kultur- und Freizeiteinrichtungen mit Schulen, Kindergärten und sonstigen Veranstaltern beitragen.

Ein schon ausgemusterter Straßenbahnzug älteren Baujahres war für diesen Zweck vorgesehen. Bereits Anfang 1991 beglaubigte die Stadt die Übernahme. Mittlerweile hatten die jungen Dresdner per Umfrage einen Namen für ihre Bahn. Zu Ehren des in Dresden geborenen und aufgewachsenen Schriftstellers Erich Kästner wurde sie nach einer seiner Romanheldinnen „Lottchen" benannt. Um sie gänzlich von den normalen Straßenbahnzügen abzuheben, bemalten sie Kinder der Jugendkunstschule Schloß Albrechtsberg. Zum Signet wurde der freundliche Löwenkopf und der über die gesamte Bahnlänge reichende Regenbogen.

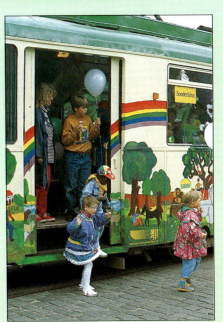

Am 11. Mai 1991 war es dann soweit, und mit einem großen bunten Fest ging „Lottchen" auf Jungfernfahrt. Das kulturelle Leben der Kinder wurde an diesem Tag um eine Facette reicher. Schnell nahmen die jungen Passagiere dieses Novum in Besitz. Heute ist „Lottchen" täglich auf Achse, um bei einer etwa eineinhalbstündigen Fahrt bis zu 60 Gäste zu unterhalten. Großen Wert legten die Betreuer auf die Inhalte der Fahrten. Für die Jüngsten gelten die Quatschmachfahrten als eine liebgewonnene Abwechslung. Spiel und Spaß verschmelzen mit wechselnden Stadtbildern zu reizvollen Unternehmen.

Eine weitere wichtige Rubrik im Angebot der Kinderstraßenbahn bilden die Stadterkundungen. Bei diesen Rundfahrten werden neben den schon klassischen Zentrumstouren immer öfter auch die reizvollen Vororte Dresdens aufgesucht, die auf eine interessante Geschichte verweisen können. Hier verlassen die Mitfahrenden die Bahn, um diese Gebiete per pedes hautnah zu erkunden. Diese Führungen sind von den Schulbehörden lizensiert und inhaltlich dem Lehrplan der Schulen angepaßt. Vorrangig zu nennen sind hier Loschwitz und Blasewitz – zwei Vororte, die durch das „Blaue Wunder" (eine über hundert Jahre alte Stahlbrücke), die Anwesenheit Schilllers, die Elbschlösser und durch die Bergbahnen (die Schwebebahn ist die älteste der Welt!) besonders gefragt sind. Gleiches gilt für Hellerau, die erste deutsche Gartenstadt wie auch für die romantische Friedrichstadt. In letzterer werden Stätten aufgesucht, in denen Richard Wagner, Ludwig Richter, Napoleon u. a. einst wohnten. Vervollständigt werden die Stadterkundungen von Besuchen der Kasematten und des einzigen erhaltenen Stadttores (einer Anlage aus dem 16. Jahrhundert), sowie mit einer Führung durch die Räume der Dental-Kosmetik GmbH, eines Zahnpastaherstellers, dessen Geschichte auf den Anfang dieses Jahrhunderts zurückgeht. Hier wird z. B. die bei den hiesigen Kindern bekannte und mittlerweile bundesweit vertriebene Kinderzahnpasta „Putzi" hergestellt. Bei einem Rundgang erklärt eine sachkundige Angestellte den gesamten Produktionsablauf vom Herstellen der Tuben über das Abfüllen bis hin zum Auslieferungslager.

Als letzte Programmart sollen hier die saisonbezogenen Spielfeste erwähnt werden. Die Anlässe ergeben sich kalendarisch. Die Faschingszeit bleibt primär den Kostümfahrten vorbehalten. Für die Oster- und Weihnachtsfahrten werden Ruhepole der Stadt angesteuert, um dort Geschenküberraschungen des Osterhasen und des Nikolaus zu suchen und naturlich zu finden. ∎

lage zum eigentlichen Marktplatz derzeit nur hier und da vereinzelt erfreuliche Durch- und Überblicke ermöglicht.

Ruine der Frauenkirche: Fast in der Mitte des Neumarkts zieht zuerst die Baustelle der **Frauenkirche** den Blick auf sich, Mahnmal der Zerstörung Dresdens. Beim Bombenangriff vom Sockel gestürzt, steht nun wieder das Denkmal Martin Luthers davor, dessen rechte Hand gebieterisch auf die Bibel weist (1885 vollendet von Adolf Donndorf; Luthers Kopf vom Dresdner Bildhauer Ernst Rietschel).

Nicht wegzudenken aus der Silhouette der Elbestadt, ragte als Wahrzeichen die Kuppel der Frauenkirche, von der „Laterne" (Rotunde) bekrönt, einst 95 Meter hoch empor. Als monumentaler Höhepunkt barocken protestantischen Kirchenbaus in Deutschland 1726–1743 im wesentlichen von Ratszimmermeister Georg Bähr errichtet, wölbte sich die äußerlich sichtbare Sandsteinkuppel über die pfeilergetragene Schale des Innenraums (Silbermann-Orgel, auf der u.a. Johann Sebastian Bach 1736/38/41 spielte). Hatte die Kuppel 1760 noch den Kanonenkugeln Friedrichs II. von Preußen getrotzt, so stürzten die Sandsteinquader, vom Feuersturm zermürbt, am Tage nach dem Bombardement des 13. Februar 1945 in sich zusammen.

Barockpalais: Nahe den restlichen Umfassungsmauern des Chors der Frauenkirchenruine erinnern die beiden wiederaufgebauten Seitenflügel an das ebenfalls bombenzerstörte, 1762–1763 für Graf Cosel (anerkannter Sohn Augusts des Starken und der Gräfin Hoym-Cosel) erbaute Palais.

Dahinter liegt die Ruine eines weiteren barocken Bauwerks, des **Kurländer Palais.** Es war 1815 bis 1864 Sitz der „Königlich Sächsischen Chirurgisch-Medizinischen Akademie". In den erhalten gebliebenen mächtigen Kellergewölben befand sich die Pathologie; heute erwartet der Jazzclub Tonne hier seine Fans.

Dresdner Hof: Neben der Frauenkirche nimmt seit 1989 das neu erbaute Fünf-Sterne-Hotel **Dresden Hilton** ein ganzes

Den Türkenbrunnen von 1650 vor dem Johanneum (Verkehrsmuseum) ziert Irene mit Fahne und Lorbeerkranz (vor 1992).

altstädtisches ehemaliges Häuserviereck ein. Seine nördliche Rückseite ist über die Terrassengasse hinweg durch einen Übergang mit dem neobarocken Gebäude der **Sekundogenitur** (1907 erbaut als Bibliothek für die „zweitgeborenen" Prinzen der Königsfamilie) auf der Brühlschen Terrasse verbunden.

In der Sekundogenitur laden die hoteleigenen Gaststätten **Cafe vis-a-vis, Espresso reale** und **Wettiner Keller** anspruchsvolle Gäste zum Verweilen ein. Zwischen den Restaurants **Bistro de Saxe, Ristorante Rossini** und dem **Cafe zur Frauenkirche** führt die Münzgasse hinunter zum Elbufer, unter der **Brühlschen Terrasse** (der ehemaligen Festungsmauer) hindurch zu den Landungsplätzen der **Weißen Flotte.**

Die neu erstandene Münzgasse mit dem Bierhaus zum Dampfschiff, dem Kleppereck, der alten Straßenstanduhr und dem Treppenaufgang zur Brühlschen Terrasse (1873) vermittelt ein Quentchen Fluidum des alten Dresdens. Östlich bildet der **Brühlsche Garten,** vom Neumarkt aus nicht direkt zu sehen, den Abschluß zur ehemaligen Friedrichsbrücke, heute Carolabrücke.

Am Ende des Brühlschen Gartens hat das ehemalige Hofgärtnerhaus, das 1957/58 als Altersheim und Kirchsaal der Reformierten Gemeinde wiederaufgebaut wurde, den Maßstab des 18. Jahrhunderts bewahrt. Aus der Brühlschen Zeit stammen auch noch die Treppenanlagen, die, einen Brunnen mit Putto und Delphin einfassend, zur ehemaligen Eckbastion hinaufführt, und die Sphinxegruppen oben auf der Bastion, in deren Kasematten Johann Friedrich Böttger 1709 das europäische Porzellan erfand.

Kunstakademie und Albertinum: Ebenfalls zwischen Frauenkirchenruine und Elbe erhebt sich, von wildem Wein malerisch überzogen, die Gründerzeitfassade der 1890 bis 1894 erbauten Kunstakademie. Die figurenbekrönte Glaskuppel des früheren Aktzeichensaals wird im Volksmund „Zitronenpresse" genannt.

Jenseits des Georg-Treu-Platzes steht das **Albertinum** (1559–1563 erbaut als

Madonna, in der Sonne vor der Kunstakademie und einem der Torhäuser des ehemaligen Cosel-Palais.

Zeughaus, ehemals Zitadelle der Festung Dresden; nach Umbau seit 1889 Kunstsammlungen). Ursprünglich für die Skulpturensammlung bestimmt, die die Antikenankäufe Augusts des Starken begründeten, sind im Albertinum heute auch die Gemäldegalerie Neuer Meister, das Münzkabinett und das Grüne Gewölbe mit seinen Kostbarkeiten der Juwelier- und Goldschmiedekunst untergebracht. Die Sammlungen sind im Kapitel „Alte und neue Kunstschätze" beschrieben.

Turniere im Stallhof: Als eines der erhalten gebliebenen Beispiele des einstigen, vorwiegend barocken Bauensembles unmittelbar am Neumarkt präsentiert sich das klar gegliederte Gebäude des jetzigen **Verkehrsmuseums.** Es wendet seine Schauseite fast unverändert seit über zweieinhalb Jahrhunderten diesem Marktplatz zu, wurde jedoch ursprünglich 1588 im Renaissancestil als kurfürstliches Stallgebäude errichtet.

Mit seiner Rückfront schließt dieses Bauwerk den „Stallhof" genannten östlichen Innenhof des früheren Residenzschlosses ab (Zugang durch rustikales Seitenportal schräg gegenüber dem Dresden Hilton). Im Stallhof fanden einst glanzvolle Schauturniere und Reiterspiele statt. Das Wasserbecken vor der plankenbegrenzten Turnierkampfbahn diente als „Pferdeschwemme". Daneben windet sich eine stufenlose, geneigte Ebene hinauf, auf der die Stallungen des ersten Stockwerks reitend erreicht werden konnten; das originelle Beispiel eines platzsparenden „Garagenhochhauses" der Renaissance.

Dem Mittelportal der Hauptfront des Verkehrsmuseums wurde seit 1729/30 eine französische Freitreppe vorgelagert. Unter dem Namen „Museum Johanneum", benannt nach dem sächsischen König und Dante-Übersetzer Johann (sein Reiterdenkmal steht auf dem Theaterplatz), nahm das Stallgebäude seit 1875 bis zur Zerstörung 1945 die wertvollen Sammlungen des Historischen Museums auf und dient seit 1956 dem Verkehrsmuseum als Heimstätte.

„Schöne Pforte": Links daneben hat die „Schöne Pforte", ein in Dresden erhalte-

Aufgang zur Brühlschen Terrasse, dem „Balkon Europas", vom Albertinum aus mit dem Bronzestandbild von Gottfried Semper (1803-1879). Unter dem linken Treppenaufgang ist der Eingang zu den Kasematten.

nes, einzigartiges Kleinod der Renaissance-Epoche, ihren vorläufigen Platz gefunden. Dieses Portal gehörte einst zur evangelischen Schloßkapelle im Nordwestflügel des Schlosses. Es wurde entfernt, nachdem August der Starke 1697 katholisch geworden war.

Türkenbrunnen: Vor dem Verkehrsmuseum plätschert der Türkenbrunnen, zuerst 1649 zur Erinnerung an den Friedensschluß nach dem Dreißigjährigen Krieg errichtet. Die Statue der Friedensgöttin wurde 1683 durch eine Siegesgöttin ersetzt, als Kurfürst Johann Georg III. im Kampf gegen die Türken vor Wien siegreich heimgekehrt war (Relief eines wasserspeienden Türkenkopfes).

Seitlich vom Türkenbrunnen bezeichnet im Pflaster des Gehwegs ein Stein mit den Initialen *Kr* die Stelle des Richtblocks, auf dem der kursächsische Kanzler Nikolaus Krell 1601 enthauptet wurde. Er war wegen reformerischer Ideen von seinen Feinden des „Krypto-Calvinismus" verdächtigt worden, unter orthodoxen Lutheranern ein todbringender Vorwurf.

Süden noch offen: Der Westteil des Neumarkts erinnert an die einstige Synagoge, die bereits 1430 einem Pogrom zum Opfer fiel. Eine sechsarmige Gedenkstele (1974/75 von Friedemann Döhner erschaffen) am östlichen Aufgang zur Brühlschen Terrasse erinnert an das Pogrom im November 1938. An der noch völlig offenen Südseite des Neumarkts, die nur durch die Rückfront der Häuser entlang der West-Ost-Magistrale begrenzt wird, vermittelten früher mehrere schmale altstädtische Gäßchen den Zugang zum Altmarkt (Frauen-, Kirchgasse).

Im verschwundenen Eckhaus mit dem Renaissance-Erker Frauenstraße/Neumarkt wohnte 1629 bis 1657 der Hofkapellmeister, Komponist und Nestor der evangelischen Kirchenmusik Heinrich Schütz (seine Gedenkkapelle sehen Sie in der Kreuzkirche).

Standbild August II.: In dieser Ecke des Neumarkts hat das Standbild König Friedrich August II. den Bombenkrieg nahezu unversehrt überstanden. Der König hält in seiner Rechten die Urkunde

Sempers Oper an der Elbe, davor die Anlegestelle der Weißen Flotte, von der Carolabrücke aus gesehen.

jener Verfassung von 1831, die Sachsen in eine konstitutionelle Monarchie verwandelte. Das Denkmal (1866 von Ernst Ludwig Hähnel) wirkt städtebaulich beziehungslos, da als Hintergrund die Hotels „de Saxe" und „Stadt Rom" – letzteres im bürgerlichen Maiaufstand 1849 umkämpft – fehlen, früher renommierte Dresdner Nobelherbergen am Eingang der einstigen Moritzstraße (heute überbaut von der Gaststätte „Szeged").

In der Moritzstraße hielt Christian Gottfried Körner 1801 bis 1815 sein gastfreies aufklärerisches Haus für alle bedeutenden Geister der klassisch-romantischen Epoche offen, die als Einwohner oder Gäste der Elbstadt am Gedankenaustausch seines geselligen Kreises teilnehmen wollten. Auf der Durchreise kamen Goethe, die Brüder Wilhelm und Alexander von Humboldt, Ludwig Tieck, die Brüder Schlegel, Novalis, Heinrich von Kleist und die Patrioten der Freiheitskriege (in denen Körners Sohn Theodor fiel), Ernst Moritz Arndt sowie der Reichsfreiherr von Stein.

Aufschlüsse zur Geschichte Dresdens gibt das Stadtmuseum im Landhaus, dessen Balkonmittelteil, getragen von sechs dorischen Säulen, sich im Verlauf der Landhausstraße erkennen läßt. Sehenswert im Innern des Landhauses (1770 bis 1776 als Versammlungsort und Verwaltungsgebäude der sächsischen Landstände erbaut) ist das geräumige Treppenhaus mit der weit ausholend sich emporschwingenden Treppe; ein architektonisches Meisterwerk, bereits im Übergang vom Barock zum Klassizismus. Auf der anderen Seite der Landhausstraße erhebt sich der zinnenbekrönte, trutzig doppeltürmige Altbau (1895–1900) des Polizeipräsidiums (mit der Hauptfront zur Schießgasse – nomen est omen), seit der Jahrhundertwende völlig ausreichend für die Polizeiverwaltung der Stadt und der Umgebung. Erst innerhalb der letzten vier Jahrzehnte wurde das Polizeipräsidium erweitert, während gleichzeitig weitere große Gebäude der Stadt für Zwecke der Schutz- und Geheimpolizei zweckentfremdet wurden.

Unten: Begegnung vor dem Johanneum.
Rechts: Eugen Gutmann (nach einer Radierung von Franz von Lenbach), der Initiator und maßgebende Persönlichkeit der Dresdner Bank.

Dresdner Bank

Dem Mann kann man sein Geld anvertrauen. Der Initiator der Dresdner Bank und maßgebende Mann der ersten Jahre, Eugen Gutmann, könnte von einer Werbeagentur erfunden sein. Dieser Mann scheint die Seriosität in Person. Man möchte ihm geradezu sein Geld aufdrängen im sicheren Gefühl, es mehre sich unaufhaltsam.

Am ersten Dezember 1872 nahm die Dresdner Bank mit dreißig Mitarbeitern den Geschäftsbetrieb auf. Übernommen wurde damals das Bankhaus Michael Kaskel in Dresden; beteiligt waren neben den Freiherren Carl und Felix von Kaskel die Allgemeine Deutsche Credit-Anstalt Leipzig, die Berliner Handels-Gesellschaft, die Deutsche Verkehrsbank Frankfurt a.M., die Deutsche Effekten- und Wechselbank Frankfurt und die Anglo-Deutsche Bank in Hamburg. Die Geschäftsleitung wurde bereits 1884 nach Berlin verlegt.

So wichtig wie die Gründung neuer Niederlassungen in Hamburg (1871), London und Bremen (1895) sowie Frankfurt a.M. (erst 1904) waren die ersten Industriebeteiligungen. Eisenbahnen wurden gebaut und die Dresdner Bank war dabei: 1890 beteiligte sie sich an der Bank für Orientalische Eisenbahnen in Zürich, an der Eisenbahnbau-Gesellschaft in Frankfurt und in Konstantinopel an der Finanzierung der Salonichi-Monastir Bahn sowie einige Jahre später an der Deutschen-Speisewagen-Gesellschaft. Die Geschäftsbeziehungen zu Friedrich Krupp wurden 1893 aufgenommen und 1896 bei der Übernahme der Schiffs- und Maschinenbauanstalt Germania in Tegel und Kiel durch Krupp vertieft. Zusammen mit Siemens & Halske wurde 1897 die „Mexican Electric Works" mit Sitz in London gegründet. Vom Jahr 1900 an verfügte die Dresdner Bank für eine Reihe von Jahren über das größte Filialnetz unter den deutschen Banken. Heute steht sie nach der Deutschen Bank und vor der Commerz Bank an zweiter Stelle der deutscher Großbanken.

Deutsche Interessen hielten sich nicht an nationalstaatliche Grenzen. Weltweit suchte das Kapital Anlagemöglichkeiten. Bei der Errichtung der Russischen Elektricitäts-Gesellschaft in St. Petersburg und Riga übernahm die Dresdner Bank die Konsortialführung (1898), sie war beteiligt an der Deutsch-Atlantischen Telegraphen-Gesellschaft und den Eisenbahn- und Bergbau-Unternehmungen in Schangtung (1899). Für den Handel mit Togo und Kamerun wurde mit der Deutsch-Westafrikanischen Handelsgesellschaft in Hamburg eine Bank gegründet (1904); Beteiligungen an der Deutschen Orientbank und der Südamerikanischen Bank folgten ein Jahr später. Die Bank war damit vertreten in: Konstantinopel, Alexandria, Kairo, Casablanca; Buenos Aires, Mexiko, Santiago de Chile, Rio de Janeiro. Während des Zweiten Weltkrieges wurden diese Filialen geschlossen, aber in den fünfziger Jahren von Hamburg aus wiederaufgebaut.

In Dresden faßte die Bank schon vor der Währungsunion wieder Fuß. Das erste Büro wurde im Januar 1990 im Hotel Dresdner Hof eingerichtet, ein Container in der Waisenhausstraße folgte, schließlich soll ein repräsentatives Gebäude helfen, die Baulücke am Altmarkt zu schließen. Rund 140 Geschäftsstellen bedienten schon 1992 die Privatkunden und berieten bei Existenzgründungen. Zwei Drittel des Personals kommt aus den neuen Bundesländern. Durch Qualifizierungsmaßnahmenund in Schulungszentren, oft von den westdeutschen Paten-Niederlassungen organisiert, wurden die ersten Filialleiterinnen aus den neuen Bundesländern geschult.

Über die Dresdner Ost-West Consult wurde eine weltweite Investitionskampagne in Gang gesetzt, im Aufbauwerk Sachsen wird mit dem Freistaat, der Industrie und den Gewerkschaften die Ausbildung und Qualifizierung im Land koordiniert. ■

DIE FRAUENKIRCHE

Ihr Wiederaufbau ist in vollem Gange. Die Baustelle zieht Touristen wie Einheimische magisch an. Das herausragende Bauwerk protestantischer Kirchenbaukunst mit seiner originellen Kuppellösung – der „steinernen Glocke" – gehört unverzichtbar zur Silhouette Dresdens.

George Bähr hat sie gebaut, der Dresdner Ratszimmermeister, der nie über die sächsischen Landesgrenzen hinausgekommen war und die großen Kuppeln Italiens nur von Kupferstichen kannte. Das Oberlandesbauamt und August der Starke persönlich hatten Einfluß auf den Entwurf genommen. Von 1726 bis 1743 wurde das Bauwerk Realität, welches über 200 Jahre gemeinsam mit dem Zwinger das Symbol der deutschen Barockbaukunst war. Bis zum Februar 1945. Die Bombenangriffe des 13. und 14. hatte sie scheinbar schadlos überstanden, jedoch am Vormittag des 15. Februar hatten die in ihrem Inneren tobenden Flammen den Sandstein so ausgeglüht, daß die Tragpfeiler nicht mehr in der Lage waren, die Last der Kuppel zu tragen. Sie brachen zusammen, und die Kuppel stürzte ein.

Schon 1947 wurden erste wertvolle Trümmerstücke geborgen und 1949 ein Konzept für die archäologische Rekonstruktion vorgelegt. Politische und wirtschaftliche Gründe verhinderten den Wiederaufbau in den 40 Jahren der DDR.

1990 trat dann eine Bürgerinitiative mit dem „Ruf aus Dresden" an die Öfentlichkeit und warb für den Wiederaufbau der Frauenkirche. Große Freude und Zustimmung bei den einen, Bestürzung und Ablehnung bei anderen. Seit Jahren wird nun wird kontrovers diskutiert. Warum aber, was war geschehen?

Das Friedensmahnmal: Die Ruine und der Trümmerberg waren in den Augen vieler ein Denkmal für die Erfahrung geworden, daß Kriege nur Leid und Zerstörung über die Menschen und ihre Kultur bringen, ein Friedensmahnmal. In die-

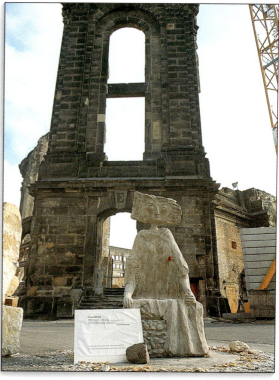

<u>Links</u>: Martin Luther vor der Frauenkirche. <u>Unten</u>: Auf zahlreichen Veranstaltungen werden Spenden für den Wiederaufbau gesammelt.

sem Geiste versammelten sich seit 1982 viele Dresdner jährlich am Tag der Zerstörung mit Kerzen an der Ruine im Gedenken und im stummen politischen Protest. Darf man das Mahnmal zugunsten der Wiedererrichtung eines historischen Bauwerks verschwinden lassen?

Die wiederaufgebaute Kirche soll ein Weltfriedenszentrum im neuen Europa werden. Das noch zu präzisierende Nutzungskonzept sieht vor, daß die Kirche wieder ein Gotteshaus wird, aber auch als Konzertsaal, als Gedenkstätte an die Zerstörung Dresdens und auch als Museum genutzt wird.

Die Enttrümmerung: Bei der archäologischen Enttrümmerung von Februar 1993 bis Mai 1994 entfernte man den 13 Meter hohen Trümmerberg aus 21 500 Kubikmetern Gesteinsmasse. Die Position jedes Steines auf dem Trümmerberg wurde mittels Computer erfaßt, dazu seine Abmessungen und weitere Daten, bis zu 180 (!) pro Fundstück. Dann wurde seine Wiederverwendbarkeit geprüft und seine ursprüngliche Lage im Mauerwerksverband ermittelt.

Die Unterlagen dazu waren die Originalzeichnungen von George Bähr und genaueste Dokumente über Konstruktion und Form, die während und nach den Sicherungs- und Restaurierungsarbeiten von 1924–1932 und 1937–1943 entstanden waren. Dieses computergestützte weltgrößte Puzzlespiel hatte zum Ergebnis, daß ein Drittel der Steine wiederverwendet werden kann, und zwar die Originalsteine, ganz dem Sinne der Charta von Venedig, dem internationalen Dokument für denkmalpflegerische Maßnahmen. Die Gesamtkosten der Enttrümmerung betrugen 12,8 Millionen Mark, es wurde dabei jedoch Steinmaterial im Wert von etwa 15 Millionen DM gewonnen.

Am 27. Mai 1994, 251 Jahre nach der Einweihung des Bauwerks, begann mit der feierlichen Steinversetzung der Wiederaufbau. Durch die Einbeziehung der stehengebliebenen und gesicherten großen Fragmentstücke und der geborgenen Steine wird sich das neu zu errichtende Bauwerk an seiner Fassade mit dunklen und hellen Stellen präsentieren, aus altem und neuem Sandstein. Man wird also an der Fassade deutlich sehen können, welcher Aufwand betrieben werden mußte, um die Wunden, die der Krieg schlug, zu heilen. Damit entsteht ein neues Mahnmal, in anderer Form als der ohnehin nicht mehr zu erhaltene Trümmerberg, aber ebenso wirksam wie dieser.

Der Wiederaufbau wird 250 Millionen DM netto kosten und spätestens im Jahre 2006 abgeschlossen sein. Seine Finanzierung wird zum überwiegenden Teil aus Spenden erfolgen. Aber auch die Bundesrepublik unterstützt das große Ziel: die 1995 herausgegebene 10-DM-Sondermünze soll 45 Millionen DM erbringen, die Stadt Dresden beteiligt sich mit 10 Prozent an den Baukosten. Sponsoren, Vereinigungen in vielen Ländern der Welt spenden dafür, im Verkaufspreis von Souvenirs sind Spendenanteile enthalten. Bundeskanzler Helmut Kohl ließ die ihm zum 60. Geburtstag zugedachten Geschenke in Spenden für die Frauenkirche ummünzen.

Die 96 Meter hohe Frauenkirche am Anfang des Jahrhunderts auf dem damals umbauten Neumarkt mit dem Türkenbrunnen im Vordergrund.

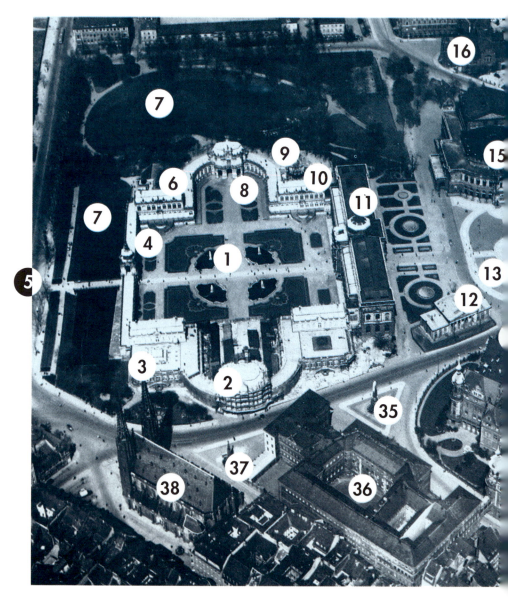

Dieses Luftbild, das vor dem Krieg aufgenommen wurde, soll Ihnen die Orientierung im Kern des alten Dresden erleichtern. Das städtebauliche Ensemble hat die Stadt weltberühmt gemacht. Das Ausmaß der Kriegszerstörungen wird deutlich – auch an den Baulichkeiten, die abgebrochen wurden und scheinbar spurlos verschwunden sind. Nicht auf dem Bild ist der Altmarkt, dessen einstige Schönheit Sie auf dem Gemälde Canalettos erkennen, das auf den Seiten 16 und 17 abgebildet ist. Die Beschreibung des Fotos beginnt links oben mit dem Zwinger.

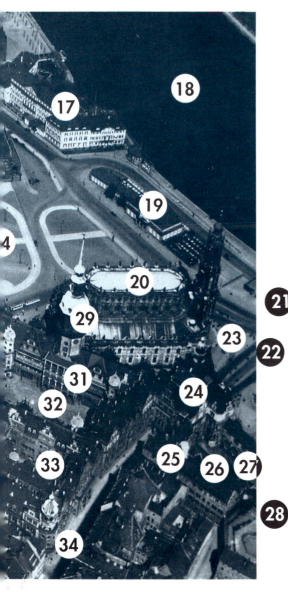

9 Semperoper
10 Hotel Bellevue (nach 1945 abgebrochen)
11 Italienisches Dörfchen
12 Katholische Hofkirche

Schloß
13 Westflügel mit „Grünem Gewölbe"
14 Schloßturm (auch Hausmannsturm)
15 Südflügel
16 Stallhof
17 Johanneum (jetzt Verkehrsmuseum)
18 Taschenbergpalais

Postplatz
19 Sophienkirche
20 Stadtwaldschlößchen
21 Wartehalle (im Volksmund Käseglocke)
22 Palast-Hotel Weber (nach 1945 abgebrochen)
23 Schauspielhaus
24 Wilsdruffer Straße

Neumarkt
25 Neumarkt
26 Frauenkirche

Brühlsche Terrasse
27 Kunstakademie (Lipsius-Bau)
28 Ständehaus

Elbe/Neustadt
29 Augustusbrücke
30 Carolabrücke
31 Blockhaus
32 Narrenhäusl

Zwinger
1 Hof
2 Kronentor
3 Zwingerteich
4 Porzellansammlung
5 Glockenspielpavillon

Theaterplatz
6 Gemäldegalerie Alte Meister
7 König Johann, Reiterdenkmal
8 Altstädter Wache, Schinkelbau

Luftbild des alten Dresden

VOM SCHLOSS ZUM ZWINGER

Das Gebiet um Schloß und Zwinger, das architektonische Zentrum Dresdens, lag in der Vergangenheit am Rand der Stadt. Als um 1220 die erste steinerne Brücke über die Elbe gebaut wurde, entstand am linken Brückenkopf ein Kastell, aus dem das Schloß hervorging. Seit 1485 bis zum Ende der Monarchie 1918 war es ständige Residenz der Albertiner, und in seiner Nachbarschaft, an der Peripherie des historischen Stadtkerns, konzentrierten sich repräsentative Hof- und Staatsbauten. Der 13. Februar 1945 hinterließ auch hier ein ausgebranntes Ruinenfeld. Obwohl der Wiederaufbau einzelner Bauwerke, des Zwingers und der Hofkirche, schon unmittelbar nach Kriegsende begann, ist er insgesamt auch heute noch nicht abgeschlossen.

Der **Schloßplatz,** der Eingang zur Altstadt, entstand durch das Zuschütten einiger Brückenbögen und das Auffüllen des Vorgeländes im 16. und 18. Jahrhundert. Die mittelalterliche Brücke begann ursprünglich direkt am Elbtor, an dessen Stelle Herzog Georg als Erweiterung des spätmittelalterlichen Schlosses 1530–1535 den Georgenbau errichten ließ, das erste Renaissancebauwerk in Dresden. Sein reicher bildhauerischer Schmuck fiel größtenteils dem Schloßbrand von 1701 zum Opfer. Erhalten ist das elbseitige Tor, das bei der Erneuerung des Georgenbaus 1901 an dessen Westseite versetzt wurde.

Das Schloß: Das 1945 ausgebrannte Schloß ist in seiner heutigen Anlage weitgehend das Ergebnis des Um- und Erweiterungsbaus, den Kurfürst Moritz 1547–1556 nach dem Gewinn der Kurwürde für die Albertiner ausführen ließ. Der damals geschaffene Vierflügelbau zählte zu den prachtvollsten Schloßanlagen der deutschen Renaissance. Der mittelalterliche Schloßturm wurde 1674–1676 auf 97 Meter erhöht und 1692/93 mit einem Triumphportal für den Kurfürsten Johann Georg III., den sogenannten „sächsischen Mars", geschmückt, der in den Türkenfeldzügen 1683 das sächsische Kontingent zum Entsatz von Wien geführt hatte.

1889–1901 wurde das Schloß, das seine Renaissance-Erscheinung im Laufe der Zeit mehr und mehr verloren hatte, umfassend restauriert und in den Formen der Neorenaissance erneuert. 1985 hat der Wiederaufbau für eine künftige Nutzung durch die Staatlichen Kunstsammlungen begonnen. Vor dem Westflügel mahnt die Plastik „Großer trauernder Mann" von Wieland Förster, die am 13. Februar 1985 enthüllt wurde.

Fürstenzug: Nach Osten setzt sich der Schloßkomplex mit dem Stallhof fort, längs der Augustusstraße, die Kurfürst Moritz an der Stelle des mittelalterlichen Stadtgrabens anlegen ließ, begrenzt durch den Langen Gang, der den Georgenbau mit dem ehemaligen Stallgebäude (Verkehrsmuseum) verbindet. Sein Erdgeschoß ist als Säulenhalle zum Hof geöffnet und mit den Wappen der wettinischen Besitztümer geschmückt. Ur-

Vorherige Seiten: Zeichenstunde im Inneren des Zwingers. **Links**: Die Kathedrale mit dem Reiterstandbild König Johanns auf dem Theaterplatz. **Rechts**: Der Thron der Wettiner.

sprünglich war auch die Straßenseite wie das Obergeschoß der Hofseite mit Malereien bedeckt.

In Anlehnung daran wurde beim Umbau des Stallgebäudes zum Museum Johanneum die Außenseite des Langen Ganges an der Augustusstraße 1872–1876 mit einer figürlichen Komposition von Wilhelm Walther geschmückt, dem **Fürstenzug.** Zunächst in Sgraffito ausgeführt, wurde das Wandbild aus Gründen der Dauerhaftigkeit 1907 auf keramische, in der Meißner Porzellanmanufaktur gebrannte Fliesen übertragen. Es ist der 800jährigen Landesherrschaft der wettinischen Fürsten gewidmet, die in einem fortlaufenden Reiterzug dargestellt sind, angeführt von Markgraf Konrad als dem Begründer des wettinischen Territorialstaates, bis zu König Albert, der regierte, als das Bild entstand, und seinem Bruder und Nachfolger Georg, dem vorletzten sächsischen König. Vertreter der sächsischen Berufsstände, unter ihnen bekannte Künstler und Gelehrte der Zeit, beschließen den Zug.

Ständehaus: Die gegenüberliegende Straßenseite nimmt, die Hauptfront zum Schloßplatz gewandt, das **Ständehaus** ein, das 1901–1906 nach dem Entwurf von Paul Wallot, dem Architekten des Berliner Reichstagsgebäudes, für den sächsischen Landtag errichtet wurde. An seiner Stelle hatte zuvor das **Brühlsche Palais** gestanden.

In der **Brühlschen Terrasse,** zu der eine monumentale Freitreppe vom Schloßplatz hinaufführt, hat sich ein Teil des Festungswalls erhalten, der die Altstadt von der Mitte des 16. bis zum Anfang des 19. Jahrhunderts umschloß. Auf den über der Elbe aufsteigenden Festungswerken wurde 1739–1750 der Garten des Brühlschen Palais angelegt. Damit war die Öffnung der Stadt zum Fluß eingeleitet, und die Gartenterrasse mit dem reizvollen Ausblick auf den Strom und die Elbhänge wurde in der Folge zum „Balkon Europas".

Die Katholische Hofkirche: Sie ist heute die Kathedrale des Bistums Dresden-Meißen, begrenzt den Schloßplatz nach

Auf dem 102 Meter langen Fürstenzug in der Augustusstraße sind, bis auf Heinrich von Eilenburg und Friedrich August III, alle Wettiner-Fürsten auf etwa 25 000 Fliesen der Porzellan-Manufaktur Meißen dargestellt.

Westen und entstand 1739–1755 nach dem Entwurf des Italieners Gaetano Chiaveri in den Formen des römischen Spätbarock. Der monumentale Bau einer katholischen Kirche an so exponierter Stelle in der Hauptstadt des Landes, aus dem der Protestantismus hervorgegangen war, war zu dieser Zeit ein so unerhörtes Vorhaben, daß es anfangs geheimgehalten wurde.

Altstädter Wache: Hinter der Hofkirche liegt an der Sophienstraße, dem Schloß gegenüber, die **Altstädter Wache.** Sie beherbergt die Vorverkaufskassen der Semperoper, künftig auch ein Bistro und ein Büro von Tourist-Information. Ihr tempelhaft gräzisierender Habitus entstammt nicht dem künstlerischen Milieu Dresdens. Sie wurde 1830–1832 nach dem Entwurf des bedeutendsten Architekten des Berliner Klassizismus, Karl Friedrich Schinkel, erbaut.

Taschenbergpalais: Den räumlichen Abschluß der Sophienstraße bildet das Taschenbergpalais, das durch einen Übergang mit dem Schloß verbunden ist. Sein Name rührt von seinem Standort her, der in der mittelalterlichen Stadt eine Geländeerhebung bildete. Das Palais, das August der Starke 1705–1709 für seine Favoritin, die Gräfin Cosel, errichten ließ, umfaßte ursprünglich nur den heutigen Mittelteil. Der 48 Jahre lang als Ruine stehende Gebäudekomplex wurde 1993 bis 1995 mit denkmalpflegerischer Akribie wiederaufgebaut und wird jetzt als Hotel genutzt. Es entstand ein schönes, sehenswertes Haus, das Zwingerbaumeister Pöppelmann zugeschrieben wird.

In den Zwinger: Gegenüber dem Taschenbergpalais führt ein Eingang durch den Stadt- oder Glockenspielpavillon in den **Zwinger.** Das Gelände des Zwingers und des anschließenden Theaterplatzes war erst 1547 durch ein Vorschieben der Festungswerke der Stadt hinzugefügt worden. Zwischen der alten und neuen Befestigung liegend, blieb es städtebaulich ungestaltet und wurde als Zwinger bezeichnet. August der Starke ließ hier 1709 durch Pöppelmann die Anlage einer **Orangerie** beginnen. Angelehnt an den

Der Lange Gang, die Innenseite des Fürstenzuges, verbindet den Georgenbau des Schlosses mit dem Johanneum.

Vom Schloß zum Zwinger

Festungswall entstanden die dem Stadtpavillon gegenüberliegenden **Bogengalerien** und **Pavillons**. Die Absicht des Königs, die Gartenanlage zu erweitern, führte 1714/15 zur Errichtung von Langgalerie und Kronentor auf der Festungsmauer über dem Graben. Um den noch unfertigen Gartenhof 1719 bei der Vermählung des Kurprinzen mit einer Tochter des Kaisers Maria Josepha als Festplatz nutzen zu können, wurde die Anlage provisorisch fertiggestellt, aber später nicht weitergeführt. August der Starke bestimmte 1728, im unnvollendeten Komplex Sammlungen unterzubringen.

Nymphen und Blüten: Die außergewöhnliche Erscheinung des Dresdner Zwingers, die aus der höfischen Festkultur unter August dem Starken hervorgeht und die zu den Höhepunkten der europäischen Barockarchitektur gehört, beruht auf der festlichen Dekoration der Bauten, die von Balthasar Permoser und seinen Mitarbeitern in Stein umgesetzt und so mit der Architektur verschmolzen ist. Die Thematik des reichen bildhauerischen Schmucks umfaßt das Naturhafte, das in den Brunnen und Wasserspielen, den Blüten und Früchten, den Nymphen und Satyrn erscheint, die Darstellung der herrscherlichen Majestät durch deren Insignien und Wappen, schließlich die Welt der olympischen Götter, in der das Naturhafte sublimiert ist.

Gemäldegalerie: Der Zwingerhof erhielt seinen baulichen Abschluß 1855 durch den Bau der Gemäldegalerie nach dem Entwurf Gottfried Sempers. Obwohl nach dem Verständnis des 19. Jahrhunderts dem Museum, das eine der berühmtesten Gemäldesammlungen aufnehmen sollte, die Dominanz über die barocken Galerien und Pavillons zukam, hat sich Semper bei der Gestaltung des Galeriegebäudes, die formal der italienischen Renaissance verpflichtet ist, nicht über die Architektur des Zwingers hinweggesetzt.

Der Mittelbau der Galerie, der einen antiken **Triumphbogen** zitiert, steht dem **Kronentor,** dem Triumphportal absolutistischen Königtums, als ein der Kunst gewidmetes Triumphportal gegenüber.

Unten links: Im Nymphenbad des Zwingers, Frauen der Mythologie und verspielte Wasserkünste.
Unten rechts: Der Stadtpavillon, auch Glockenspielpavillon genannt, Teil des Zwingers, 1710 bis 1732 von M.D. Pöppelmann entworfen und ausgeführt.

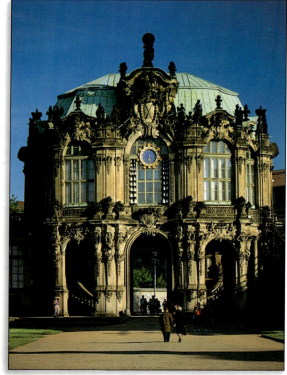

Der von Ernst Rietschel und Julius Hähnel geschaffene Skulpturenschmuck der Galerie versinnbildlicht auf der Zwingerseite die mittelalterliche und neuzeitliche Kunst, in deren Zentrum das Künstlerpaar Raffael und Michelangelo steht, auf der monumentaler angelegten Elbseite die antike Kunst. Die Rückkehr der Gemälde aus der Sowjetunion, wohin sie nach Kriegsende 1945 verbracht worden waren, gab 1955 den Anlaß zum Wiederaufbau des 1945 zerstörten Gebäudes.

Semper-Oper: Der Bau der Gemäldegalerie hatte neben dem Zwingerhof einen zweiten Platz entstehen lassen, den Theaterplatz. Seine Westseite bildet das 1871-1878 ebenfalls nach dem Entwurf Sempers erbaute **Opernhaus,** heute die Sächsische Staatsoper. Die markante Baugestalt mit der im Segmentbogen geführten Platzfront ist das Ergebnis der langjährigen Beschäftigung Sempers mit dem Theaterbau, eingestimmt auf die städtebauliche Situation, die durch die Errichtung der Gemäldegalerie entstanden war. Die festliche Gliederung des Äußeren korrespondiert mit der des Galeriegebäudes, und in der Exedra über dem Mittelportal klingen die Farbigkeit und der Glanz der in Semperschen Formen rekonstruierten Innendekoration an. Es ist ein architektonisch und musikalisch berühmtes Haus: Die meisten Opern von Richard Strauß erlebten hier die Uraufführung durch die Dresdner Staatskapelle.

In der Achse des Theaters wurde 1889 das von Schilling geschaffene **Reiterdenkmal König Johanns** aufgestellt, der unter dem Pseudonym „Philalethes" Dantes „Göttliche Komödie" ins Deutsche übertragen hatte.

„Italienisches Dörfchen": Die Gaststätte, die den Theaterplatz gegen die Elbe begrenzt, wurde 1911–1913 erbaut, hatte aber einen Vorgänger. Es war der Rest einer Ansiedlung auf dem Gelände des heutigen Platzes, die sich in Folge des von Chiaveri geleiteten Hofkirchenbaus gebildet hatte. So hält der Name des Italienischen Dörfchens die Erinnerung an die Vorgeschichte des Platzes fest, den Semper durch seine Bauten geformt hatte.

Hochbetrieb herrscht in den Werkstätten des Zwingers. Aber sorgfältige Arbeit braucht Zeit.

Vom Schloß zum Zwinger

DIE KASEMATTEN

Dresden hat neben seinen sichtbaren Sehenswürdigkeiten „Verborgenes". Das Besondere daran: Es liegt inmitten des im Februar 1945 von den alliierten Bombern eingeäscherten historischen Stadtzentrum und ist doch absolut authentisch. Dabei ist es nicht viel kleiner, nicht unbedeutender und nicht weniger beeindruckend als das, was wieder aufgebaut wurde wie die Semperoper, die Kathedrale, der Zwinger oder das Taschenberg-Palais. Die neue Sehenswürdigkeit ist sogar bedeutend älter als die genannten.

Bevor es zur touristischen Erschließung 1990 kam, überdauerte die Renaissanceanlage der Kasematten teils zugeschüttet und überbaut, teils als Lager für die damalige „Weisse Flotte" – heute „Sächsische Dampfschiffahrtsgesellschaft" – und als Rumpelkammer.

Betritt der Gast den Eingang zum einzig erhaltenen Stadttor Dresdens wie zu den Kasematten und den Kanonenhöfen der alten Festungsanlage, umgibt ihn eine unerwartete Kühle, die mit dem künstlichen warmen Licht für eine ganz eigene Stimmung sorgt. Wir stehen im 16. Jahrhundert und erwarten eine Erklärung für unser Untertagesein. Das verlangt einen geschichtlichen Abriß von Dresdens Stadtgeschichte. Im Jahr 1216, zehn Jahre nach der ersten urkundlichen Erwähnung, wird Dresden als „civitas" bezeichnet. Eine Voraussetzung hierfür war eine Stadtbefestigung. Hier beginnt für uns die *architectura militaris*.

Nach 1485 war Dresden durch seine Funktion als Residenz der sächsischen Herzöge Schwerpunkt bei militärischen wie zivilen Baumaßnahmen. Seinen Höhepunkt fand der Stadtbefestigungsbau im 16. Jh., als Herzog Georg von 1519–1529 die Anlage großzügig erweiterte. Keine 20 Jahre später leitete der zielstrebige Herzog Moritz eine völlige Umgestaltung in eine Bastionärsfestung nach italienischem Stil ein. Diese Befestigungsmanier lernte der spätere Kurfürst

Unter der Brühlschen Terrasse, im Hintergrund die Kuppel der Kunstakademie, liegen Ziegeltor, Kanonenhöfe und Kasematten.

auf einer im kaiserlichen Auftrag unternommenen Reise in die Niederlande kennen. Nach zehn Jahren war die Idee umgesetzt, und Dresden galt als Festung.

Am Stadttor, dem Schwachpunkt jeder Befestigungsanlage, erfährt der noch im Banne der Vergangenheit stehende Besucher, was den zur Verteidigung berufenen Soldaten möglich war. Erst das Modell vermag dem Besucher plastisch das Unterirdische und die Geschichte der Anlage verständlich zu machen. Das heutige Albertinum erzwang als Zeughaus mit festungsnahem Standort eine Erweiterung der Bastion. Bei der nur zwei Jahre währenden Bautätigkeit wurden das Stadttor und die Kanonenhöfe förmlich eingeschlossen, und es entstanden Kasematten, die in ihrer Gesamtheit der Nachwelt, durch die verschiedensten Umstände begünstigt, erhalten blieben.

Der weitere Rundgang kann dem phantasievollen Besucher das Leben der Soldaten vor 400 Jahren nachempfinden lassen. Kamine, Sprechschächte oder die Latrine mit ursprünglichen Blick auf die Elbe führen zur freudigen Erregung. Ein leichtes Raunen löst der 1990 freigelegte Kanonenhof aus. Durch seine Abdeckung erzwangen umsichtige Historiker und Denkmalpfleger die Trennung des hier vorherrschenden 16. Jahrhunderts zu den Bauten auf der Brühlschen Terrasse, die zur letzten Jahrhundertwende entstanden. Keinen Abbruch an Spannung läßt der ursprünglich befahrbare Kanal zu. An ihm lag die Kanonengießerei, und mittels Booten war der Transport der Produkte zum Zeughaus oder über eine Ausfahrt zur Elbe und somit in den rund um die Stadtfestung führenden Graben möglich.

Für Freunde des europäischen Porzellans muß darauf verwiesen werden, daß das Labor J. G. Böttgers nicht aufgesucht werden kann, da es sich in den Gewölben am Gondelhafen befand, die schon mit der Zerstörung des ersten Belvederes im 19. Jahrhundert verlorengingen.

Der etwas schwer zu findende Eingang in das unterirdische Museum der Kasematten ist am Georg-Treu-Platz, an dem auch das Albertinum steht.

Freilegung des großen Kanonenhofes 1990/91.

DER GROSSE GARTEN

Vorherige Seiten: Der Große Garten, seit 1676 im französischen Stil angelegt, mit dem Palais. **Links**: Nicht nur die Skulpturengruppen im Großen Garten sind (<u>rechts</u>) Ausflugsziel auch für junge Leute.

Alle Gärten der Welt gehen auf ein einziges Vorbild zurück: das Paradies. Doch das ist weit wie der Himmel und unerreichbar; niemand hat es je gesehen oder betreten. Einst war der Garten ein begrenzter Ort, der Schutz bot vor der lärmenden Welt. Ein Bezirk der Verinnerlichung und des philosophischen Gesprächs. Der Garten ist das Idealbild des Menschen von der Gesellschaft. Er spiegelt die sozialen und kulturellen Stimmungen der Zeit und verändert sich nach den Bedürfnissen seiner Benutzer, nicht nach bestimmten Moden.

Im Jahre 1676 erwarb der Kurfürst Johann Georg II. zwischen Dresden und den östlich vor der Stadt gelegenen Dörfern Striesen, Gruna und Strehlen Land, um ein Gehege für seine Fasanen anzulegen. Es ist eine Fläche von 1830 Metern im Quadrat. Sie wird geviertelt durch eine Ost-West- und eine Nord-Süd-Achse. Im Schnittpunkt bleibt ein Areal frei für ein Palais. Zwei Jahre später, 1778, begann Architekt Johann Georg Starcke (um 1640–1695) den Bau, wahrscheinlich in gemeinsamer Arbeit mit seinem Lehrer Wolf Caspar von Klengel (1630–1691).

Augusts Kunstwerk: Das Jahr 1698 war entscheidend für die Anlage. August der Starke verwandelte den Garten in ein vollendetes Kunstwerk. Nicht ein praktischer Nutzen gab den Sinn, sondern der alleinige Zweck war nun, bewundert zu werden. Der private Aspekt wurde aufgegeben, die Öffentlichkeit hatte Zugang. Das war der Weg des Barock. Den Großen Garten gestaltete Johann Friedrich Karcher (1650–1726).

Die ursprünglich quadratische Form wurde in eine rechteckige Anlage verwandelt und vergrößert. Der „Große Garten" – der Begriff kommt aus den Niederlanden – wurde zum Symbol von Reichtum und Macht des Herrschers. Das wesentliche Gestaltungsprinzip ist die Symmetrie. Die Vorliebe für Ordnung und Regelmäßigkeit, die sich auf die Prinzipien der Vernunft und Geometrie stützen, läßt die planerische Verantwortung für den barocken Garten mehr und mehr in die Hände des Architekten übergehen.

Vorbilder für den Großen Garten sind Versailles und der Garten Vaux le Vicomte des berühmten Le Nôtre, Gärtner des Sonnenkönigs Ludwig des XIV. Diese Vorstellung läßt alle Gärten, die unter dem holländisch-französischen Einfluß angelegt wurden, ähnlich erscheinen. Erinnert sei nur an Herrenhausen bei Hannover und an die harmonische Bergparkanlage Wilhelmshöhe in Kassel, die Park- und Stadtplanung umfaßt.

Klare Symmetrie: Das Herz des eigentlichen Gartens ist das Parterre, eine ebene Fläche. Dazu gehört eine große künstliche Wasserfläche, deshalb werden die Gärten des Barock in der Ebene angelegt. Im Zentrum steht das Schloß. Darauf orientiert, durchzieht die Hauptachse den Garten. Der Hauptgarten erstreckt sich längs dieser Mittelachse. Sie führt als

Sichtachse nach außen und soll die Anlage optisch noch verlängern.

Auch im Großen Garten von Dresden liegt das Schloß im Mittelpunkt der Anlage. Es beherrscht das Parterre und steht frei in einem offenen Raum. Die Hauptachse zeigt in Richtung Osten die fernen Berge der Sächsischen Schweiz, in Richtung Westen die Silhouette der Stadt. Eine Querallee verläuft in Nord-Süd-Richtung; Herkulesallee und Südallee laufen parallel zur Hauptallee. Das zentrale rechteckige Wasserbecken vor der stadtauswärts gelegenen Seite des Palais dient Wasserfesten und verdoppelt den Effekt der nächtlichen Feuerwerke.

Das Palais, ein Gemisch aus Spätrenaissance und Barock, natürlich an französischen Vorbildern orientiert, ist der früheste Barockbau in Kursachsen. Sein Grundriß ist H-förmig. Den Mittelpunkt des dreigeschossigen Baus bildet der zweigeschossige Festsaal.

Das Palais dient nicht als Wohnhaus, sondern ist den sommerlich-ländlichen Vergnügungen vorbehalten. Der reiche plastische Schmuck verschiedener sächsischer Bildhauer der Vor-Zwinger-Generation bleibt in seiner Thematik hauptsächlich der Antike verpflichtet. Daß das Schloß im Hinblick auf den Garten gebaut wurde, zeigen die prächtigen doppelläufigen Treppenanlagen zu beiden Seiten des Baus.

Ein Garten, der aus einer Gesamtplanung hervorgeht, will von oben betrachtet werden: Das reichgegliederte Parterre, ornamental mit Zierhecken und Blumen bepflanzt, zeigt ein phantasiereiches Muster. Die Treppen bieten einen erhöhten Standpunkt, um den Naturteppich bewundern zu können.

Als Markierungspunkte für das Parterre begrenzen acht Kavaliershäuschen den inneren Garten. Sie dienten als Unterkünfte für die Gäste des Königs, wenn er seine prächtigen Feste gab, wie etwa 1719 das Venusfest. Später beherbergten die Kavaliershäuschen zeitweise die Antiken der königlichen Sammlungen. Johann Joachim Winckelmann (1717–1768) hat sie dort gesehen.

Ein Ausritt im Großen Garten...

Unsere Beschreibung des Großen Gartens folgt gewissermaßen dem Idealzustand der Anlage. Wir können ihr insofern folgen, als der Garten, trotz vieler Verwüstungen (1760 durch Friedrich den Großen; 1813 durch Napoleon; 1945 durch den Angriff auf Dresden) nicht untergegangen ist. Seine Grundlinien haben sich nur wenig verändert. Teile seiner Grundfläche wurden abgetrennt, so 1861 für den **Zoologischen Garten,** den ältesten Zoo der ehemaligen DDR. 1889–1892 wurde der Botanische Garten angelegt, der auf über drei Hektar Land rund 9000 Pflanzenarten zeigt.

Die Neugestaltung der Bürgerwiese durch Peter Joseph Lenné (1789–1866) brachte dafür im Südwesten einen Gebietszuwachs, indem beide Anlagen miteinander verbunden wurden. Auch im Nordosten wurde erweitert und im englischen Stil umgestaltet: Landschaftsgarten mit Schlängelwegen und Seen.

Der Große Garten ist mit 200 Hektar die größte Parkanlage Sachsens. Schon in der Zeit des Biedermeier war er eine Art Naherholungsgebiet der Dresdner Stadtbevölkerung und wirkt sich bis heute erfreulich auf das Stadtklima aus. Schankwirte und Konditoreien siedelten sich an. 1887 fand eine Gartenbauausstellung statt.

Der Carolasee mit Bootsverleih und Gaststätte entstand an der Südseite. Eine 5,6 Kilometer lange Parkbahn – original englische Kleinbahn-Spurweite – durchquert den Großen Garten. In der Hauptsaison, von April bis Oktober, befördert sie jährlich über eine halbe Million Fahrgäste. Dafür sorgte früher ein Kollektiv der „Jungen Pioniere", 340 Jungen und Mädchen unter der Anleitung erfahrener Eisenbahner. Das Puppentheater „Sonnenhäusel", das alte Natur-Parktheater in der Nähe des Palais, versteckt hinter Bosketts, und die neue Freilichtbühne „Junge Garde" stehen heute im Mittelpunkt der Parkfeste.

Die Kriegsschäden am Baumbestand sind verwachsen, doch die allgemeinen Umweltschäden fordern auch in dieser Parklandschaft ihren Tribut.

… dann ein Ruderboot und anschließend eine Tasse Kaffee auf der Terrasse des gefälligen Carola-Schlößchens.

DIE DRESDNER NEUSTADT

Die Elbe teilt Dresden in die Alt- und die Neustadt. Ganz einfach, wie schon die Namen sagen ... aber, so einfach ist es eben nicht. Bevor wir durch die Neustadt wandern, ist ein kurzer Exkurs zur Namensgebung nötig. Die Geschichte ist verwickelt, wir müssen von vorn beginnen, in der grauen Vorzeit. Da war, wie eh und je, der Fluß. Menschen wollten ihn überqueren: die alte Handelsstraße von Ost nach West. Wo heute die Stadt liegt, war der Flußübergang günstig. Links und rechts der Elbe entstanden einfache Ansiedlungen. Bald wurde eine Brücke gebaut; seit 1287 ist sie aus Stein. Was wir heute Neustadt nennen, nannte sich Altendresden. Diesem Stadtteil wurde 1403 das Stadtrecht verliehen, aber schon 1549 verlor es dasselbe wieder. „Namentlich um solchen und ähnlichen Irrungen und Gebrechen, daraus unnachbarlicher Wille und langwierige Rechtfertigung erfolget", ein Ende zu machen, beschloß der Kurfürst Moritz, daß beide Städte in Räten, Zünften, Heerfahrten und Siegeln sowie in allen anderen Dingen eine Gemeinde sein sollten. Der äußere Anlaß der Vereinigung war ein Streit um das Braurecht.

Neu ist gleich alt: Im Jahre 1685 vernichtete ein verheerender Brand diesen Stadtteil. Nach Plänen des Oberlandbaumeisters Wolf Caspar von Klengel (1630–1691) ließ August der Starke Altendresden wieder aufbauen. Fortan hieß es Neue Königstadt. Vereinfachend im Sinne der Sprachökonomie und in Umkehrung der Verhältnisse setzte sich der Name Neustadt durch. Das ehemalige Neudresden wurde nun Altstadt genannt.

Der Goldene Reiter: Beginnen wir unseren Rundgang. Nachdem wir die Elbe über die Augustusbrücke überquert, eine breite, verkehrsreiche Straße durch den Fußgängertunnel unterquert haben – am Tunneleingang die in Sandstein gehauenen Stadtpläne der Neustadt – stehen wir auf einem durch Kriegszerstörung neu geschaffenen und mit alten Elementen belebten weiten Platz, der dennoch als geschlossenes Ensemble wirkt. Am alten Platz, wie im Brennpunkt der einer Sammellinse ähnlich angeordneten Neubauten, steht der „Goldene Reiter", das Denkmal für August den Starken. Als Kurfürst von Sachsen, Friedrich August I.; als König von Polen August II.; als Denkmal im Stil der Zeit des Absolutismus als römischer Imperator. Aufgestellt wurde die Reiterstatue 1736, drei Jahre nach dem Tod des Königs. Im Krieg beschädigt, wurde sie 1954 restauriert und 1956 neu vergoldet.

In ihrer Grundstruktur, trotz mannigfaltiger Veränderungen im Detail, ist die Innere Neustadt erhalten, wie sie als Neue Königstadt geplant wurde. Die Äußere Neustadt umschließt dieses Terrain und entstand im 19. Jahrhundert während der Regierungszeit von König Anton (1827–1836). So erhielt sie den

<u>Vorherige Seiten</u>: Korbflechter auf der Hauptstraße, früher Straße der Befreiung, die bei der Bevölkerung sehr beliebt ist. <u>Links</u>: Pfunds Molkerei, ein Kunstwerk in der Bautzner Straße. <u>Rechts</u>: Wasserspeier am Japanischen Palais.

Namen Antonstadt. Heute, etwas prosaischer, doch wenigstens mit der Himmelsrichtung in Übereinstimmung, ist das Dresden Nord.

Klassische Promenade: Den „Goldenen Reiter" im Rücken, liegt vor uns die breite, nach hinten sich etwas verjüngende, gerade „Hauptstraße" (bisher „Straße der Befreiung"), einst mit Linden bepflanzt, jetzt mit Platanen. Völlig verkehrsberuhigt, unter schattenspendenden alten Bäumen, umgeben von Blumenrabatten und historischen Sandsteinfiguren, beiderseits gesäumt von Geschäften und Restaurants aller Art sowie Cafés mit einladenden Straßenterrassen, haben Einwohner und Gäste – im Gegensatz zur verschandelten, einst berühmten Prager Straße in der Dresdner Altstadt – diese Promenade angenommen. Die Brunnen links und rechts in der Eingangssituation der Hauptstraße zierten einst das Neustädter Rathaus. Von ihm blieb nur der unterirdische Bereich erhalten, der nun als „Meißner Weinkeller" (unter der linken Eckbebauung) ein Restaurant beherbergt. Die Neubauten auf beiden Straßenseiten werden bald abgelöst von einer Reihe alter Gebäude, die den Krieg überstanden. Deren restaurierte schöne Barockfassaden lockern das Ensemble angenehm auf.

Freihafen der Kunst: An diesem Ort wollen wir etwas länger verweilen. In goldenen Lettern lesen wir: „An Gottes Segen ist alles gelegen". Es war das Haus des Malers Gerhard von Kügelgen (1772–1820), bekannt durch seine Porträts von Schiller und Goethe, vor allem aber durch die von seinem Sohn verfaßten „Jugenderinnerungen eines alten Mannes". Im zweiten Stock finden wir das Museum zur Dresdner Frühromantik. Es erinnert an die Zeit um 1800, als sich unter dem Begriff Romantik eine breitgefächerte Bewegung formierte, die der Kultur- und Geistesgeschichte eine neue Richtung gab. Namhafte Vertreter aus Philosophie, Literatur, Malerei und Musik dieser Zeit waren in Dresden tätig und Gäste in diesen Räumen.

Blumenzwiebeln für die Begrünung in der Neustadt.

Erinnert sei an Caspar David Friedrich, Carl Gustav Carus, Philipp Otto Runge, Johan Christian Dahl, Ludwig Tieck, Heinrich von Kleist, Carl Maria von Weber und später Robert Schumann und Richard Wagner. Ein Raum ist der Familie Körner gewidmet, deren Haus in der Nähe stand, wo heute das Hotel Bellevue steht. Im Park, zwischen Hotel und Japanischem Palais, erinnert eine Stele mit den geistigen Insignien dieses „Freihafens für Wissen und Kunst" an diesen Treffpunkt großer Geister. Mozart, Schiller, Goethe, Herder, die Brüder Humboldt und Schlegel, Novalis, Graff, Arndt, Stein und viele andere zählten zu den Gästen.

Die Dreikönigskirche: Unser Spaziergang führt nun vorbei an der Dreikönigskirche. Dieser Bau von Matthäus Daniel Pöppelmann (1662–1736) und George Bähr (1666–1738) wurde als dritte Kirche an dieser Stelle 1732–1739 ausgeführt. Sie brannte 1945 aus und wurde in ihrer äußeren Form wiederhergestellt, aber nur ein Teil des Kirchenschiffes wurde als Gotteshaus, der andere als Gemeindezentrum ausgebaut. Hier tagte bis zum Bau seines neuen Gebäudes direkt an der Elbe der Sächsische Landtag. Auf unserem Weg zum Bautzner Platz, dann Albertplatz (bisher „Platz der Einheit"), können wir das aus weißem Marmor in einer Formmischung aus klassizistischen und Jugendstil-Elementen gestaltete und stark idealisierte Schillerdenkmal (1914) von Selmar Werner gar nicht übersehen.

Das am Albertplatz 1945 aufgestellte Ehrenmal der Sowjetarmee wurde 1994 nach der Staffenbergallee umgesetzt. Seitdem wurde der zweite Rundbrunnen von Robert Diez „Stürmische Wogen" wieder in Betrieb genommen. Zusammen mit dem „Stillen Wasser" und dem neuerrichteten Artesischen Brunnen entspricht die Gestaltung des Platzes ihrer historischen Form.

Barocke Königstraße: Auf dem großen Rund des Bautzner Platzes (1811 konzipier) begreift man die Anlage der Neustadt. Von hier führen sternförmig zwölf

Graffito: Die Liebe der Bewohner zu ihrem Stadtteil äußert sich in vielen Bürgerinitiativen.

Dresdner Neustadt

Straßen in alle Richtungen. Am repräsentativsten sind die Königstraße (Friedrich-Engels-Straße), die zum Japanischen Palais und die Hauptstraße (Straße der Befreiung), die zum Blockhaus mit dem „Goldenen Reiter" führt. Bis hier reichten die Stadtbefestigungsanlagen, hier stand das Schwarze Tor, nach Bautzen und in die Lausitz führend, hier stand bis 1732, als Richtstätte der Stadt, der Galgen. Gehen wir die 340 Meter lange, 30 Meter breite Königstraße entlang in Richtung Japanisches Palais. Sie wird gesäumt von großartigen Barockhäusern, die zwar der Krieg verschonte, nun aber renoviert werden müssen. Die ersten fertiggestellten Häuser (Kulturrathaus, ZDF-Gebäude) lassen erkennen, daß die Königstraße wieder Dresdens Prachtstraße Nummer 1 werden könnte.

Ein Blick in die rechts abzweigende Nieritzstraße zeigt uns eine geschlossene Bauweise aus der Zeit des Biedermeier; ein anderer, in der links einmündenden Rähnitzgasse, Wohnbauten aus dem 18. Jahrhundert.

Museen im Japanischen Palais: Wir stehen nun auf dem Platz vor dem Japanischen Palais, das seinen Namen 1732 erhielt. In den Jahren 1727–1736 wurde es durch Matthäus Daniel Pöppelmann, Zacharias Longuelune und Jean de Bodt umgestaltet, die Dächer deuten auf die Bestimmung des Gebäudes: ein Schloß für chinesisches, japanisches und vor allem Meißner Porzellan. Von 1786–1945 waren die öffentliche Kurfürstliche Königliche/ Sächsische Landesbibliothek, zeitweise die Antiken und das Münzkabinett in diesem Palais untergebracht. Nach Wiederherstellungsarbeiten an dem im Krieg schwer beschädigten Gebäude haben hier die Museen für Völkerkunde und Vorgeschichte ein notdürftiges Unterkommen gefunden; die Räumlichkeiten werden eher als Depot denn für Ausstellungen genutzt.

Noch einmal August: Neben dem Japanischen Palais steht das Denkmal für König Friedrich August I. Dem Palais gegenüber blieb eines von ehemals zwei Torhäusern des Leipziger Tors er-

Café vor dem Haus des Malers Kügelgen, heute Museum der Frühromantik an der Hauptstraße, früher Straße der Befreiung. Rechts: Hier wird die Luftbelastung gemessen.

UMWELTSCHUTZ AKTIV

"Dresden boomt" - Das bedeutet für die Umwelt meist mehr Verkehr, mehr Müll, weniger Grün. Für UmweltschützerInnen sind die Zeiten nicht rosig. Mit ihrer Kritik und Diskussionswünschen werden sie meist als „Entwicklungsverhinderer" und „Aufschwungsbremser" tituliert.

Besonders deutlich wurde das beim Bau einer Chipfabrik im Dresdner Norden. UmweltschützerInnen hatten gegen die Ansiedlung protestiert, weil dadurch das Landschaftsschutzgebiet „Dresdner Heide" um etwa 30 Hektar verkleinert wurde. Daraufhin wurden ihnen vorgeworfen, „Arbeitsplätze für Bäume" zu riskieren.

Übereinstimmung herrscht darüber, daß der Verkehr eines der Hauptprobleme in Dresden ist. Für den konsequenten ÖPNV-Ausbau fehlen die Mittel und der politische Wille. Das geplante Radwegenetz wird nur zögerlich angelegt. Gleichzeitig nimmt der Auto- und LKW-Verkehr enorm zu und droht in der Innenstadt den Verkehrskollaps auszulösen. Daß der geplante Bau einer Autobahn Dresden-Prag die Lösung bringt, wird von NaturschützerInnen bezweifelt. Statt Verkehrsentlastung befürchten sie die Anziehung von noch mehr Verkehr und schlechtere Luft durch die ungünstige Trassenführung.

Weil das Müllaufkommen zu Beginn der neunziger Jahre stark angestiegen war, wurde für Dresden und die umliegende Landkreise eine Müllverbrennungsanlage geplant. Inzwischen steht das Vorhaben aber wieder in der öffentlichen Diskussion. Bei gesunkenen Müllmengen und mit konsequenter Müllvermeidung und -verwertung könne auf die Anlage ganz verzichtet werden, so die GegnerInnen; zumal zwei der möglichen Standorte in unmittelbarer Nähe von Wohngebieten liegen.

Auch sonst scheint „weniger ist mehr" ein unbeachtetes Gebot in Dresden. Die Stadtzersiedelung nimmt beängstigende Ausmaße an. Wie in anderen (ost)deutschen Städten entstehen rund um die Stadt „Speckgürtel" aus Wohn- und Gewerbegebieten, während alte Industrie- und Gewerbeflächen im Stadtgebiet kaum saniert und genutzt werden. Oft wird dem Neubau der Vorrang vor der denkmalschutzgerechten und sozialverträglichen Sanierung alter Gebäude gegeben. Historische Stadtviertel, wie die „Äußere Neustadt" mit ihrem Gründerzeitambiente und dem Hinterhofcharme, werden bezugslos zerbaut.

Trotz dieses Gegenwindes haben sich Umweltschutzgruppen nicht entmutigen lassen. In einem ökologisch und denkmalschutzgerecht restaurierten Gebäude machen die verschiedenen Gruppen gemeinsame Sache: Auf der Schützengasse, in unmittelbarer Nähe zum Zwinger, haben sie im Umweltzentrum ihr Domizil gefunden. U.a. Greenpeace, BUNDjugend und der ADFC planen von hier aus ihre Aktionen und führen im hauseigenen Veranstaltungssaal Seminare, Workshops oder Vorträge durch. Ein Besuch in dem sehenswerten Gebäude lohnt sich auf alle Fälle. BesucherInnen erhalten nicht nur die neuesten Informationen in Sachen „Umwelt", sondern können sich im Café *topinambur* (im Erdgeschoß des Umweltzentrums) bei einem Glas Öko-Bier und vegetarischen Speisen gesund und in rauchfreien Räumen verwöhnen lassen.

Manchmal gibt's für die Dresdner UmweltschützerInnen auch ökologische Lichtblicke. Die Wasserqualität der Elbe und ihrer Zuflüsse im Dresdner Raum hat sich in den vergangenen Jahren sehr verbessert. Das liegt vor allem an der Stillegung der gewässerbelastenden Betriebe in Ufernähe, der Umstrukturierung der Landwirtschaft und an der Inbetriebnahme von kommunalen und industriellen Kläranlagen. So bleibt zu hoffen, daß das „Bad in der Elbe" bald keine Illusion mehr ist.

Umweltzentrum Dresden, Schützengasse 16-18, 01067 Dresden, Tel.: (0351) 49 43 500, Fax 49 43 400 ■

halten, das Gottlob Friedrich Thormeyer 1829 im klassizistischen Stil errichtete. Es dient heute als Standesamt.

Wir gehen wieder in Richtung „Goldener Reiter", vorbei am Hotel Bellevue – man beachte die Einbeziehung des barocken Bürgerhauses – vorbei am Blockhaus, bisher Restaurant „Haus der Freundschaft", zum Jägerhof. Dieser langgestreckte niedrige (Rest-) Bau (1568–1670), der von den ihn umgebenden Neubauten erdrückt wird, andererseits durch deren Einfältigkeit herausragt, beherbergt seit 1913 das Museum für sächsische Volkskunst. Ein Hauch von Nostalgie liegt über dem Spielzeug aus dem Seiffener Gebiet und den diversen Pyramiden, Bergmannsleuchten, Räuchermännchen und Heimatbergen aus dem Erzgebirge.

Ministerien an der Elbe: Folgen wir nun, die Straßen meidend, dem rechten Elbufer flußaufwärts, so führt uns der Weg durch die 1934 entstandenen Gärten des „Königsufers", mit dem Rosengarten als krönendem Abschluß. Die in ihren Proportionen zu groß geratenen, für die Verwaltung von Sachsen aber sicher notwendigen Ministerien, liegen am Weg. Wir gehen bis zur Mündung der Prießnitz. Ein Blick in die heute unscheinbare Holzhofgasse läßt den geschichtsträchtigen Ort kaum ahnen. Hier logierte E.T.A. Hoffmann und schrieb an der Novelle „Der goldene Topf". Carl Maria von Weber komponierte hier Teile des „Freischütz" und konzipierte den ersten Akt seiner Oper „Undine".

Wunderbares Milchgeschäft: Wir gehen durch die Wolfsgasse in die Bautzener Straße. Ein Geschäft fällt ins Auge, das seit 1892 Milchprodukte verkauft (ehemals Pfunds Molkerei). Der Kontrast der Ausstattung dieses Ladens zu seiner tristen Umgebung läßt ahnen, was diese Stadt einmal war. Die Bemühungen um Schönheit mit den jeweiligen Ausdrucksmitteln der Zeit gingen bis ins Detail. Die Alltagskultur ist der Humus, ohne sie ist keine Spitzenleistung möglich. Die Prunkbauten haben auch hier ihr Fundament. Wir sehen einen Ver-

Das Atelier des Malers Kügelgen, der bekannt wurde durch seine Porträts von Goethe und Schiller sowie die „Jugenderinnerungen eines alten Mannes", verfaßt von seinem Sohn Wilhelm.

kaufsraum, über und über geschmückt mit bunten Kacheln. In Bildfolgen demonstrieren Putten, wie Milch verarbeitet wird. Farbenprächtige Renaissance-Ornamente rahmen die Szenerie. Ist es kitschig? Wenn ja, dann auf liebenswerte Weise, die Freude bereitet.

Melancholie im jüdischen Friedhof: Nun biegt rechts die Pulsnitzer Straße ein; sie führt uns über den Martin-Luther-Platz, vorbei an der im neuromanischen Stil gebauten (1883–1887) Luther-Kirche, zu einem versteckten Friedhof, der seit 120 Jahren geschlossen ist. Der Eingang ist selten geöffnet, es ist die ehemalige Begräbnisstätte der Jüdischen Gemeinde. Sie wurde ihr 1751 gegen einen hohen Betrag zugewiesen. Vorher konnten die Dresdner Juden ihre Toten nur jenseits von Sachsen, im böhmischen Teplitz, bestatten. Ein Blick über die Friedhofsmauer zeigt einen Ort, von dem zu jeder Jahreszeit einer schwere, melancholische Stimmung ausgeht, die uns begreifen läßt, was das ist, Vergänglichkeit. In seiner Abgeschiedenheit überstand der Friedhof selbst die Nazizeit (siehe Seite 156).

Wenige Minuten entfernt von diesem besinnlichen Ort, in der Zittauer Straße 12, überstand ein anderes Kleinod alle Unbilden der bewegten Zeiten: die Kunsthandlung Kühl mit alter, vor allem aber zeitgenössischer Kunst. Hier findet der Besucher noch eine Atmosphäre, die zur Aufnahme von Kunst gehört und die heute doch so selten anzutreffen ist.

Geistlose Macht, Kasernen: Die Äußere Neustadt wird umschlossen von Kasernen, die, wie könnte es anders sein, vom Krieg verschont und ihrer Funktion treu blieben bis heute. Sowjetische und deutsche Soldaten (bis zu ihrem Abzug teilten sich diese Gebäude der ehemaligen Kasernenstadt des Königs Albert, in dessen Regierungszeit (1873–1902) sie entstanden. Nun stehen einige Kasernen leer und warten auf eine sinnvolle Nutzung.

In dieser martialischen Welt, in einem ehemaligen Kasernengebäude, ist die

In der Neustadt, dem bei jungen Leuten und Künstlern beliebten Stadtteil.

Sächsische Landesbibliothek. Inmitten der geistlosen Macht der machtlose Geist. Ein Besuch im Buchmuseum lohnt sich.

Verfall aufhalten: Der Vorsatz, nur das zu beschreiben, was heute noch zu sehen ist, wurde bei dem Spaziergang durch die Neustadt oft durchbrochen. Immer wieder mußte wir auf die Geschichte zurückgreifen. Woran liegt das? Im Krieg wurde die Neustadt, im Gegensatz zur Dresdner Altstadt, weniger stark zerstört, hier kann man sich leichter noch etwas vom alten Dresden in Erinnerung rufen. In den siebziger und achtziger Jahren wurde mit der Rekonstruktion des gesamten Gebietes enthusiastisch begonnen, doch die Kraft reichte nur für eine Straße (damals Straße der Befreiung).

Im Bereich des Martin-Luther-Platzes gab es Ansätze. Der Verfall der alten Bausubstanz aber schreitet bei weitem schneller voran als der Aufbau. Die Häuser wurden „freigewohnt", wie es zynisch in der Amtssprache heißt. Die an der Peripherie Dresdens entstandenen Neubaugebiete machten das möglich. Für die ohnehin gefährdeten Gebäude war das der Todesstoß. Viele Wohnungen und noch mehr Häuser stehen leer, wenn sie nicht schon in sich zusammengefallen oder abgerissen sind. In den meisten Fällen war der Anfang vom Ende nur eine kaputte Dachrinne. Ob die Bausubstanz dieses Stadtviertels noch zu retten ist?

Bunte Republik: Und doch, die Äußere Neustadt lebt. Neben vielen alten Menschen, immer noch vierzig Prozent, haben sich hier vor allem Studenten, Maler, Dichter, Musiker, Schauspieler und Weltverbesserer vielerlei Couleur ein gefunden; aber auch Einsame, Alkoholiker und soziale Problemfälle. In der Äußeren Neustadt wohnen, heißt zur Szene Dresdens gehören. Vor Jahren gründeten einige Bewohner – nicht ohne Humor – die „Bunte Republik Neustadt". Mit Engagement und unterstützt von breiten Teilen der Bevölkerung verfolgen sie das Ziel, eine über viele Jahre gewachsene Stadtkultur zu bewahren.

<u>Unten</u>: Der „Goldene Reiter", August der Starke, am Neustädter Markt. Half-pipe Ersatz für die Dresdner Skater. <u>Rechts</u>: Heinrich von Kleist, gemalt von Anton Graff.

Heinrich von Kleist

Heinrich von Kleist, der preußische Dichter, in Dresden? Zu Besuch…? Vorerst schon, dann aber sollten es fast zwei Jahre werden (1807–1809), eine lange Zeit in einem kurzen Leben. Und es war eine produktive dazu. Das Haus, das Kleist bewohnte, stand in der Pirnaer Vorstadt, Äußere Rampische Gasse. Es ist die heutige Pillnitzer Straße. Kein Haus überstand hier den Krieg. Nur im Museum zur Dresdner Frühromantik finden wir einen Hinweis auf das Leben Kleists in der Stadt.

Was aber kann eine Vitrine mit Büchern aussagen im Vergleich zum wirklichen Ort? Über den Personenkreis, mit dem er Umgang pflegte, in Briefen sich äußerte, über die Arbeit für das von ihm mitgegründete Kunstjournal und in den Werken des Dichters aus dieser Zeit.

So ist die Erzählung „Michael Kohlhaas" durch die Dresdner Verhältnisse beeinflußt, enthält sie doch Anspielungen auf den sächsischen Kurfürsten als Verbündeten Napoleons gegen Preußen. Im Drama „Käthchen von Heilbronn" fängt er nicht etwa die Atmosphäre und Landschaft des schwäbischen Heilbronns, sondern die Dresdens ein. Von seinem Besuch im Jahre 1801 berichtet Kleist seiner Verlobten:

„Ich zweifle, daß ich eine Stadt finden werde, in welcher die Zerstreuung so leicht und angenehm ist, als Dresden. Nichts war so fähig, mich so ganz ohne alle Erinnerungen wegzuführen von dem traurigen Felde der Wissenschaft, als diese in dieser Stadt gehäuften Werke der Kunst. Die Bildergalerie, die Gipsabgüsse, das Antikenkabinett, die Kupferstichsammlung, die Kirchenmusik in der katholischen Kirche, das alles waren Gegenstände, bei deren Genuß man den Verstand nicht braucht, die nur allein auf Sinn und Herz wirken."

1803 hält sich Kleist abermals in Dresden auf. Er arbeitet am „Zerbrochenen Krug", am „Robert Guiskard" und faßt den Plan zum „Amphitryon", der im Mai 1807 in der Arnoldschen Buchhandlung in Dresden erscheint. Er findet die alten Potsdamer Freunde Ernst von Pfuel und Johann Jacob Otto August Rühle von Lilienstern wieder, macht Bekanntschaft mit dem Appellations-Gerichtsrat Christian Gottfried Körner, der Malerin Dora Stock, den Malern Ferdinand Hartmann, Gerhard von Kügelgen und Caspar David Friedrich.

Vor allem aber schließt er Freundschaft mit dem Berliner Gelehrten und Schriftsteller Adam Heinrich Müller. Bald schon wird der Freundeskreis produktiv. Er beschließt, weil „die Verleger sechsmal soviel wie die Autoren verdienen", eine „Buch-, Karten- und Kunsthandlung" zu gründen, der sie den Namen „Phönix" geben wollen.

Die etablierten Buchhändler Dresdens aber bringen den Plan zum Scheitern. Die Freunde gründen nun eine Zeitschrift, die „allen redenden und bildenden Künsten offensteht". Kleist und Müller müssen, mit wenigen Ausnahmen, das Blatt mit eigenen Beiträgen füllen. Die Auswahl der Texte, die Kleist beisteuert, umfaßt ein „organisches Fragment" aus der Tragödie „Penthesilea", die Erzählung „Marquise von O.", ein Fragment aus dem „Zerbrochenen Krug", eins aus „Robert Guiskard", zwei aus dem „Käthchen von Heilbronn", ein Fragment aus „Michael Kohlhaas". Die Herausgeber waren keine Journalisten, das Niveau war zu hoch für ein breites Publikum. Mit dem „Zwölften Stück", im Februar 1809, stellte das Journal sein Erscheinen ein.

Für Kleist ging es nun um größere Dinge. Im April 1809 bekannte er in einem Brief: „Ich auch finde, man muß sich mit seinem ganzen Gewicht, so schwer oder leicht es sein mag, in die Waage der Zeit werfen." Kleist hielt geheime Verbindungen mit den preußischen Reformern. Er stand auf seiten des antinapoleonischen Befreiungskampfes – Sachsen aber war mit Napoleon verbündet. ■

DRESDNER VOLKSFESTE

Beim Nachsinnen über einheimische Feste denkt der Gast wie auch der Einheimische sofort an Striezelmarkt, Dixielandfestival oder an die Musikfestspiele. Auf die Frage nach dem genauen Wohnort in der Stadt stolpert der Befragte dann über sein Fest, das jeweilige Stadtteilfest.

Auf 25 Kilometer Stadtlänge stoßen wir von West nach Ost auf drei der bedeutendsten Spektakel.

Das **Pieschner Stadtteilfest** kann mit seiner Erstauflage 1923 als „Strandfest Pieschen" schon auf eine langjährige Tradition zurückblicken. Die konsequente Gründerzeit gab dem ursprünglich doch recht unbedeutenden Dorf ein völlig neues Bild und eine enorme Bevölkerungsdichte. Als Arbeitervorort leicht imagegeschädigt, war dieses Fest ein Aufbäumen. In den zwanziger und dreißiger Jahren als Stadtfest gefeiert, gebaren 1963 Funktionäre den Namen „Hafenstadt", bezugnehmend auf den in nächster Nähe befindlichen Hafen. Die Wende brachte das Ende, ... kurzzeitig.

Der Ortsverein mit dem bezeichneten Namen „Pro Pieschen e.V." ließ es mit seinen Mitgliedern, unter denen sich engagierte Neudresdner befinden, erneut aufleben. Mit geringen finanziellen Aufwand, im Gegensatz zu den Vor-Wende-Veranstaltungen, ist es mit seinen Ständen, Bühnen, Ausstellungen und Stadtteilführungen durch Rathaus, Kirche und Kneipe wieder das was es war – ein kultureller Höhepunkt.

Eine wichtige Anmerkung: Ein aus den alten Bundesländern stammender Organisator sagte diese wichtigen Worte: „Wenn die Leute hier sagen, es ist wieder wie unser Hafenfest, dann soll es wieder so heißen!"

Die **Bunte Republik Neustadt (BRN)** wurde erstmalig 1990 proklamiert. Drei Tage dauerten die Gründungsfeierlichkeiten auf den Straßen und Plätzen der Äußeren Neustadt (...das Kreuz- oder Prenzelberg Dresdens). Um dabei nicht gestört zu werden, sperrten die Bürger ihr Staatsgebiet kurzerhand ab. In dieser Zeit

Ein Treffpunkt der harten Hausbesetzerszene.

kursierte gar eine eigene, allgemein akzeptierte, Währung. Des weiteren verfügten alle ordentlichen Bewohner über einen vom „Monarchen" ausgestellten Paß. Eine aus heutiger Sicht kaum nachvollziehbare Euphorie.

Aber die BRN lebt...! Viele Narben wurden in Form von sterilen Bürohäusern oder unbezahlbaren Wohnraum geschlagen. Das Festwochenende im Juni ist und bleibt ein Pilgerort für Alternative, Freunde der Szene, Nachtschwärmer und Neustädter aller Altersklassen, man lebt ja Tür an Tür. „Wir bleiben hier! – Die BRN lebt!" und somit ein Spektakel mit Multikulti rund um die Uhr, wie es eigentlich das ganze Jahr gehandhabt wird.

Im Osten der Stadt, eingeschlossen im herrlichen Ambiente von Wachwitzer und Loschwitzer Höhen, dem Pillnitzer Lustschloß samt Park, der Elbe und dem „Blauen Wunder", lädt man seit 1991 zum **Elbhangfest**. Es ist das aufwenfdigste Dresdner Volksfest (1995 immerhin an die 200 Veranstaltungen). Eine solche Feierlichkeit kostet, und zwar für jeden, ob Gast oder Anwohner. An Ideen mangelt es dem Veranstalter nicht, weder von der Thematik her noch vom Inhalt. Es fließt Wein, die Sächsische Weinstraße ist ja nicht weit, auch das Volksgetränk Pilsener ist präsent, dazu Kurzgebratenes. Beides in der Hand verfolgen Frau, Mann & Kind die Kulturdarbietungen.

Ein Muß ist im Mai der Besuch von Galerie, Antiquariat und **Dixieland.** Die für die Zeit des Festivals (fast) autofreien Straßen laden ein zum Spaziergang vom romantischen Loschwitz mit seinen Bergbahnen und der barocken Kirche über Wachwitz mit Schloß, Fernsehturm und Umgebindehäusern bis zum Pillnitzer Barock. Auf ganzen acht Kilometern wird die Strecke gesäumt von Verkaufsständen und Freiluftgaststätten. Dazu gesellt sich der einhellige Tenor: „Nu gugge ma an, was sich hier gedan hadd!"

Besonders wohltuend sind Momente des sich Treffens und der Feststellung, daß man sich auch bei der „BRN" und beim Pieschner Stadtteilfest traf. Haben eventuell doch alle etwas Gemeinsames? Zumindest gehören alle dazu, zum Volk, das seine Feste braucht.

Festzug während des Elbhangfests, des größten Dresdner Volksfests.

Bunte Republik 155

JÜDISCHER FRIEDHOF

Zwischen Vergessen und Verfall liegt er da, unterm Dach der Kronen jahrhundertealter Bäume ducken sich die Steine des ältesten jüdischen Friedhofs Sachsens, der die Zeit überdauerte. Ein stiller Winkel in der hektisch gewordenen Äußeren Neustadt. Umgeben von einer hohen Sandsteinmauer öffnet allein ein schmiedeeisernes Tor den Blick auf den mit Efeu überwachsenen Platz.

Seine Geschichte reicht zurück in das 18. Jahrhundert, als Juden nach über 200 Jahren Vertreibung die Ansiedlung in Dresden gestattet wurde. August der Starke, der aufgeklärte Absolutist, verhielt sich auch gegenüber den Juden liberaler als seine Vorgänger. Er ermöglichte der Familie des Halberstädter Bankjuden Berend Lehmann den Zuzug nach Dresden und stellte sie unter seinen Schutz.

Jüdisches Gemeindeleben in der sächsischen Residenzstadt lebte wieder auf. Was auch August nicht vermochte, war, den Juden zu einem Begräbnisplatz zu verhelfen. Bis nach Teplice, damals eine Dreitagesreise, mußten die sächsischen Juden ihre Verstorbenen bringen. Erst nach Augusts Tod ging der Wunsch der Juden in Erfüllung. Mit Unterstützung durch den Grafen Brühl erhielten sie gegen den Preis von 1000 Talern einen Platz „Auf dem Sande" zugewiesen.

Hier, inmitten trockener Heide vor den Toren Dresdens, wurden am 25. April 1751 die ersten Toten zu Grabe getragen. In aller Stille und früh am Morgen hatte das zu geschehen, denn die Dresdner, die vorbeispazierten, sollten durch die Zeremonien nicht „belästigt" werden.

Der Friedhofsverwalter durfte kein Jude, sondern mußte Christ sein. Es war nicht gestattet, im umgebenden Wald Holz zu sammeln oder Wild zu jagen. Verboten war die Errichtung eines Hauses. Auch das Aufstellen von Steinen war anfangs untersagt. Eine Beerdigung kostete zwölf Taler für einen Erwachsenen, fünf Taler für ein Kind. Hinzu kamen Abgaben zugunsten „christlicher Zwekke". Gegen Ende des 18. Jahrhunderts mußten die Preise auf Drängen der jüdischen Gemeinde halbiert werden, denn die zumeist der ärmsten Bevölkerungsschicht angehörenden Juden konnten die Gebühren nicht aufbringen. Obwohl es den jüdischen Geboten zuwiderläuft, die vorschreiben, binnen 24 Stunden zu beerdigen, blieb den Angehörigen oft keine andere Wahl, als die Toten tagelang in den Wohnungen zu lassen, bis sie die Summe zusammengebracht hatten.

Als ringsum Häuser entstanden, erhielt die Straße am Eingangstor des Friedhofs den Namen „Judengasse". Den Anwohnern war das offenbar peinlich. Also wurde die Gasse 1861 in „Pulsnitzer Straße" umbenannt. Acht Jahre später wurde der Beerdigungsplatz geschlossen. Die Heide ringsum war einem neuen Stadtteil und dem Garnisonszentrum gewichen, eine Erweiterung des Friedhofes unmöglich geworden.

1265 Grabstellen entstanden hier in den 118 Jahren der Nutzung. Bereits 1867 hatten die Juden einen neuen „Guten Ort" in der Dresdner Johannstadt erhalten, der bis heute seiner Funktion dient.

Wer zu DDR-Zeiten die idyllisch und versteckt liegende Begräbnisstätte besuchen wollte, wählte meist den Weg über die Mauer. Heute ist es einfacher, in der dem Friedhof benachbarten Begegnungsstätte für jüdische Geschichte und Kultur „HATiKVA" e.V. (Pulsnitzer Straße 10, Tel.: 03 51/802 04 89) nachzufragen. Meist ist jemand da, der den Friedhof aufschließen und Wissenswertes darüber erzählen kann.

Das Zentrum wurde 1992 eröffnet, nachdem die Vereinsmitglieder zwei Jahre lang geholfen hatten, das abrißgefährdete Gründerzeithaus zu renovieren. Inzwischen nutzt der Verein im Erdgeschoß mehrere Räume für Veranstaltungen. Eine themenspezifische Bibliothek steht allen Interessenten offen. In enger Zusammenarbeit mit der Jüdischen Gemeinde widmet sich die Begegnungsstätte „HATiKVA" auch der Erforschung der Geschichte der Juden in Sachsen.

Der Jüdische Friedhof, in Vergessenheit geraten und deswegen von den Nationalsozialisten nicht zerstört.

LOSCHWITZ, WEISSER HIRSCH UND DRESDNER HEIDE

Steil abfallende Berge ziehen sich auf dem rechten Ufer der Elbe von der Sächsischen Schweiz bis zur Lößnitz. Diese klimatisch besonders begünstigten Hänge in Pillnitz, in der Lößnitz und bei Meißen bilden eines der nördlichsten Weinbaugebiete der Erde. Der Besucher Dresdens fühlt sich hier in eine heitere, fast südlich anmutende Landschaft versetzt. Hier tritt die Elbe in einem weiten Bogen bis an den Bruchrand der **Lausitzer Granitplatte** heran. Viele Erinnerungen an den Weinbau bis zum Ende des 19. Jahrhunderts blieben erhalten.

Loschwitz: Viele Besucher haben begeistert über die herrliche Landschaft berichtet. So schilderte der Dresdner Maler und Schriftsteller Wilhelm von Kügelgen (1802–1867) in seinen „Jugenderinnerungen eines alten Mannes", wie seine Familie den Sommer in einem Loschwitzer Weinberghäuschen verbrachte:

„Aus der oberen Etage konnte man geradewegs auf eine Weinterrasse treten, die, von alten Walnußbäumen gegen die Mittagssonne geschützt, dennoch den Blick in die Ferne freigab. Die Lage war unvergleichlich. Etwa dreihundert Fuß hoch über der Elbe, gewährte sie weiten Einblick in ein buntes, traumartig schönes Land. Man übersah den Lauf des Stromes in einer Ausdehnung von wenigstens vier Meilen und darüber hinaus das weite Elbtal mit der fernen Hauptstadt und hunderten von Dörfern, Kirchen und blinkenden Landsitzen weithin bis an die Kämme des Erzgebirges und der böhmischen Berge. In dieses liebliche Paradies zog der Vater (der Maler Gerhard von Kügelgen, 1772–1820) mit uns hinaus, um eine Anzahl noch unvollendet gebliebener Bilder mit Muße auszuführen."

Schon seit dem 15. Jahrhundert besaßen Dresdner Patrizier Weinberge in Loschwitz. Seit dem 17. Jahrhundert waren die Eigentümer vor allem adlige und bürgerliche Hofbeamte. Sie alle wollten hier ihre freie Zeit genießen: unter ihnen der Hofkapellmeister Heinrich Schütz und der Goldschmied Augusts des Starken, Johann Melchior Dinglinger, dessen altes **Weinberghaus** (Schevenstraße 59) erhalten ist.

Der hochgebildete Oberkonsistorialrat Dr. Christian Gottfried Körner und Familie waren ihren literarischen Freunden als begeisterte Liebhaber von Dichtung und Philosophie in ihrer Dresdner Stadtwohnung und in ihrem Loschwitzer Weinberghaus (Körnerweg 6) freundschaftliche Gastgeber, kluge Berater und anregende Gesprächspartner. Bei ihnen fand Friedrich Schiller Hilfe in finanzieller Bedrängnis, und in Körners Weinberg im Weinberghäuschen auf der heutigen Schillerstraße konnte er am „Don Carlos" arbeiten.

1834 war Loschwitz mit 1500 Einwohnern bereits das größte Dorf der Dresdner Umgebung. Es wurde bald auch industrialisiert – an erster Stelle zu erwähnen ist Leonhardis Tintenfabrik, die 1901

Vorherige Seiten: Das Blaue Wunder, die (blaue) Loschwitzer Brücke, eine 141 Meter lange Stahlhängekonstruktion, verbindet die beiden 1921 eingemeindeten ehemaligen Vororte Blasewitz und Loschwitz. **Links:** Der Fernsehturm auf den Wachwitzer Höhen. **Rechts:** Gründerzeitvilla am Weißen Hirsch, dem Kurviertel.

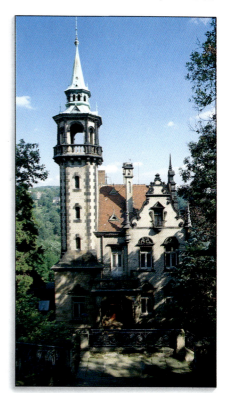

über 120 Arbeiter beschäftigte. Mit Dresden war Loschwitz durch die Elbfähre nach Blasewitz verbunden. Das Fährgut an der Elbe mit zwei charakteristischen Fachwerkbauten aus dem 17. Jahrhundert steht heute noch.

1893 konstruierte Baurat Claus Köpcke die **Hängebrücke** von Blasewitz nach Loschwitz, eine technische Spitzenleistung der damaligen Zeit. Da sie blau gestrichen war, wurde sie damals (und bis heute) als das **„Blaue Wunder"** bezeichnet. Über die Brücke zum Körnerplatz wurden die Pferdebahn und seit 1896 die Straßenbahn geleitet.

Auch sehr früh, nämlich seit 1895 fuhr eine Standseilbahn vom Körnerplatz zur Berghöhe und stellte damit eine schnelle Verbindung von Loschwitz zum Weißen Hirsch her. Die ebenfalls vom Körnerplatz 1901 nach Oberloschwitz in Betrieb genommene Schwebebahn war die erste Bergschwebebahn der Welt. Sie wurde zunächst mit Dampfkraft und seit 1909 elektrisch angetrieben.

Die schöne Loschwitzer Landschaft zog auch zahlreiche Maler, Musiker und Schriftsteller an: Richard Wagner, Otto Ludwig und den Musikpädagogen Friedrich Wieck, nachdem er seine Tochter Clara mit Robert Schumann verheiratet hatte. Immer mehr Bauland wurde erschlossen, nachdem die Reblaus in den Jahren 1886 bis 1889 den Loschwitzer Weinbau vernichtet hatte.

Das Leben der Leipziger Verlegerfamilie **Brockhaus** war so eng mit Loschwitz verbunden wie das des Schriftstellers Martin Raschke, der in seinen „Ungleichen Schwestern" tief bewegt die leuchtende Baumblüte im Frühling, das überquellende Blühen der Gartenblumen im Herbst und den Blick auf die Lichter der abendlichen Stadt erlebte.

Nach dem Ersten Weltkrieg sollte Dresden zwanzig Dörfer eingemeinden, erklärte sich dazu aber nur unter der Bedingung bereit, daß auch die steuerträchtigen Vororte Blasewitz, Loschwitz und Weißer Hirsch einbezogen würden. Dagegen hißten viele Einwohner schwarze Fahnen oder flaggten halbmast – erfolg-

Loschwitz, Körnerplatz mit Häusern aus den neunziger Jahren des vorigen Jahrhunderts.

los. Oberhalb der Bergstation der Bahn, auf der Zeppelinstraße und der Plattleite, befand sich seit 1955 das Forschungsinstitut Manfred von Ardenne mit seinen 450 Mitarbeitern (siehe Seite 164).

Der Weiße Hirsch: Hochgelegen am Rande der Dresdner Heide und neben den Loschwitzer Hängen, liegt der Weiße Hirsch an der Bautzner Landstraße, dort, wo sie auf der Mordgrundbrücke ein enges Tal überquert hat und in steilem Aufstieg die Hochfläche erreicht. Wer die Namen Mordgrund und Stechgrund zum ersten Male hört, könnte den Weißen Hirsch für eine gefährliche Gegend halten. Der Name „Mordgrund", der schon 1420 belegt ist, entstammt wohl dem sorbischen „mokry" (naß), der Stechgrund war ursprünglich ein „Steggrund".

Das Mordgrundwasser kommt aus den Bühlauer Waldgärten und eilt in kurzem, schnellen Lauf der Elbe zu. Der Bach schneidet sich schon beim Weißen Hirsch tief in die Waldfläche ein. 1686 ließ der kurfürstliche Kapellmeister Christoph Bernhardi, ein Schüler von Heinrich Schütz, an der Bautzner Landstraße einen Gasthof erbauen, den „Weißen Hirsch", der 1688 das Schankrecht erhielt. Jäger hatten 1563 in der Dresdner Heide einen Albino, einen weißen Hirsch erlegt. Gewiß war der Gasthof nicht nur Raststätte für Pferdefuhrwerke, sondern auch Ausgangspunkt für Jagden.

Als sich das Wasser aus der benachbarten Heide als eisenhaltig herausstellte, wurden Wannenbäder und Kurbäder verabreicht. 1873/74 kaufte der Dresdner Seifenfabrikant Ludwig Küntzelmann das Gasthofgut, erweiterte es durch Seitenflügel und machte ein regelrechtes Kurhaus daraus.

Aber zu einem Kurort von Weltruf wurde der Weiße Hirsch erst ab 1887 durch den jungen Arzt Dr. Heinrich Lahmann. Er erwarb das Frida-Bad und eröffnete 1888 sein „Physiatrisches Sanatorium". Hier wurden die Patienten durch gesunde Lebensweise, nämlich durch Bäder, magere Diätkost, körperliche Ausarbeitung in der frischen Luft, Gemeinschaftsleben und Psychotherapie

Unten links: Leonhardi-Museum mit wechselnden Ausstellungen auf der Loschwitzer Grundstraße. **Unten rechts:** Pause im Viertel „Weißer Hirsch".

Manfred Baron von Ardenne

Er wohnt in der Zeppelinstraße. Schon der Straßenname assoziiert einen glücklichen Schwebezustand. „Mein Leben ist verlaufen wie eine Beethoven-Sinfonie, etwa wie die Eroica", bekannte Manfred Baron von Ardenne 1987, zu seinem 80. Geburtstag, in seiner Autobiographie.

Wissenschaftlich arbeitet er als Physiker, Chemiker, Mathematiker, Astronom, Mediziner und Biologe. Entsprechend ist er ausgestattet mit Doktortiteln, die ihm alle ehrenhalber verliehen wurden. Dr. hc. mult. Baron v. Ardenne ist Autodidakt, wie es Wilhelm von Humboldt war.

Mit sechzehn erhielt er sein erstes Patent, mit siebzehn schrieb er sein erstes Buch; inzwischen sind es 34 Bücher, 678 wissenschaftliche Veröffentlichungen und über 600 Patente. Mit dreißig entwickelte er das Rasterelektronenmikroskop und arbeitete erfolgreich an den ersten elektronischen Fernsehübertragungen.

Mit 40 arbeitete er in der Sowjetunion an der Schaffung des industriellen Isotopentrennverfahrens zur Gewinnung der Kernspaltstoffe, also an der Entwicklung der Atombombe. Aus den Mitteln, die ihm aus dieser Arbeit zuflossen, und des 1953 verliehenen Stalinpreises errichtete er das nach ihm benannte Forschungsinstitut. In dessen besten Zeiten zählte es 500 Mitarbeiter. Hier entwickelte er Technologien in der Elektronik, Plasmaphysik und Vakuumtechnik.

Mit 60 verlegte er seine Forschungen auf die Medizin und Biologie; er suchte nach neuen Wegen in der Bekämpfung der metastasierenden Krebskrankheit. Seine O_2-Mehrschritt-Therapie, die den Sauerstoffgehalt im arteriellen Blut, der bei älteren Menschen sinkt, wieder auf ein Normalmaß bringen soll, brachte ihm die meiste Anerkennung.

Manfred von Ardenne erhielt mehrfach den Staatspreis der UdSSR und den Nationalpreis der DDR. Er war Volkskammerabgeordneter der Fraktion des Kulturbundes und Mitglied des Forschungsrates der DDR.

„Es wird leider oft von Spitzenleistungen gesprochen, obwohl es sich nur um normale Entwicklungen der Technologie handelt", beklagte er „den Zustand unserer Wirtschaft" und die mangelhafte Abeitsmoral in der DDR.

Ein zentrales Problem für v. Ardenne ist die Rolle des Wissenschaftlers in der Gesellschaft. Die „Verantwortung des Wissenschaftlers in unserer Zeit", so der Titel eines Vortrags von Ardenne, ist unbestritten; die Grenzen solchen Tuns aber auch. Johannes R. Becher, der Dichter der Nationalhymne der DDR, sprach das merkwürdige Wort: „Das Gegenteil eines Fehlers ist wieder ein Fehler." Hat, wer so mit seinem gescheiterten Staat verbunden war, immer noch eine Chance?

„Nutzt, was die Gegenwart euch bietet", riet Manfred von Ardenne einst der Jugend. So hat er selbst ein Leben lang gehandelt, und so hat er alle politischen und wirtschaftlichen Systeme überstanden: das bürgerliche, das faschistische, das stalinistische, das sozialistische. Nachdem Honecker stürzte, stand v. Ardenne sofort neben Egon Krenz. Nach dem Untergang der Planwirtschaft, die er wiederholt kritisierte, praktiziert er nun die Marktwirtschaft und läßt sich gerne mit dem westimportierten Ministerpräsidenten Kurt Biedenkopf (CDU) sehen.

Nach der Wende ging das Institut an die nächste Ardenne-Generation über (vier Familien). Es ist in drei Firmen und ein Fraunhofer-Institut mit 220 Mitarbeitern aufgeteilt. Professor von Ardenne leitet das medizinische Institut mit der bekannten „Klinik für systemische Krebs-Mehrschritt-Therapie".

Das schloßartige Gebäude auf dem Weißen Hirsch, hoch über der Stadt, ist Wohnung und zugleich Bibliothek, Konferenzraum, Direktionsbüro und enthält den Hauptteil der medizinischen Laboratorien. ∎

Links: Manfred von Ardenne, Gründer und Leiter des Forschungsinstituts. **Unten:** Ludwig Körner, Mäzen und Gesprächspartner Schillers, fühlte sich mit seiner Familie in diesem Weinberghaus wohl.

behandelt. Schon 1893 empfing das Sanatorium mehr als 1000 Gäste, von denen etwa die Hälfte aus dem Ausland kamen. Zum Sanatorium gehörten zehn Villen. Dort konnten die schwarzen Schafe unter den Patienten die Kur leicht auf ihre Art abändern. Hatte es wieder einmal Grünkohl gegeben, so aßen sie außerhalb des Sanatoriums weiter. Dort konnte ihnen auch das Rauchen nicht verboten werden.

1927 wurde eine Mineralquelle mit reichem Kalziumhydrokarbonatgehalt entdeckt, die als „Paradiesquelle" oder „Weißer-Hirsch-Heilquelle" seit 1928 zu einer Trinkhalle auf den Konzertplatz geleitet wurde, wo bis heute Wasser gezapft werden kann. Cafe und Biergarten auf dem Konzertplatz ziehen viele Gäste an. Am Wochenende und an warmen Tagen sind Frühschoppen, Blaskonzerte und Kulturveranstaltungen unterschiedlichster Art zu genießen.

Nach dem Zweiten Weltkrieg, als die Sowjetunion die Deutsch-Sowjetische Aktiengesellschaft Wismut Uran fördern ließ, entstand ein „Nachtsanatorium". Hier wurden Bergleute abends medizinisch behandelt, übernachteten in der Klinik und gingen am Tag wieder in den strahlenden Berg.

Die Dresdner Heide: Für die Bevölkerung der Großstadt ist dieser Mischwald das bedeutendste Naherholungsgebiet, aber schon vor langem wurde der große zusammenhängende Wald von Dresdner Heide, Junger Heide und dem Friedewald für militärische Zwecke beschnitten, seit 1873 für den Bau einer Kasernenstadt.

Geologisch ist das Waldgebiet auf Granit und Heidesand aufgebaut. Ihren Reiz verdankt die Dresdner Heide den zahlreichen Bächen, der Prießnitz vor allem, deren Täler und Gründe tief in die Hügellandschaft eingeschnitten sind. In früheren Jahrhunderten war die Heide vor allem Jagdgebiet des landesherrlichen Hofes, seit der Mitte des 19. Jahrhunderts wurde der Wald auch forstwirtschaftlich genutzt. Das älteste Wegenetz mit unregelmäßigem Verlauf stammt aus dem 16. Jahrhundert. Neu aber ist das systematisierende Wegesystem von Heinrich Cotta

(1763–1844) und seinem Sohn August, das weltweit richtungsweisend wurde.

Seifersdorfer Tal: Dieses schön gelegene Tal war seinen früheren Besitzern eine Stätte sentimentaler Naturschwärmerei, mit Quellen, Teichen, einer kleinen Felsenhöhle und einer inzwischen abgestorbenen Hermannseiche für den „Befreyer Teutschlands". In der Zeit der Romantik und der englischen Gartenkunst gestalteten Gräfin Christina von Brühl und ihr Gatte Moritz das tief eingeschnittene, etwa zwei Kilometer lange **Tal der Großen Röder** von der Grundmühle bis über die Marienmühle hinaus.

Auf einer idyllischen Parkwiese veranstaltete man fröhliche Sommerfeste und feierte Geburtstage. Eine kleine, halbrunde Freilichtbühne diente der Adelsgesellschaft für Liebhaberaufführungen und musikalische Veranstaltungen. Durch Tempel, Gedenksteine, Statuen, Büsten und Altäre für Johann Gottfried Herder, für Laura, den Sänger des Tales, Naumann wurden zeitgenössische Persönlichkeiten geehrt, ebenso aber der Antike gedacht, in der man geistig lebte: eine Hütte des Pythagoras, ein Amordenkmal und eine Petrarca-Hütte. Auch errichtete man Denkmäler der Tugend, der Wahrheit, der Freundschaft und zum langwährenden Andenken an gute Menschen.

Nordwestlich von **Radeberg** lag eines der ländlichen Besitztümer der landesherrlichen Beamten und Offiziere, das **Rittergut Seifersdorf.** Dieses Gut erwarb der sächsische Premierminister Graf Brühl im Jahre 1747, auf dem Gipfel seiner Macht. Das 1531 erbaute Wasserschloß blieb im Renaissancestil erhalten. Durch einen Umbau nach einem Plan von Karl Friedrich Schinkel wurde es 1817 bis 1822 in neugotischem Stil stark verändert.

So romantisch das Seifersdorfer Tal einmal gewesen sein mag, heute beeinträchtigt die starke Verunreinigung der Großen Röder durch Abwässer der Industriebetriebe um Radeberg die Freude an der schönen Natur und an den Kulturdenkmälern.

<u>Unten</u>: Die Elbhänge, beim Picknick genossen. Im Hintergrund Schloß Albrechtsberg. <u>Rechts</u>: Rokoko-Tanzpaar aus dem Puppenspielmuseum.

Die Puppen im Weinberg

Auf der Fensterbank des Vortragssaals sitzt eine zierliche Frau. Sie trägt einen Frack und hat einen Zylinder auf dem Kopf. Aus dem verwilderten Garten fällt mildes grünes Licht auf die weißen Handschuhe, die Hemdbrust und das weiche Gesicht.

Reglos sitzt sie da, eine Hand im Schoß. Das Gesicht wendet sie halb dem Fenster zu, die schweren schwarzen Wimpern hält sie niedergeschlagen. Ihr rotes Lächeln und die Rundung eines aufgemalten schwarzen Schnurrbarts berühren sich in den Mundwinkeln. Ein meterlanger Stab wächst aus dem Körper der Frau. Andere Bewohner des Hauses sind innen hohl, werden an Drähten bewegt, hängen an Fäden. Unter der Holzdecke der Eingangshalle reitet ein Hanswurst auf einem geflügelten Drachen. Er war einmal der Star in einem DEFA-Film. In einer Glasvitrine fletscht der Tod die Zähne. Ein Frontsoldat des Ersten Weltkriegs hat die grausige Puppe gemacht.

Eine illustre Gesellschaft hat sich in dem Haus zusammengefunden, darunter sind auch liebe alte Bekannte: Kasperl und Räuber, Großmutter, Zauberer und Teufel. Marionetten aus dem Bauhaus, Tanzpaare im Stil des Rokoko und des Rock'n'Roll. Eine rotwangige Prinzessin im Kostüm der Peking-Oper. Indonesische Stabpuppen und eine auf Knopfdruck lustig zappelnde Jazzband. Und unterm Dach, wo mehrere tausend Puppen zusammengedrängt in Kisten und Koffern schlafen, hängt an einem Nagel eine Eisläuferin im blauen Kleid: Katharina Witt, der Star des DDR-Sports, eine Marionette.

Das Haus in den Weinbergen, in dem sich die Puppen auf Treppen, Fensterbänken und alten Möbeln lümmeln, heißt „Hohenhaus". Es wirkt wie eine aufgeschossene majestätische Gründerzeitvilla, aber die Mauern unter dem weißen Verputz sind aus Feldstein und 500 Jahre alt. Der Bischof von Meißen hat hier residiert. Der Schriftsteller Gerhart Hauptmann und seine Brüder gingen hier ein und aus und heirateten drei der fünf Töchter des damaligen Besitzers, des reichen Wollgroßhändlers Berthold Thienemann aus Kötschenbroda. Gerhart war fortan alle Geldsorgen los und hatte die Ruhe, sich zum Klassiker auszubilden.

Nach dem Tod Thienemanns im Jahr 1885 wurde das Haus von neuen Besitzern im Stil der Gründerzeit umgebaut. Auf dem Gebiet der ehemaligen DDR ist kein Haus mit einem vergleichbar gut erhaltenen Interieur aus dieser Epoche bekannt. Als Ausstellungsort und Depot der Puppentheatersammlung ist es eigentlich gar nicht geeignet, denn es ist selbst schon ein komplettes Museum.

Im „Weißen Salon" (Stil: neobarock) haben nur ein paar Papiertheater Platz, die so klein sind, daß sie in einen Koffer passen. Das dunkle Teezimmer mit seinen kostbaren Intarsien verkraftet gerade einmal zwei Vitrinen mit Puppen aus Asien.

„Wir haben 37 000 Exponate im Depot", sagt der stellvertretende Direktor, „und können nur 400 zeigen. Wir besitzen zwar Puppen aus allen Kulturkreisen, vor allem aber sind wir in der Lage, die Geschichte des Puppenspiels in Sachsen seit dem 18. Jahrhundert lückenlos zu dokumentieren. Ausstellen können wir davon jedoch so gut wie nichts."

Das Haus ist jedoch weit mehr als ein Museum. Die Theorie und die Praxis des Puppenspiels werden hier gepflegt. Zur Theorie: Das Haus verfügt über eine lückenlose Fachbibliothek. Hier entstehen Doktorarbeiten, seit dreißig Jahren gibt das Haus eine wissenschaftliche Zeitschrift heraus.

Lehrer kommen mit ihren Schülern, um sich beraten zu lassen. Die Angestellten des Museums zeigen auswärts alte Spieltechniken und laden Puppenspieler zu sich ein. Und zwischen Mai und Oktober wird an jedem letzten Sonntag im Monat ein Familientag mit Puppentheater veranstaltet. ■

BEI WAGNER UND VON WEBER

Carl Maria von Weber und Richard Wagner – zwei für Dresden bedeutungsvoll klingende Namen – führten die Dresdner Oper und Orchester zur Weltberühmtheit. Sie gaben dem Dresdner Musikleben und der deutschen Oper Impulse von nationaler Bedeutung. „Freischütz", „Tannhäuser" und „Lohengrin" entstanden in Dresden und seiner landschaftlich reizvollen Umgebung und stehen für eine neue, breite Kreise ziehende Volkstümlichkeit.

Wie die beiden Meister – Weber um 1820, Wagner 1846 – wohnten und arbeiteten, kann der Besucher noch heute erleben und atmosphärisch nachempfinden: in den Museen von Hosterwitz und Graupa bei Dresden-Pillnitz. Sie sind zugleich deren einzige echt erhaltene Wohnstätten im Osten Deutschlands und ein Dorado für den Hobby-Interessenten und Fachmann gleichermaßen.

Carl Maria von Weber (1786–1826) hat vor allem mit den unsterblichen Melodien seiner deutschen Volks- und Nationaloper „Der Freischütz" die Weltmusikkultur bereichert.

Deutsche Nationaloper: Als er 1817 das Kapellmeisteramt im Dienste des sächsischen Königs Friedrich August I. antrat, war er dank seiner nach den napoleonischen Befreiungskriegen 1813/14 geschaffenen Lieder, besonders des von „Lützows wilder, verwegener Jagd" auf den Text des Freiheitsdichters Theodor Körner, zum Sänger seines Volkes geworden und bald in ganz Deutschland bekannt und beliebt.

In den Dresdner Jahren setzte er bis zu seinem Tode die Verwirklichung seiner selbstgestellten Lebensaufgabe durch: die Schaffung der deutschen Nationaloper. Der Stoff des „Freischütz" ist der heimischen Sagenwelt entnommen; der deutsche Wald, Bauern und Jäger spielen die Hauptrollen. Selbst die Musik ist aus dem Geist der Volksmusik geschaffen, nicht aber ihr entnommen oder nachgebildet. Nach Ansätzen in Mozarts „Zauberflöte" und Beethovens „Fidelio" hat Weber mit dem „Freischütz" tatsächlich die erste rein deutsche Oper geschaffen. Mit seinem alten Freund, dem Advokaten Friedrich Kind, der das Libretto schrieb, zerstritt sich Weber wegen des „Freischütz". Gegen eine ruhige Eingangsszene Kinds stellte Weber – auf den Rat seiner Braut hin – eine theaterwirksame Volksszene an den Anfang.

Gegen „die Italiener": Am Hoftheater hatte sich Weber gegenüber seinem italienischen Amtskollegen Francesco Morlacchi zu behaupten, ja erst einmal seine Gleichstellung als Kapellmeister am Hofe durchzusetzen. Dresden war zu der Zeit die Hochburg des „Italienertums". Morlacchi setzte Proben an zu Zeiten, die Weber vorbehalten waren oder verpflichtete Mitglieder aus dessen Ensemble. Sichtliche Geringschätzung erwiesen ihm der König und sein gesamter Hof, indem er Weberschen Aufführungen oft fernblieb, Kompositionsaufträge zurücknahm, wie etwa zur Prinzen-

Vorherige Seiten: Mit dem Schaufelrad-Dampfer elbaufwärts in die Vororte. **Links:** Schloß in Graupa mit der Büste von Richard Wagner, der hier Ruhe zum Komponieren fand. **Rechts:** Wagner, gemalt von Wilhelm Eller.

Hosterwitz und Graupa 171

hochzeit Friedrich Augusts II., dem späteren Brotherrn Richard Wagners, oder zur Geburt der ersten Tochter nur Kammerdiener und Kammerfrau, statt Hofdame und Kammerherrn schickte. Und so ist es bezeichnend, daß keine seiner in Dresden geschaffenen Opern auch am königlich-sächsischen Hoftheater uraufgeführt wurde, sondern in Berlin, Wien und London.

Erfinder des Taktstocks: Welche Schwierigkeiten hatte er mit der Verbesserung der Orchestersitzordnung! Weber wollte als Dirigent alle Musiker in gutem Sichtkontakt haben. Aber auf königlichen Befehl hin wurde die neue Sitzordnung rückgängig gemacht. Die Orchestermusiker aber hielten zu Weber, und er setzte sich durch, weil seine Anordnung auch praktischer war als die alte.

Weber gebrauchte erstmals den Taktstock, um dem Orchester klarzumachen, was er eigentlich wollte. Früher wurden die wichtigen Einsätze vom Klavier aus gegeben, im übrigen richtete man sich nach der Ersten Violine. Besonders die ständigen Querelen waren Webers seit Jugend angegriffenem Gesundheitszustand abträglich.

Erholsames Elbtal: Eine willkommene Erholung und Grund zu neuer Hoffnung fand sich bei einem Spaziergang im Juni 1818 mit dem verlockenden Winzerhäuschen in **Klein-Hosterwitz**. Während der Betrieb voll weiterging, mietete das Ehepaar alljährlich den ganzen Sommer über einige Räume der 1. Etage. Hier blieb ihm die Muße für freudiges Schaffen, für Spaziergänge und Besuche.

Der damals noch geschätzte Komponist Louis Spohr und der junge Heinrich Marschner ließen sich hier sehen, Mitglieder der italienischen Operntruppe samt dem kinderlieben Kastraten Sassaroli und der Bankier Abraham Mendelsohn, manchmal mit dem zehnjährigen Felix verkehrten im Sommerhaus.

Volksnahes Feiern: Am nahen Keppgrund wurde in Hemdsärmeln mit den Kammerherren, Leutnants und Dorfbewohnern Kegel geschoben. In der Gaststube der Keppmühle spielte Weber seinen Freunden erstmals seine „Aufforderung zum Tanz" auf dem Klavier vor, die er seiner Frau widmete, die er in Prag kennengelernt hatte und die seine treu sorgende Lebensgefährtin wurde.

Kreative Phase: Im Gefühl dieses stillen Glückes vollendete Weber hier gleich zu Beginn die Jubelouvertüre für das 50-jährige Regierungsjubiläum des Königs, schuf einige seiner schönsten romantischen Lieder und wesentliche Teile des „Freischütz", der „Euryanthe" und die ersten Stücke aus „Oberon". Im Mai 1820 vollendete er den „Freischütz", der im Juni des Folgejahres im Berliner Schauspielhaus mit großem Erfolg uraufgeführt wurde. Die mitreißendsten Melodien avancierten zu Schlagern.

Das **Weber-Museum** Hosterwitz zeichnet in den liebevoll gestalteten Räumen den gesamten Lebens- und Schaffensweg des Meisters anhand vieler Dokumente nach.

Nach dem Tode Webers konnten Heinrich Marschner und Carl Gottlieb Reißiger den hohen Stand der Dresdner Kapelle und des Theaters halten. Dann kam **Richard Wagner** (1813–1883) mit hochfliegenden Plänen: Hatte man seine historisierende Prunkoper „Rienzi" an der Pariser Grand Opera hartnäckig zurückgewiesen, so waren in Dresden, als er im April 1842 dort eintraf, die Vorbereitungen zur Inszenierungs schon im Gange. In der gerade erst fertigestellten Hofoper Gottfried Sempers im Oktober 1842 uraufgeführt, wurde das Werk sein größter Publikumserfolg zu Lebzeiten.

Hohe Ansprüche: Wagner wurde Hofkapellmeister und schien ein gemachter Mann zu sein. Doch dann folgten die Uraufführungen der Opern „Der fliegende Holländer" und „Tannhäuser" mit nur geteiltem Erfolg. Selbst die Sänger – Spitzenkräfte aus ganz Deutschland – hatten ihre Not, alles so zu singen, wie es sich der Meister gedacht hatte.

Doch es gab noch ganz anderen Verdruß. Seine wiederholte „Denkschrift, die Königliche Kapelle betreffend" sollte mit einer Erhöhung der Gehälter und der Musikerzahl den sozialen Status seines

Instituts festigen. Mit größter Hochachtung nannte er den berühmten Klangkörper die „Wunderharfe". Doch alle Bemühungen scheiterten am Widerstand der Generaldirektion. Auch finanziell gab es fortwährend Schwierigkeiten. Frühere Gläubiger aus Magdeburg, Königsberg und Riga meldeten sich. Sein Freund und Hausarzt Dr. Anton Pusinelli half bei den schlimmsten Problemen aus – und das nicht nur einmal!

Rückzug nach Graupa: So hoffte Wagner nach einem „widerlich verbrachten Winter" (1845/46) auf gesundheitliche und seelische Kräftigung durch Urlaub in ländlicher Abgeschiedenheit. Dazu zog er sich Mitte Mai 1846 noch hinter Hosterwitz nach Groß-Graupa am Borsberg zurück. Im Gut des Großbauern Schäfer wohnte er als erster Städter. Die Kinder der Familie standen Spalier, als Hofkapellmeister Wagner mit seiner Gattin Minna in die erste Etage einzog.

Die Bastei in der Sächsischen Schweiz inspirierte ihn zur Lohengrin-Musik, die er in Graupa skizzierte. Freunde besuchten ihn häufig, und im Vorsaal des Treppenhauses wurde viel musiziert.

Mit sächsischen Männerchören führte er 1843 in der Frauenkirche das „Liebesmahl der Apostel" auf; später inspirierte ihn der sphärische Klang im Innern des Kuppelbaus zur Gestaltung und Musik seines Alterswerkes „Parsifal".

Deutsche Sagen: 1847, ins Marcolinipalais in der Friedrichstadt (Bezirkskrankenhaus) umgezogen, vertiefte er sich in die Neuübersetzung der deutschen Sagenwelt und in die antike Dramenkunst vornehmlich des Aischylos, so daß ihm das „berauschende Bild eines attischen Tragödientages" aufging.

Hierbei formte sich endgültig sein Ideal von der Wiederbelebung und Schaffung des theatralischen Gesamtkunstwerkes aus dem Geiste seiner Zeit. Das ganze nach 1849 ausgeformte Werk Wagners entstand in seiner Dresdner Zeit bereits im Gedankenansatz.

Den Höhepunkt seiner künstlerischen Reformbestrebungen bildete sein „Entwurf zur Organisation eines deutschen

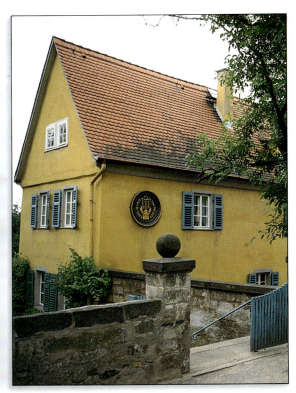

Auch Carl Maria von Weber, der Erfinder des Taktstocks, mußte sich vom Dresden-Streß erholen, links sein Haus, an dem der wilde Wein rankt.

Nationaltheaters für das Königreich Sachsen" von 1848, mit eigenem Festspielhaus und Ausbildungsstätte für den künstlerischen Nachwuchs.

Moralische Revolution: Als er auch diese Vorschläge als gescheitert betrachten mußte und in zunehmende Vereinsamung geriet, sah er den einzigen Weg für die Durchsetzung seines Werkes in einer Revolution. Doch meinte er damit mehr das geistig-moralische Durchsetzungsvermögen als etwa Blutvergießen und gegenseitiges Abschlachten.

So publizierte er anonyme Artikel, trat mit feurigen Reden im Dresdner Vaterlandsverein auf und verteilte, als der Maiaufstand ausgebrochen war, unter Lebensgefahr Flugblätter und heftete zur Versöhnung auffordernde Banderolen an die Barrikaden.

Vom Turm der Kreuzkirche, wo er unter dem Feuer der preußischem Scharfschützen von der Laterne der Frauenkirche aus lag, gab er Signale über heraneilende Freischartruppen an die Provisorische Regierung im Rathaus, in der der russische Anarchist Bakunin mitwirkte.

Auf der Flucht: Um Haaresbreite wurde er beim Begleiten revolutionärer Trupps gefangengenommen, doch er entwischte im „Steiger" durch die Hintertür. Nachdem er Minna bei Verwandten in Chemnitz in Sicherheit gebracht hatte, zog er angesichts des niedergeschlagenen Aufstandes die Flucht vor, zunächst nach Weimar zu Franz Liszt und, nachdem er dort steckbrieflich gesucht wurde, nach Zürich. Dort wirkte in ihm die Dresdner Zeit musikschriftstellerisch und künstlerisch stark nach.

Das immer wieder fesselnde Thema „Richard Wagner und Dresden" wird im Richard-Wagner-Museum Graupa mit kostbaren Erinnerungsstücken und Dokumenten belegt. Wer waren die erste und die spätere Generation der Wagnerinterpreten, seine Freunde und Förderer? Porträts und Theaterzettel, Briefe und Handschriften geben Auskunft. Auch Wagner humoristisch in Gestalt einer Kuriositätenecke fehlt nicht.

Unten links: Die Weinbergskirche, heute auch Konzertort, wurde 1723 von M.D. Pöppelmann gebaut. **Unten rechts:** Anlegestelle der Elbfähre bei Pillnitz.

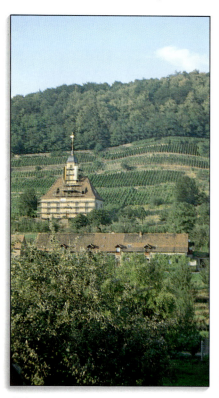

Dresdner Christstollen

Ein Markenzeichen, das den Ruhm Dresdens in alle Welt getragen hat, ist der Christstollen. Dieser gehört in vielen Ländern der Erde zum Weihnachtsfest wie das Ei zu Ostern. Schon im Frühherbst beginnt in Dresden die Stollen-Saison, und wenn der Hausfrau hierzulande das Weihnachtsgebäck noch längst nicht in den Sinn kommt, sind viele der geschätzten „Weihnachtsbrote" aus über 20 Dresdner Konditoreien auf den Weltmeeren unterwegs, um rechtzeitig zum Fest die Kunden in Afrika, Japan oder Amerika zu erreichen oder Schiffsbesatzungen Heimatgefühle zu vermitteln.

Urkundlich erwähnt wird der Stollen erstmals 1486, wo er in einer Urkunde noch als „Strozel" bezeichnet wird. 1530 taucht er dann in den Dresdner Ratsarchiven als „Christstollen" auf. Anfänglich nur in Dresden bekannt und beliebt, wurden die Stollen später innerhalb ganz Deutschlands verschickt. Ende des 19. Jahrhunderts begann der Auslandsversand. Inzwischen werden in fast allen Ländern um die Weihnachtszeit die Dresdner Christstollen angeschnitten. Gelitten hat der Stollen unter der sozialistischen Mangelwirtschaft, wo die Bäcker Margarine oder Öl statt Butter nehmen mußten und statt Zitronat „Kantinat T". Das waren grüne Tomaten. Viele Hausfrauen bezogen von Verwandten im Westen, was sie für den echten Dresdner Stollen benötigten und trugen den fertigen Teig zum Bäcker.

Im Zeitalter der Folienverpackungen und Kühlsysteme fragt man sich, wie die verderbliche Ware einst den oft wochenlangen Transport in alle Welt überlebt hat. Die Stollen für die tropischen Länder und in die USA wurden damals in Blechkisten eingelötet, die ihrerseits in eine Holzkiste verpackt wurden.

Im Königreich Sachsen war das gesellschaftliche Leben von Kultur und feiner Lebensart geprägt. Die Patrizierfamilien führten ein gepflegtes Haus und eine hervorragende Küche. Dadurch wurden auch an die Konditoreien höchste Ansprüche gestellt. Es nimmt nicht wunder, daß nach 1871 gerade in Dresden eine blühende Schokoladen- und Süßwarenindustrie entstand. Den Sachsen sagt man nach, daß sie es süß mögen; wollte im Dresden früherer Jahre ein Familienvater seine Kinder beglücken, dann ging er mit ihnen zum Konditorn in eines der renommierten Konditorei-Cafés.

Was ist das Geheimnis des Welterfolgs Dresdner Stollen? Auf der Suche nach dem traditionellen Rezept erhält man in der sächsischen Hauptstadt ausweichende Auskünfte. Bereitwillig wird mitgeteilt, was ohnehin jeder Bäcker weiß – daß außer Mehl, Milch, Butter und auserlesenen Rosinen und Mandeln auch Orientgewürze in den Teig gehören. Im übrigen heißt es, die richtige Auswahl der Zutaten, vor allem aber die Art der Herstellung sei maßgeblich. Kein anderes Gebäck verlange eine so peinliche Genauigkeit und Sorgfalt in der Bearbeitung wie der Christstollen. Es werden gute Fachkräfte benötigt, die viel Routine und auch Kraft besitzen. Tradition und Ehre der Dresdner Bäcker verlangen, daß der Teig mit der Hand geknetet, geformt und nach dem Backen gebuttert und gezuckert wird – und das bei jährlich fünf Millionen Kilogramm Stollen.

Ortsfremde Bäcker und Backgroßbetriebe haben die Beliebtheit des Dresdner Stollens genutzt, um mit eigenen Rezepturen ihren „Dresdner" zu entwickeln. Wer würde da nicht die etwa 20 Betriebe des Dresdner Bäcker- und Konditoreigewerbes verstehen, die den „Schutzverband Dresdner Stollen" gegründet und im Herbst 1991 die Bezeichnung „Dresdner Stollen" beim Patentamt durchgesetzt haben. Das Schutzgesetz sieht vor, daß Dresdner Stollen künftig nur in Bäckereien der Stadt Dresden und in Randgebieten der sächsischen Landeshauptstadt hergestellt werden dürfen. ∎

SCHLOSS PILLNITZ

Als ein exotisches Wunder inmitten biederer sächsischer Dörfer erscheint das königliche Sommerschloß Pillnitz. Seine Entstehung verdankt es der phantastischen Idee Augusts des Starken, hier, zwölf Kilometer südöstlich von Dresden am Ufer der Elbe ein „Indianisches Lustschloß" bauen zu lassen und mit „Türkischen und Persianischen Meubles" auszustatten.

Das alte Schloß: Die Anlage entstand ab 1720 unmittelbar neben dem alten Pillnitzer Schloß, einem Bau der späten Renaissance, der – in gehöriger Entfernung von der Residenz – sowohl August dem Starken als auch dessen Vorgänger Kurfürst Johann Georg als Landsitz für ihre Mätressen gedient hatte. Die Schönen endeten tragisch: Die eine starb 1694 achtzehnjährig an den Blattern, die andere, Augusts Geliebte Anna Constanze von Cosel, wurde 1716 sechsunddreißigjährig auf der unwirtlichen Burg Stolpen inhaftiert, weil sie sich ehrgeizig in die Politik eingemischt hatte.

Das Barockschloß: Pillnitz ist das Werk eines Architektenteams. Matthäus Daniel Pöppelmann, der phantasievolle Erbauer des Dresdner Zwingers, hat den Hauptanteil am Entwurf. Hofbaumeister Zacharias Longuelune brachte Tendenzen des französichen Klassizismus ein, die sich besonders im Grundriß und an den Fassaden als beruhigte Flächigkeit und Klarheit äußern. Noch 1720 hatte der zu grandiosen Projekten neigende Bauherr von seiner Warschauer Königsresidenz aus über einen „Großen Plan" diskutiert, der ein riesiges Areal zwischen Strom und Elbhöhen in die Schloßanlage einbezog. Was nach vierjähriger Bauzeit 1724 fertig war, umschloß nur etwa ein Sechstel dieser Fläche: den heutigen Lustgarten mit den Mittelpavillons von Wasser- und Bergpalais.

Gebaute Chinoiserie: Zwei Besonderheiten beeindrucken den Schloßbesucher auf den ersten Blick: die eigenartige Form der Dächer und die reizvolle Lage am Elbstrom. Der Wunsch des Bauherrn nach Exotik entsprach dem Geschmack des höfischen Spätbarock. Heute gilt Pillnitz als bedeutendstes Architekturbeispiel der seit Mitte des 17. Jahrhunderts in Europa aufkommenden Chinamode. Geschwungene „Pagodendächer", laternenartige Schornsteine und die dekorativen Chinesenszenen an Fassaden und Hohlkehlen sind Elemente solcher Chinoiserie, die hier offensichtlich vom Dekor ostasiatischer Porzellane beeinflußt ist.

Venezianische Träume: Die Lage des Schlosses am Wasser motivierte die Architekten dazu, die Elbfront des Wasserpalais als eigentliche Hauptfassade zu gestalten. Hier, wo sich die Anlage mit einer breiten Freitreppe und einem kleinen Gondelhafen zum Flusse hin öffnet, wirkt die Architektur reich und festlich. Vor der Südfassade schwingt sich eine doppelläufige Treppe zum Hauptgeschoß empor, wo man sich die Türen des Festsaals zum Empfang der aus den Prunkgondeln steigenden Hofgesell-

Vorherige Seiten: Schloß Pillnitz, das Wasserpalais Augusts des Starken. Er ließ venezianische Handwerker kommen, die Gondeln für seinen „Canale Grande", die Elbe, bauten. **Links:** Pillnitz Lustgarten mit Neuem Palais. **Rechts:** Bestuhlung für das Konzert im Schloßgarten.

Schloß Pillnitz

schaft weit geöffnet denken muß. Der Fürst ließ diese Gondeln nach venezianischen Vorbildern bauen. Wollte er doch den Strom zu einem zweiten Canale Grande machen. Feste im venezianischen Stil mit prächtigen Feuerwerken, Maskeraden und Wassermusiken wurden jetzt auch an der Elbe gefeiert.

Erweiterung zur Sommerresidenz: Zwischen 1788 und 1791 wurden den beiden Barockpalais durch Christian Traugott Weinlig vier langestreckte, kupfergedeckte Flügel angefügt. Die Erweiterung sollte Raum für die zahlreichen Hofbeamten schaffen, die nach der Erhebung von Pillnitz zur ständigen Sommerresidenz des Kurfürsten hier unterzubringen waren.

Farbige Stuckdekorationen im Zopfstil nach 1790 sind in einigen Erdgeschoßräumen des Bergpalais erhalten.

Die Pillnitzer Konvention 1791: Die neuen Schloßflügel wurden 1791 mit einem politischen Ereignis von europäischem Rang eingeweiht, als sich hier die Herrscher Preußens, Österreichs und Sachsens trafen, um über gemeinsame Schritte gegen das revolutionäre Regime in Frankreich zu beraten. So konnte Napoleon bei seinem Besuch von Pillnitz 1812 die hintergründig-denkwürdigen Worte sprechen: „Hier bin ich geboren".

Das Neue Schloß, ein Geviert an der Ostseite des Lustgartens, entstand genau 100 Jahre nach den beiden Barockpalais. Baufreiheit schaffte ein Brand, der 1818 das alte Renaissanceschloß in Trümmer legte. Die neue Baugruppe mit zentralem Festsaal und katholischer Schloßkapelle paßt sich im Äußeren glücklich dem Erscheinungsbild der älteren Bauten an. Die Innenarchitektur gibt sich zeitgemäß-klassizistisch.

Für die Ausmalung von Kuppelsaal und Kapelle zeichnet der sächsische Nazarener Carl Vogel von Vogelstein verantwortlich, der, wenngleich als Hofmaler bestallt, ein eher bescheidenes Talent entwickelte. „Den vortrefflichen Schloßpark" rühmte schon 1741 ein Kenner des Ortes. Darinnen seien neben den „kostbaren orientalischen Kunst-, Lust-

Der Kamelienbaum im Schloßpark, die älteste europäische Kamelie.

Auf den Spuren der barocken Lustbarkeiten von August dem Starken.

und Wundergebäuden vielerlei die Zeit verkürzende Lust-Spiele, ein Platz zum Carusel- und Ringelrennen, ferner allerhand lusterweckende Kunstmaschinen, Schwangsäulen, Drehräder" zu finden.

Heute kann der Park in seiner Vielgestalt als ein Lehrstück für den historischen Wandel der Stile und des Geschmacks gelten.

Die geometrische Form barocker Gartenanlagen haben der Lustgarten zwischen Berg- und Wasserpalais sowie die Heckenquartiere, die sich westlich davon zur Mailbahn hinziehen. In der empfindsamen Zeit nach 1778 wurde der Englische Park mit gewundenen Wegen und künstlicher Insel im künstlichen See angelegt, in dessen stillem Wasser sich ein kleiner Rundtempel spiegelt.

Dem Zeitstil entsprechend greift die Gestaltung auch in die freie Natur hinaus bis in den Friedrichsgrund und hinauf zum Borsberg, wohin neu angelegte Wege vorbei an künstlichen Wasserfällen, Felsgrotten und einer Ruine zum sentimentalen Spaziergang einluden.

Der Chinesische Pavillon im nördlichen Chinesischen Garten, der 1804 errichtet wurde, gilt als beste europäische Nachbildung eines ostasiatischen Bauwerks.

Schließlich lassen sich in einigen Teilen des Parks die botanischer Interessen der jeweiligen fürstlichen Schloßherren festmachen: Der Holländische Garten etwa versammelt exotische Pflanzen aus der damals holländischen Kapkolonie in Südafrika.

Schon 1770 war die inzwischen älteste und größte Kamelie Europas aus Japan nach Pillnitz gekommen. Hier ist sie noch heute als mächtiger Baum von acht Meter Höhe zu bewundern. Viele Leute kommen nur ihretwegen nach Pillnitz, besonders im zeitigen Frühjahr, wenn sie Tausende von zartroten Blüten trägt.

Symbiose von Natur und Kunst: Heute ist Schloß Pillnitz eine Stätte der Entspannung und des Kunstgenusses. Berg- und Wasserpalais beherbergen das Museum für Kunsthandwerk, dessen kostbarste Stücke von der Gotik bis zur Gegenwart hier ausgestellt sind.

Schloß Pillnitz

GARTENSTADT HELLERAU

„Vor fünfzig Jahren wußte alle Welt, was Hellerau war und bedeutete", erinnert sich der Schriftsteller Peter de Mendelsohn. Der Glanz dieser um die Jahrhundertwende nach englischem Vorbild der „Gartenstadt-Bewegung" entstandenen Siedlung ist verloschen. „Gartenstadt" läßt vielleicht an Schrebergärten denken. Die Idee ist aber viel umfassender, es geht um eine ganzheitliche Lebensperspektive. Was geplant und was durchgesetzt wurde, beschreibt mit teils menschenverachtendem Zynismus der letzte volkseigene Dresden-Reiseführer des VEB-Tourist-Verlages aus dem Jahr 1989:

„Diese Bewegung verfolgte im Sinne bürgerlicher Reformbestrebungen das Ziel, bestimmte „Unzulänglichkeiten" des Kapitalismus wie Mietwucher, Wohnungselend und menschenunwürdige Arbeitsbedingungen schrittweise zu überwinden, und zwar durch Musterbetriebe, in denen der Belegschaft ein gewisses Mitspracherecht eingeräumt wurde, vor allem aber durch genossenschaftlich errichtete Häuser im Grünen, verbunden mit natürlicher, gesunder Lebensweise und Kultur." Das wäre ein Traum für die Bürger im deutschen Arbeiter- und Bauernstaat gewesen. Dessen Führung überließ diese gebaute Alternative zum kapitalistischen wie sozialistischen Städtebau dem Verfall. Das utopische Reformprojekt stand quer zur offiziellen Ideologie. Anfang des Jahrhunderts reichten Traum und sogar die Wirklichkeit noch weiter: Aus dem äußeren Planungsrahmen der Siedlung entwickelte sich eine zukunftsweisende Künstlerkolonie, ein europäischer Wallfahrtsort. Hellerau bildet den humanistischen Gegensatz zu der überfremdeten Industrielandschaft der Gründerzeit.

Bahnbrechender Bauwille: Wer die Stadt durch Erich Kästners Kindheitsgegend Königsbrücker Straße (zwischenzeitlich: Otto-Buchwitz-Straße) verläßt, erreicht nach wenigen Kilometern die anmutige und sanfte Kiefernlandschaft der Dresdner Heide, folgt der Orientierungstafel und ist sofort im Bilde, wenn er die architektonisch geschlossene und seit 1950 eingemeindete Siedlung erreicht. Bahnbrechender Bauwille wird sichtbar, im begrenzten Kreis ein Ganzes zu schaffen. Das theoretische Fundament lieferte der Engländer Ebenezer Howard 1898 mit seinem Buch „Garden-Cities of Tomorrow". Der Tischler Karl Schmidt (1873–1948) nahm diese Gedanken auf. Mit dem englischen Reformgeist vertraut, geschmackssicher, phantasiebegabt um die Spannweite des Handwerks wissend, formte er seinen innerstädtischen Betrieb zu einem überaus erfolgreichen Unternehmen. „Holz-Goethe" war einer seiner schmückenden Beinamen. Die Suche nach größeren Ausdehnungsmöglichkeiten außerhalb des städtischen Areals führte ins Grüne, in das landwirtschaftlich genutzte Terrain zwischen Klotzsche und Rähnitz. Schmidt erwarb das Gelände, verbot jede Bodenspekulation und übertrug dem Münchner Architekten Ri-

Vorherige Seiten: Wäschetrocknen im Grünen. **Links:** Gebäude der Deutschen Werkstätten in Hellerau. **Rechts:** Der alte Baumbestand einer gewachsenen Siedlung.

Gartenstadt Hellerau 185

chard Riemerschmid (1868–1957) das grundlegende Planungswerk. Es wurde stilistisch differenziert durch unterschiedliche Architekturstile, die von der Landhausgemütlichkeit Riemerschmids bis zur sachlichen Formenstrenge von Heinrich Tessenow (1876–1950) und den englischen Anklängen von Hermann Muthesius (1861–1927) reichten. Sie schufen das Kleinhausviertel, das Villenviertel, die Wohlfahrtseinrichtungen und die Fabrikanlagen.

Menschengerechte Produktion: Die Errichtung des Fabrikhauses war besonders dringlich. Riemerschmid baute einen Komplex, der formal an einen mächtigen Gutshof erinnert, dessen Wirtschaftsgebäude um eine geschlossene Gehöftanlage gruppiert sind. Statt des üblichen nüchternen Fabrikbaus schuf er einen seiner Umgebung angepaßten, lebhaft gegliederten Industriebau, der höchsten Anforderungen auch an die Arbeitshygiene entsprach. Schon 1910 konnte die Produktionsstätte bezogen werden. Unmittelbar daneben errichtete Riemerschmid das rustikale Kleinhausviertel „Am grünen Zipfel". Die Reihenhäuser, eher geduckt als emporgereckt, stark unterteilt, mit Vorgärten, grünen Fensterläden, hervorspringenden Ecken, jugendstilartigen Türklinken, ergeben ein abwechslungsreiches Straßenbild. Um den großflächigen Marktplatz herum ordnete Riemerschmid 1911 die kleingewerblichen Anlagen und Läden an.

Die Mustersiedlung wächst: Zwei weitere entscheidende Träger des Baugeschehens prägten die Siedlung. Der Berliner Muthesius baute vierzehn Reihenhausgruppen im englischen Landhausstil – straffer, weniger idyllisch. Damit war Hellerau die inselhafte „Erlösung von der Mietskaserne", das „erste vollgültige Beispiel einer Mustersiedlung auf deutschem Boden" (Muthesius), aber auch eine anheimelnde Arbeitersiedlung mit ausstrahlender Wirkung.

Weitgespannte Kulturträume hegte ein junger Mann, der aus einer Gelehrtenfamilie stammte, aber auch energiegeladen, feinsinnig und weltmännisch war:

Der Tischler und Unternehmer Karl Schmidt („Holz-Goethe") schuf das Kleinhausviertel rund um die Fabrikanlage.

Dr. Wolf Dohrn (1878–1914). Er strebte danach, aus Hellerau eine Metropole der Alternativen zu formen. Mit dem Siedlungsgründer Karl Schmidt besuchte er eine Vorführung des Genfer Tanzpädagogen Emile Jaques-Dalcroze (1865–1950), die auf beide prägend wirkte. Dalcroze faßte Musik als eine das menschliche Dasein geistig, seelisch und körperlich veredelnde Kraft auf; gegen den turnerischen Drill setzte Dalcroze die anspruchsvolle Improvisationslehre der rhythmischen Erziehung. Dohrn verpflichtete Dalcroze nach Hellerau, um seine Ideen zur „Höhe einer sozialen Institution" führen zu können. Außerdem beauftragte er Tessenow, der sich als Architekt bei den Wohnsiedlungen bewährt hatte, mit dem Bau eines Festspielhauses, umgeben von breit gelagerten Pensionshäusern.

Wallfahrtsort der Künstler: Bald sammelte sich hier eine illustre Künstlergemeinde. Der Wiener Jakob Hegner gründete einen Verlag. Im Oktober 1913 fand im neuen Festspielhaus die Aufführung des mittelalterlichen Legendenspiels „Mariä Verkündigung" von Paul Claudel (1868–1955) statt. Das Publikum war erlesen: Gerhart Hauptmann, Max Reinhardt, Oskar Kokoschka, Rainer Maria Rilke, Franz Kafka, selbst G. B. Shaw kam nach Hellerau. Der russische Theater-Neuerer Stanislawski arbeitete hier, und Mary Wigman erwarb eines der ersten Tanzdiplome. Doch nach dem plötzlichen Unfalltod Wolf Dohrns im Februar 1914 brach die Kolonie zusammen. Nur noch einmal, 1920, strahlte das Festspielhaus, als Alexander Sutherland Neill, der Summerhill-Pädagoge, seine repressionsfreie Erziehung vorstellte. Seit 1937 ist es Kaserne. Demnächst will der jüngst gegründete „Förderverein Hellerau" den Weltruf des inzwischen baufälligen Quartiers wiederbeleben. Damit es wieder so wird, wie der nordamerikanische Schriftsteller Upton Sinclair seinen Helden Lanny in dem Roman „World's End" (1940) Hellerau erleben läßt: „Es ist überhaupt der wunderbarste Ort, an dem ich je gewesen bin."

Sonntag ist Waschtag in Hellerau.

Gartenstadt Hellerau

DRESDENS ROMANTISCHES UMLAND

Wieder begegnet uns August der Starke. Gleich im ersten Beitrag wird einer der Orte vorgestellt, Haus Hoflößnitz bei Radebeul, die August für sich in Beschlag nahm wie alles, was er seiner Lebensphilosophie irgendwie zunutze machen konnte. Weinfeste gehörten unabdingbar dazu. Hoflößnitz war der geeignete Ort. Die Moritzburg, der Dresdner liebstes Ausflugsziel, brauchte August für größere Feierlichkeiten, um sich und seiner absolutistischen Macht huldigen zu lassen. Und es geht gleich weiter in Meißen: Irgendwie mußte das alles ja finanziert werden. Da aus den Bauern nicht mehr viel herauszupressen war, setzte er auf künstliches, von Alchimisten geschaffenes Gold. Heraus kam Porzellan – immerhin.

Einmal um Dresden herum mit August dem Starken, könnten die folgenden Kapitel überschrieben sein. Wenige Kilometer von Pirna entfernt, der Stadt, die Canaletto so gefallen hat, vollendete August den barocken Lustgarten Großsedlitz, der vorher dem Grafen Wackerbarth gehörte. Die „Stille Musik" dort beeindruckte noch Erich Kästner.

Natürlich kannte August auch die Sächsische Schweiz. Eine der Touristenattraktionen, das 250 000 Liter fassende Weinfaß auf der Festung Königstein, wurde überhaupt nur einmal vollständig gefüllt – natürlich von August. Burg Stolpen jedoch gehört zum dunkelsten Kapitel in Augusts Leben. Dort ließ er seine Mätresse und langjährige Beraterin Constantia von Cosel auf üble Weise isolieren, ohne ihre beständige Treue nur im geringsten zu würdigen.

Das Dresdner Umland auf August beschränken zu wollen, wäre zu kurz gegriffen. Natürlich war auch Goethe hier. Wo war er nicht? In dem langen Brief an seine Frau Christiane, den wir auszugsweise vorstellen, fallen die genauen Beobachtungen des sozialen Lebens auf, die ihm immer wieder Stoff boten und uns einen anschaulichen Einblick in das Leben in Meißen damals bieten. Goethe und Karl May. Welche Geister stoßen hier aufeinander. Ganz einfach: In diesem Buch liegen sie dicht beisammen, bzw. nur wenige Seiten auseinander.

Überraschend für den Leser ist sicherlich neben der topographischen Vielfalt der Region die spannende und abwechslungsreiche soziale Geschichte. Einige Besonderheiten stellen wir an exponierter Stelle vor. Daß man in der Sächsischen Schweiz eigene Methoden des Kletterns entwickelt und beibehalten hat, beschreibt der bekannteste Kletterer Ostdeutschlands, Bernd Arnold. Aus dieser Region kommt aber auch eine religiöse Gemeinschaft, die Herrnhuter, die durch ihre Missionstätigkeit weltweit Bedeutung erlangt hat. Die Sorben schließlich sind der Öffentlichkeit als einzige slawische Minderheit in Deutschland schon eher bekannt geworden. Sie hoffen, wie viele Menschen in Sachsen, auf eine lebhafte, gleichwohl kontrollierte Entfaltung des Tourismus, der ihnen Arbeitsplätze und ein Auskommen verschafft und gleichzeitig die Natur in einem vorzeigbaren Zustand beläßt – oder wieder dahin entwickelt.

Vorherige Seiten: Die Bastei in der Sächsischen Schweiz als winterliche Idylle. Über den Dächern von Meißen. Schloß Moritzburg. **Links**: Osterritt der Sorben von Rosenthal nach Wittichenau in der Oberlausitz.

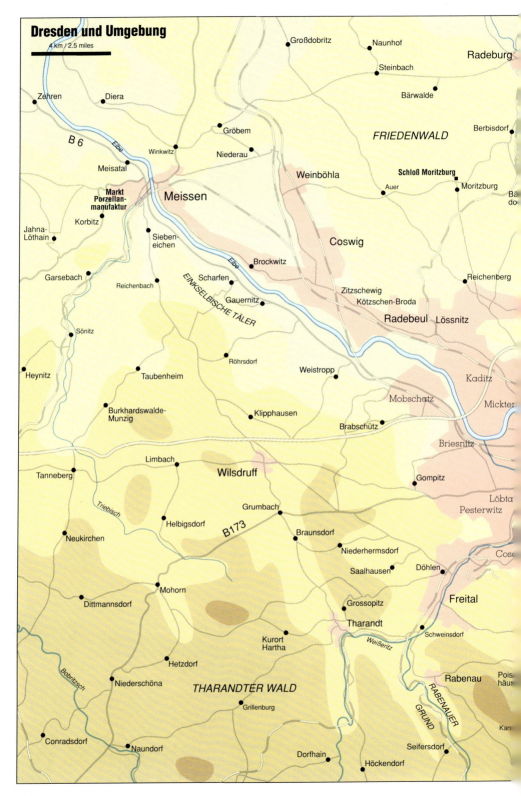

RADEBEUL UND MEISSEN

Im Nordwesten von Dresden liegen drei beliebte Ausflugsziele: Radebeul, Moritzburg und Meißen. Jedes einzelne bietet genügend Sehenswertes und Lehrreiches für einen Tagesausflug: Gotische Baukunst und sächsisches Barock, indianische Friedenspfeifen und indonesische Stabpuppen, alte Weinberge und stille Teichlandschaften.

Meißen ist am bequemsten mit der S-Bahn oder, wenn man sich die Zeit nehmen will, mit einem Elbdampfer zu erreichen. Radebeul ist ans Dresdner Straßenbahnnetz angeschlossen. Die Straßenbahn Linie 5 fährt am goldenen Reiter vorbei in die Leipziger Straße, eine mehrere Kilometer lange Ausfallstraße, die interessante Einblicke ins Leben der Außenbezirke gibt.

Radebeul grenzt ohne Übergang an Dresden. Die Stadt, die 1924 durch den Zusammenschluß von zehn Landgemeinden entstanden ist und 35 000 Einwohner zählt, besitzt kein richtiges Zentrum. Die Straßenbahn durchquert mehrere alte Ortskerne, dazwischen wechseln sich Villen und Gärten mit Treibhäusern und Fabriken ab.

Südlich wird das Stadtgebiet durch die Elbe begrenzt, nördlich erstreckt es sich über die Rebhänge der Lößnitz hinweg. Orientierungspunkte sind einige markante Gebäude auf dem Kamm der Weinberge, vor allem das **gelbe Spitzhaus** und die **Volkssternwarte** auf den Ebenbergen, an die ein kleines Planetarium angeschlossen ist.

Die Straßenbahnhaltestelle an dem alten Landgasthof **Weißes Roß** eignet sich gut dafür, um die Straßenbahn zu verlassen und die Erkundung zu Fuß fortzusetzen. Dort kann man auch auf die Bimmelbahn nach **Moritzburg** umsteigen. Zu Fuß kommt man bequem in die Weinberge hinauf, vorbei an alten Weingütern aus dem 16. Jahrhundert.

Das Spitzhaus ist über eine vom Zwingerarchitekten Daniel Pöppelmann entworfene Treppe zu erreichen, die der Volksmund Jahrestreppe nennt, weil der Aufstieg nach jeweils sieben Stufen durch ein Podest unterbrochen wird. Wenn Sie oben angelangt sind, liegt Ihnen ganz Dresden zu Füßen.

Weinbau: Am unteren Ende der Jahrestreppe erreichen Sie im Haus Hoflößnitz das **Weinbaumuseum.** Es ist ein 1650 unter dem Kurfürsten Johann Georg I. erbautes „Berg- und Lusthaus". Es diente der höfischen Gesellschaft in der Zeit der Weinlese als Ausflugsziel. August der Starke veranstaltete hier Weinfeste und Winzerumzüge. Die Museumsleute im Haus Hoflößnitz versuchen diese Tradition wiederzubeleben und richten im Herbst ein Weinfest aus.

Decken und Wände des Obergeschosses aus Fachwerk sind im 17. Jahrhundert lückenlos mit Vogelbildern und allegorischen Frauengestalten ausgemalt worden und unbedingt sehenswert. Eine kleine, sehr liebevoll eingerichtete Ausstellung dokumentiert die Geschichte des Weinbaus auf den warmen Südhängen

Links: Porzellan-Malerei in der Porzellanmanufaktur in Meißen. Unten: Die Albrechtsburg, deren Vorläufer im Jahre 929 entstand.

des Elbtals. Mönche pflanzten im Mittelalter die ersten Rebstöcke. Unterm Mikroskop ist ein Exemplar der Reblaus zu begutachten, die um 1885 die Weinberge heimsuchte und völlig verwüstete. Seit 1920 werden die verödeten Hänge wieder mit amerikanischen, reblausfesten Weinstöcken bepflanzt.

Vor allem den vielen Hobbywinzern ist es zu verdanken, daß jedes Jahr wieder ein paar Quadratmeter stillgelegter Anbauflächen mehr für den Weinbau zurückgewonnen werden. Die Winzer überlassen ihre Trauben der **„Sächsischen Winzergenossenschaft"** zum Pressen und bekommen dafür ein paar Flaschen als Lohnware zurück.

Auch in früheren Zeiten war es für die Bauern nicht möglich, vom Weinbau allein zu leben: Jedes dritte Jahr bringt eine Mißernte, nur jedes zehnte ist ein gutes Weinjahr. Der Wein aus Meißen und Radebeul ist eine Rarität, die vor der politischen Wende 1989 fast ausschließlich auf Staatsempfängen der DDR-Regierung zu kosten war.

Eine ehemals volkseigene Sektkellerei verarbeitet in Radebeul vor allem importierten Verschnittwein. Sie trägt den Namen von Schloß Wackerbarth, einem 1728/29 errichteten Palais in einer barocken Parkanlage am Fuß der Weinberge.

Indianer und Kasperle: Das **Karl-May-Museum** im letzten Wohnhaus des Schriftstellers, der Villa Shatterhand, lockt jährlich bis zu 250 000 Besucher nach Radebeul. Seit 1995 sind die Wohnräume mit den echten Möbeln und der originalen Ausstattung Karl Mays wieder Anziehungspunkt für seine zahlreichen Fans. Das Indianermuseum im Blockhaus Villa Bärenfett, das im Garten des Mayschen Grundstücks steht, zeigt die größte völkerkundliche Sammlung zum Leben der nordamerikanischen Indianer, die in Europa zu sehen ist.

Bis 1984 war **Karl May** in der DDR eine Unperson. Seine Bücher wurden nicht gedruckt, bis es doch irgendwie gelang, ihn als „Vermittler hoher humanistischer Wertvorstellungen" – so die offizielle Lesart – positiv ideologisch zu

Unten: Klubtreffen der Prärie-Indianer. **Rechts:** Karl May, der in seinem anstrengenden Leben nie die Anerkennung fand, die ihm so viel bedeutet hätte.

KARL MAY

Ein Leserbrief an Karl May: „Ich bin Missionar, und Sie sind es auch; meine größten Schätze hier im Inneren Afrikas sind das Wort Gottes und Ihre Bücher." Helden, Abenteuer und das Christentum – das sind seine Essentials. Wie kam Karl May dazu, in solch exotischen Phantasien zu schwelgen? Arabien und Amerika sah er erst im späten Alter. Zeitlebens wurde er als „herrlicher Lügenbold" bezeichnet – wenn es jemand gut mit ihm meinte.

Jeder Psychologe würde in der frühen Kindheit suchen. In der Autobiographie schreibt er: *„Es waren schwere Zeiten im Erzgebirge. Wir baten uns von unsrem Nachbarn des Mittags die Kartoffelschalen aus, um sie zu einer Hungersuppe zu verwenden. In der Mühle ließen wir uns einige Handvoll Beutelstaub und Spelzenabfall schenken. Wir pflückten von den Schutthaufen Melde, von den Rainen Otterzungen und von den Zäunen wilden Lattich, um damit den Magen zu füllen."*

Karl Mays Mutter nähte mit Hilfe der Kinder in Heimarbeit Leichenhandschuhe, der Vater versuchte sich als Taubenhändler, brachte ein kleines Erbe durch und ließ später seinen Sohn Karl Gebetbücher und antiquierte Naturgeschichten abschreiben. Ins Seminar kam Karl May durch Hilfe des Dorfpfarrers, wurde dort als „ein guter Durchschnittsrüpel" geführt, ließ aber sechs Kerzen mitgehen, die seiner Familie zum Christfeuer leuchten sollten. Schulverweis, erfolgreiches Gnadengesuch, Prüfung und schließlich eine Anstellung als Hilfslehrer. Das währte aber nur zwei Wochen. In dieser Zeit soll der 19Jährige nach Aussagen seines Vermieters „sich bemüht haben, die Ehefrau von ihm abwendig und seinen schändlichen Absichten geneigt zu machen."

Karl May kam aus der Pechsträhne kleinster Fehltritte nicht heraus. Er verlor auch die nächste Stelle, soll eine Uhr entwendet haben und kam sechs Wochen ins Gefängnis. Trickdiebstähle – er läßt sich im Hotel Pelze vorführen, verschwindet damit, wird aber schnell geschnappt – bringen ihn vier Jahre ins Arbeitshaus. „Kaum war ich wieder bei meinen Eltern in Ernstthal, begannen die Anfechtungen von neuem." Diesmal spielte er Räuberhauptmann und nutzte virtuos die Obrigkeitsgläubigkeit der Sachsen aus. Als „Geheimpolizist" ließ er sich in Geschäften Banknoten zeigen und beschlagnahmte sie als Falschgeld: vier Jahre Zuchthaus.

Karl May geriet zwar auf die schiefe Bahn, ließ sich aber von dieser „Karriere" nicht kleinmachen; etwas anderes geschah: Er schuf sich in seiner Phantasie eine Traumwelt, die er immer reicher ausstattete und die die Grundlage seiner Kolportage- und später (erfundenen) Reiseromane wurde. Sie erschienen als Fortsetzungsgeschichten in diversen Zeitschriften.

Karl May phantasierte so exzellent, daß Peter Rosegger schreiben konnte, „diese Ägypten-Geschichte ist so geistvoll und spannend geschrieben, daß der Verfasser ein vielerfahrener Mann sein muß, der lange Zeit im Orient gelebt hat." Genau das machte Karl May bald zu schaffen: Je erfolgreicher er wurde, desto nachdrücklicher behauptete er, alles genauso erlebt zu haben, wie er es in seinen Werken aufgeschrieben hatte.

Seine Villa in Radebeul bei Dresden nannte er „Villa Shatterhand" und staffierte sie mit „Souvenirs" aus Nordamerika aus. Anfeindungen und Spott, später vor allem Streit um das Copyright an seinen früheren Werken führten zu jahrelangen Prozessen.

Bestrebt, als ein so aufrechter Mann dazustehen, wie seine Helden Old Shatterhand und Kara Ben Nemsi, verleugnete er seine Jugendsünden und verhedderte sich immer mehr in einem Gestrüpp von Notlügen. Da halfen dann selbst die Reisen in den Orient und später nach Nordamerika nicht mehr. 1912 erlag Karl May einem Herzschlag. ■

besetzen. Der Volksmund meinte allerdings zu dieser Kehrtwendung, Karl May sei wieder salonfähig gemacht worden, „damit das Volk von Old Shatterhand lernt, die roten Brüder zu lieben."

Faszinierender als der touristische Rummel um Karl May ist – vor allem für Kinder – die weit weniger besuchte **Puppentheatersammlung** im Hohenhaus (siehe Seite 167). Sie ist so wenig wie das Karl-May-Museum mit der Straßenbahn zu verfehlen, denn die Wartehäuschen an den Haltestellen sind von Kinderhand nicht nur mit Indianern, sondern auch mit Kasperlefiguren bemalt.

Der Bischof von Meißen hat in dem inmitten von Weinbergen gelegenen Hohenhaus gewohnt, und der Dichter Gerhart Hauptmann lernte hier seine erste Frau kennen. Auf dem Gebiet der ehemaligen DDR gibt es kein Haus mit einem besser und vollständiger erhaltenen Interieur aus der Gründerzeit. Die Atmosphäre in den kostbar möblierten Räumen, denen durch die ausgestellten Puppen, Bühnen und Theaterzettel alles Steife genommen wird, ist überwältigend. Das alte Haus lebt: Lehrer kommen mit ihren Schülern hierher, um sich beraten zu lassen, die Museumsleute führen auswärts alte Spieltechniken vor und laden den Puppenspieler zu sich ein. Während der Saison, von Mai bis Oktober, findet jeden letzten Sonntag im Monat ein Familientag mit Puppenspiel statt. Sie endet mit einem großen Kinderfest im Herbst, der **„Kasperiade".** Wer die Sammlung besichtigen will, sollte sich vorher telefonisch anmelden.

Mit dem Zug zur Moritzburg: Zum beliebtesten Ausflugsziel der Dresdner muß man mindestens einmal mit der Schmalspurbahn gefahren sein. Sie wurde 1884 gebaut und steht unter Denkmalschutz. Die alten Eisenbahnwaggons werden von einer echten Dampflok gezogen, die nicht zu den großen zählt, dafür um so mehr Qualm ausstößt und sich durch unablässiges Tuten Gehör verschafft. Sie heult durch die Wälder wie ein altes Gespenst und ist das akustische Wahrzeichen der Gegend. Natürlich ist es verbo-

Kutschenfahrt bei Moritzburg.

ten, auf der Plattform am Ende der Waggons zu stehen, die Mischung aus Waldluft und Kohlenqualm einzuatmen und Weinberge, Villen, Obstgärten, Schafe, Wiesen und Teiche vorüberziehen zu lassen. Viele tun es trotzdem, und der Schaffner im historischen Kostüm drückt beide Augen zu.

Eine schnurgerade Pappelallee verbindet Moritzburg mit Dresden. Sie durchquert den kleinen Ort als Hauptverkehrsstraße und läuft schnurstracks auf den Damm zu, über den man das inmitten eines schilfbestandenen Teiches gelegene Jagdschloß Moritzburg erreicht.

Barock-Jugendstil-Kirche: Unterwegs kommt man an der **Moritzburger Kirche,** einem sehenswerten Bastard, vorbei: Ihre Architektur zitiert den Barockstil des Schlosses ebenso wie Elemente des zur Zeit ihrer Erbauung (1902–1904) modischen Jugendstils. Ein Zettel an der Kirchentür erzählt davon, wie die weithin sichtbare Kirche im Jahr 1945 knapp der Sprengung durch die SS entgangen ist.

Schloß Moritzburg ist in den letzten zehn Regierungsjahren Augusts des Starken (1723–1733) als Unterkunft und repräsentativer Rahmen für feudale Jagdgesellschaften erbaut worden. Etwa 100 adlige Gäste ließen sich zwischen den vier markanten gelben Rundtürmen unterbringen und bis zur Völlerei verköstigen. Benannt ist das Schloß nach dem Kurfürsten Moritz, der an dieser Stelle Mitte des 16. Jahrhunderts ein Jagdhaus hatte errichten lassen.

Die Pläne zur Umgestaltung der Landschaft um das Schloß wurden nach Augusts Tod nicht ausgeführt, weil es an Mitteln fehlte und andere Projekte Vorrang hatten. Das Schloß blieb dadurch von späteren baulichen Veränderungen verschont und hat sich als ein beeindruckendes Zeugnis absolutistischer Prachtenfaltung erhalten. In den letzten Jahren wurden Teile der Schloßfassade restauriert, Stück für Stück, soweit das knappe Geld eben reichte.

Für das **Barockmuseum,** das nach der Enteignung der wettinischen Fürstenfa-

Am Schloß Hoflößnitz bei Radebeul.

Goethe in Meissen

Im Frühjahr 1813 reiste Goethe über Leipzig, Wurzen, Oschatz und Meißen nach Dresden. Von seinen Erlebnissen und Empfindungen berichtet er – wie immer auf Reisen – brieflich seiner Frau Christiane. Aufmerksam notiert er Details. Kurz vor Dresden begegnet man einer lesenden Dame!

Von einer gar freundlichen Abendsonne beleuchtet sahen wir das schöne Elbthal vor uns und gelangten zur rechten Zeit nach Meißen in den „Ring". Eine Witwe mit zwei Töchtern versorgte den Gasthof in dieser schweren Zeit, die jüngste erinnerte mich an euere glückliche Art, zu sein. Sie erzählte die Verbrennung der Brücke mit großer Gemüthsruhe, und wie die Flamme in der Nacht sehr schön ausgesehen habe. Die brennend zusammenstürzende Brücke schwamm fort und landete am Holzhof; weil aber nicht das mindeste Lüftchen wehte, so erlosch alles nach und nach.

Dienstag, der 20. war ein sehr angenehmer und unterrichtender Tag. Vor allen Dingen bestiegen wir das Schloß und besahen uns zuerst die Porcellainfabrik. Die Vorrathssäle nämlich. Es ist eigen und beinah unglaublich, daß man wenig darin findet, was man in seiner Haushaltung besitzen möchte. Das Übel liegt nämlich darin. Weil man zu viel Arbeiter hatte (es waren vor 20 Jahren über 700), so wollte man sie beschäftigen und ließ immer von allem, was gerade Mode war, sehr viel in Vorrath arbeiten. Die Mode veränderte sich, der Vorrath blieb stehn. Man wagte nicht, diese Dinge zu verauctioniren oder in weite Weltgegenden um ein Geringes zu versenden, und so blieb alles beisammen. Es ist die tollste Ausstellung von allem, was nicht mehr gefällt und nicht mehr gefallen kann, und das nicht etwa eins, sondern in ganzen Massen, zu hunderten, ja zu tausenden. Jetzt sind der Arbeiter etwa über 300.

Der Dom hat aus mehreren Ursachen äußerlich nichts Anziehendes, inwendig aber ist es das schlankste, schönste aller Gebäude jeder Zeit, die ich kenne; durch keine Monumente verdüstert, durch keine Emporkirche verderbt, gelblich angestrichen, durch weiße Glasscheiben erhellt, nur das einzige Mittelfenster des Chors hat sich bunt erhalten. In eben dem Chor waren mir auffallend und neu die aus Stein gehauenen Baldachine über den Sitzen der Domherrn. Es sind Capellen und Burgen, die in der Luft schweben, und das Geistliche mit dem Ritterlichen wechselt immer ab. Eine höchst schickliche Verzierung, wenn man bedenkt, daß die Domherren altritterlichen Geschlechts waren und die Capellen ihren Thürmen verdankten. Ich habe mir gleich eine Zeichnung davon gemacht, die den ganzen Begriff gibt, den man durch Beschreibung niemandem geben kann.

Zum Frühmahl ward ein Karpfen mit polnischer Cauce genossen, wie er uns den Abend vorher schon trefflich geschmeckt hatte. Ich besah noch der Pfeiler der abgebrannten Brücke und fuhr um halb eins ab. Bei bedecktem Himmel war die Luft kühl, und doch Sonnenblicke so reichlich, daß wir die vergnüglichste Fahrt hatten.

Wir zogen über die neugeschlagene Schiffbrücke und dann an dem rechten Ufer der Elbe hin, das über alle Begriffe cultivirt und mit Häusern bebaut ist, die erst einzeln, dann mehrere Stunden lang zusammenhängend, eine unendliche Vorstadt bilden.

In der Neustadt fanden wir alles auf dem alten Fleck, der metallne König galoppirte nach wie vor auf derselben Stelle unversehrt. In Weimar hatten sie ihm schon durch die Explosion der Brückenbogen einen Arm weggeschlagen.

Schon 1/2 Stunde vor der Stadt begegneten uns reichliche Spaziergänger, sogar eine lesende Dame; auf der Brücke aber erschien der 3. Feiertag in seinem völligen Glanze, unzählige Herren und Damen spazierten hin und wieder. ■

Links: Szene im Labor des Porzellanerfinders Böttger. **Unten:** Weinlokal für Meißner Wein in der Altstadt direkt neben der Frauenkirche. **Unten rechts:** Gasse in der Altstadt von Meißen.

milie im Jahr 1947 hier einzog, läßt sich kein besserer Ort denken. Zu sehen sind – laut Führer – „die stärkste Rothirschgeweihsammlung der Welt", Möbel, Gemälde, Porzellan und Keramik. Die Räume und Ausstellungsobjekte wirken trotz aller barocken Schnörkel nie protzig, sondern ungemein elegant. Auf schwer konservierbare Ledertapeten sind mythologische Szenen um die Jagdgöttin Diana gemalt. In einer Bildergalerie sind Hofdamen und Mätressen verewigt. Augusts Zeitgenossen nannten sein Lustrevier „Dianenburg".

Die Bildhauerin **Käthe Kollwitz** hat ihr letztes Lebensjahr in Moritzburg verbracht und ist am 22. April 1945 im Rüdenhof verstorben. Im Schloß hat man eine kleine Gedenkausstellung eingerichtet, und vor kurzem wurde im Rüdenhof eine Käthe-Kollwitz-Gedenkstätte eröffnet.

Die Teichlandschaft um das Schloß ist aufgrund ihres Reichtums an seltenen Pflanzen und Vögeln zum Landschaftsschutzgebiet erklärt worden. Ziele für Spaziergänge sind das Hengstdepot, in dem Pferde gezüchtet werden, ein Wildgehege und die Fasanerie. In dem Rokokoschlößchen sind präparierte Vögel zu besichtigen, und auf dem Dach nisten immer noch die Störche.

Die Domstadt Meißen: Wer den Namen Meißen hört, denkt an die Härte, die Reinheit und den Glanz des weltberühmten Porzellans mit dem Echtheitszeichen der blauen Schwerter. Die Stadt empfängt den Reisenden mit einem noch nicht besonders ansehnlichen Bahnhof, einer Elbbrücke, die wenig vertrauenerweckend vibriert und unübersehbaren Anzeichen des Verfalls in der verwinkelten Altstadt.

Rund 600 Gebäude stehen unter Denkmalschutz, aber zwei Drittel der Häuser in der **Altstadt** sind in einem beklagenswerten Zustand. Meißen, die tausendjährige Domstadt, Keimzelle des Landes Sachsen, eine der wenigen im Krieg nicht zerstörten historischen Stadtanlagen Deutschlands, wurde durch die zentralistische Baupolitik der DDR beinahe zu-

Ausflugsziele elbeabwärts

grundegerichtet. Protest dagegen erhob sich früh: Als Berlin anläßlich seiner 750-Jahr-Feier 1987 von Bauarbeitern, die aus dem ganzen Land abkommandiert worden waren, herausgeputzt wurde, waren an Trabis selbstgemalte Pappschilder mit der Aufschrift „1058 Jahre Meißen" zu sehen. Meißen gilt nicht nur als „die Wiege Sachsens", die 929 von Heinrich I. gegründete Burg „Misni" war Vorposten der deutschen Ostexpansion.

Inzwischen hat sich ein Kuratorium zur Rettung Meißens zusammengefunden, und hin und wieder bringt schon ein modernes Baugerüst etwas Farbe in das Stadtbild. Die Bebauung um den **Marktplatz** stammt zum großen Teil noch aus dem Mittelalter, so das 1472 erbaute spätgotische Rathaus und die Frauenkirche, ein mittelalterlicher Bau mit sehr intimer Ausstrahlung.

1929 wurde im Turm das erste **Porzellanglockenspiel** der Welt installiert. Nach zwei Jahrhunderten erfolgloser Versuche war es zur Tausendjahrfeier der Stadt endlich gelungen, ein spielbares Carillon mit 37 Glocken herzustellen. In einem Fachwerkhaus neben der Kirche befindet sich die **Weinstube „Vinzenz Richter",** halb Gasthaus, halb Museum (mit Folterkammer).

Über Treppen und steile Gäßchen ist die alles beherrschende **Albrechtsburg** zu erreichen. Dort oben streckt der frühgotische **Dom** seine 81 Meter hohen Türme in den Himmel. Bereits 929 entstand hier die erste Burganlage. Die heutige Albrechtsburg wurde zwischen 1471 und 1525 als Residenzschloß der Wettiner unter Kurfürst Ernst und Herzog Albrecht erbaut. Sie ist schon nicht mehr vorrangig als Wehranlage geplant worden, sondern als repräsentatives Schloß, und nimmt deutlich Elemente der Renaissance vorweg.

Am Licht- und Schattenspiel der rippenlos aus Backstein gemauerten **Zellengewölbe** kann man sich kaum sattsehen. Die größten Räume wurden im 19. Jahrhundert mit historischen Schinken ausgemalt, die weniger das Mittelalter zeigen als das Bild, das man sich damals

Unten links: Gotisch himmelwärts strecken sich die Pfeiler im Dom, dessen Türme 81 Meter hoch sind. **Unten:** Auf dem Marktplatz vor dem Ratskeller in Meißen.

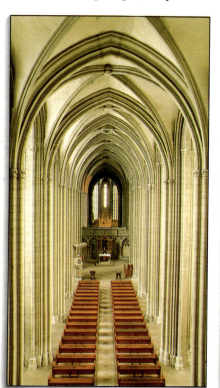

In einem Meißner Weinlokal: Der Wein schmeckt immer da am besten, wo er herkommt.

allgemein davon machte. In diesen Räumlichkeiten arbeitete von 1710 bis 1863 die **Meißner Porzellanmanufaktur,** die erste ihrer Art in Europa. Ihr erster Direktor war Johann Friedrich Böttger, der, ohne es zu wollen, das europäische Hartporzellan erfand.

Das kam so: August der Starke hielt den flüchtigen Berliner Apothekerlehrling an seinem Hof fest und beauftragte ihn, Gold zu machen, mit dem er die durch die prunkvolle Hofhaltung zerrütteten Staatsfinanzen aufzubessern gedachte. Als alle alchimistischen Experimente fehlgeschlagen waren, rettete Böttger seinen Kopf durch die Erfindung des „weißen Goldes".

Um die Rezeptur geheim zu halten, siedelte August der Starke die Produktion auf dem Burgberg an. Weil es selbst auf der geräumigen Burg zu eng wurde, zog die Manufaktur 1863 ins Triebischtal um. 1916 wurde dort ein betriebseigenes **Porzellan-Museum** eingerichtet. Angeschlossen ist eine Vorführwerkstatt, in der die Besucher die Kunstfertigkeit der Porzelliner bewundern können. Vier Jahre dauert eine Grundausbildung in der Manufaktur, eine Spezialausbildung bis zu zehn Jahre. Die Manufaktur ist heute als GmbH im Besitz des Landes Sachsen.

Noch zerbrechlicher als Porzellan ist das spezielle Gebäck Meißens, der **Meißner Fummel,** eine süße Teigtasche, die fast nur aus der riesigen Luftblase in ihrem Inneren besteht. August der Starke soll sie erstmals in Auftrag gegeben haben, um die Kutscher der Fuhrwerke, die das kostbare Porzellan von Meißen nach Dresden transportierten, zur Vorsicht zu mahnen. Mit jeder Porzellanfuhre mußten sie Meißner Fummel unbeschädigt nach Dresden bringen, sonst drohte ihnen eine Strafe.

Meißner Wein, Meißner Porzellan, Meißner Fummel: Die Stadtbürger haben einen fein ausgebildeten Geschmack. Ihrem Schönheitssinn mag man es zuschreiben, daß die Stadt trotz aller Anzeichen des Verfalls, den die Meißner ja nicht verschuldet haben, eine einladende Ausstrahlung behalten hat.

Erholung im Ost-Erzgebirge

Ein wenig abseits, im Schatten der berühmten Sehenswürdigkeiten Dresdens, liegt das Ost-Erzgebirge. Das Gebirge steigt sanft an und erreicht eine durchschnittliche Höhe von 844 m.

Der Tourist durcheilt diese Landschaft bestenfalls auf dem Weg nach Böhmen oder Prag. Auch ist der Ruf, der sich mit diesem Gebiet verbindet, kein einladender. Die Schäden am Baumbestand sind hier gravierend. Für den Laien sind sie am sichtbarsten in den Kammlagen des Gebirges. Dort nämlich ist der Wald schon gänzlich abgestorben. In den tieferen Lagen wird es wieder etwas freundlicher. So ist der Besucher gut beraten, diese unwirklichen, oft Mondlandschaften gleichenden Gegenden um Altenberg-Zinnwald zu meiden.

Wer den Anblick der zerstörten Natur nicht scheut, trifft freilich auch hier auf Sehenswürdigkeiten. Die Pinge in Altenberg sollte man sich nicht entgehen lassen. Es ist ein mächtiger Krater, gleichsam eine Wunde der Landschaft, die der Mensch verursacht hat. Allerdings nicht erst in jüngster Vergangenheit, sondern über Jahrhunderte. Bei der Zinngewinnung brach am 24. Januar 1620 das ausgehöhlte Gebirge mit einem mächtigen Schlag zusammen, der bis nach Dresden zu hören gewesen sein soll. Fortan, bis in unsere Tage, wurde nun das zinnhaltige Gestein in leicht gewinnbaren Bruchmassen unterhalb des Kraters abgetragen, wo sich die Pinge in Umfang und Tiefe ständig vergrößerte.

Der geringe Zinngehalt und der auf dem Weltmarkt gesunkene Zinnpreis ließen das Bergwerk unwirtschaftlich werden, so daß es jetzt schließen mußte. Die Modernisierung und Erweiterung der Anlage in den vergangenen Jahren verschlang runde fünfzig Millionen Mark. Auch die Bergbau-Schauanlage mußte wegen Geldmangels schließen; der Umbau des Museums wird noch Jahre dauern. Dagegen ist die Schauanlage Huthaus Zinnwald, kurz vor der Grenze zur CSFR, zu besichtigen.

Wie Ironie mutet inmitten der kranken Natur die Existenz eines 12,5 Hektar großen Naturschutzgebietes an. Zirka zwei Kilometer nach Altenberg, südwestlich auf der F 170 in Richtung Grenze, schräg gegenüber dem Gasthof „Grenzsteinhof", führt ein beschilderter Fußweg zum Georgenfelder Hochmoor. Es ist durch einen 1200 Meter langen Knüppeldamm zugänglich gemacht.

Früher wurde hier auch Torf gestochen; hauptsächlich aber war das Hochmoor für den Bergbau bedeutsam. Ein Kunstgerinne (Entwässerungsanlage) führt zu einem schon im 16. Jahrhundert angelegten Staubecken, dem Großen Galgenteich bei Altenberg. Er diente zum Betrieb der Wasserkünste des Bergbaus. Bergkiefer und Sumpfporst, Wollgras, Sonnentau und Moosbeeren, vor allem aber Heidekraut und Flechten-Arten bilden die Fauna. Von Mai bis Oktober finden täglich Führungen durch das Hochmoor statt.

Vorherige Seiten: Holzspielzeug aus dem Erzgebirge.
Links: Historische Bergmann-Schnitzerei aus dem Familienbesitz des Fotografen Werner Neumeister.
Rechts: Nußknacker werden für den Auftritt im Advent präpariert.

Erzgebirge 211

Wer weniger Natur, lieber Burgen, Schlösser oder Museen aufsuchen möchte, wird auch im Osterzgebirge Bemerkenswertes finden. Aus der Fülle der Sehenswürdigkeiten seien zwei erwähnt: Schloß Kuckuckstein bei Liebstadt südlich von Pirna und das Erzgebirgische Spielzeugmuseum Seiffen.

Kuckuckstein: Beim Bau im 14. Jahrhundert wurden Teile der alten Burganlage aus dem 10. Jahrhundert verwendet. In ihrer heutigen Gestalt, im Westflügel mit Jagd-, Gerichts- und Napoleonzimmer, erinnert sie an Carl Adolf von Carlowitz (1771–1837), Herr auf der Freimaurer-Festung Schloß Kuckuckstein.

Seiffen: In diesen Tagen sind es weniger die Bodenschätze, die den Ruf an das geschäftige Gebirge wachhalten, als vielmehr seine **Spielzeugindustrie.** Eine 300jährige Geschichte, die freilich mehr im Wohnhaus als in der Fabrik entstand. Im **Erzgebirgischen Spielzeugmuseum** gibt eine guterhaltene Spielzeugmacherstube Einblick in die Arbeits- und Lebensbedingungen um 1900. Alles, was hier hergestellt wurde, kann der Besucher bewundern, und vieles ist, nachdem es seine Bedeutung als Exportgut der ehemaligen DDR verloren hat, nun auch käuflich zu erwerben.

Vielfalt und Einfallsreichtum der Spielsachen sind atemberaubend, mehr vielleicht noch die natürliche Schönheit dieser Dinge aus Holz und Farbe. Ein Besuch des Museums im Dezember ist besonders anheimelnd, denn diese Volkskunst – Pyramiden, Bergmannsleuchter, Räuchermänner und Engel – hat ihre Wurzeln im christlichen Weihnachtsfest.

Wer an Technik-Geschichte interessiert ist, versäume nicht die Besichtigung des **Frohnauer Hammers** bei Annaberg-Buchholz. 1436 als Getreidemühle errichtet, wurde er 1621 als Silberhammer eingerichtet und 1657 zu einem Eisenhammer umgebaut. Dieses technische Denkmal ist noch funktionstüchtig und wird vorgeführt. Der größte der drei Hämmer wiegt dreihundert Kilopond und bringt eine Leistung von zwanzig bis

Altenberg im Erzgebirge. Das durch den Zinnabbau ausgehöhlte Gebirge brach um 1620 zusammen – es entstand die Pinge.

vierzig Schlägen pro Minute. Neben der Werkstatt befindet sich das Herrenhaus. Hier kann der Besucher die Wohnung des letzten Hammerherren besichtigen.

Verkehrsverbindungen: In einem dichten Netz von Straßen und Wegen ist das Osterzgebirge mit dem Auto gut zu erreichen. Der Natur zuliebe wäre es jedoch angebracht, gerade im Erzgebirge mit der Eisenbahn zu fahren, die von Dresden über Heidenau in Richtung Altenberg-Geising in das Tal der Müglitz kommt.

Oder aber man gönnt sich das Vergnügen einer romantischen Fahrt mit der Schmalspurbahn ab Freital-Hainsberg in Richtung Kurort Kipsdorf. Die Eisenbahn folgt über Brücken und Tunnel dem Rabenauer Grund, ein 3,5 Kilometer langes, vielgewundenes Tal mit schroffen Hängen, das von der Roten Weißeritz durchschlängelt wird.

Waldsterben: Warum gerade hier mit der Eisenbahn? Schon in den sechziger Jahren gab es im Erzgebirge keinen gesunden Baum mehr. Der Technischen Universität Dresden war es fast gelungen, schwefeldioxid-resistente Wälder anzusiedeln. Schon Mitte des vergangen Jahrhunderts begann Adolf Stöckhardt, Leiter der damaligen „sächsischen Akademie für Forstwirtschaft" mit den ersten Versuchen, als in England in unmittelbarer Umgebung von Industrieansiedlungen die ersten großen Vegetationsschäden zu beobachten waren. Mit dem Neubeginn der DDR-Wirtschaft galt das Hauptinteresse dem Schwefeldioxid. Was sich in den Gaskammern der Universität Dresden als resistent erwiesen hatte, wurde im Erzgebirge angepflanzt: Omorikafichte, Blaufichte, Schwarzkiefern und Buchen, auch Bergahorn und Eberesche. Inzwischen hat sich die Schadstoffzusammensetzung geändert. Bedrohlich sind heute die aus den Autoabgasen stammenden Kohlenwasserstoffe und Stickoxide. Gerade die Bäume aber, die Schwefeldioxid gut vertragen, reagieren äußerst sensibel auf die neuen Baumkiller. Der rapide zunehmende Autoverkehr in den neuen Bundesländern verheißt dem Wald nichts Gutes.

Kleinindustrie hält die Region am Leben. Unten: In einer Molkerei. **Unten rechts:** Ein Metallarbeiter, mit Auszeichnungen und einer Dollar-Note an der Wand.

Erzgebirge 213

Pirna, Grossedlitz, Weesenstein

Ein mittelalterliches Stadtbild, eine trutzige Felsenburg und ein barocker Lustgarten machen diesen Ausflug in die Dresdner Umgebung zu einem reizvollen Kontrastprogramm. Von der Pirnaer Elbbrücke aus bietet sich der schönste Blick auf die 750 Jahre alte Stadt, die heute etwa 40 000 Einwohner hat. Man sieht die Türme der Marienkirche, des Rathauses und der Klosterkirche, überragt von der Festung Sonnenstein; im Hintergrund machen sich die Bienenwabenblocks einer Neubausiedlung breit.

Canalettos Marktbild: Der Elbübergang hat die Entwicklung der Stadt geprägt; im Spätmittelalter war Pirna ein zentraler Handelsplatz. Der einstige Wohlstand ist an der stolzen Bürgerarchitektur noch zu erkennen, doch der Verfall der Altstadt schreitet voran. Die rettende Sanierung wird hoffentlich bald kommen.

„Pirn ist nit ein unhöflich stetlein", schrieb vor 400 Jahren der „Pirnsche Mönch", der fünfzig Jahre im Dominikanerkloster der Stadt zugebracht hat. Unhöflich waren die Schweden im Dreißigjährigen Krieg. Ihre Brandschatzung der Stadt ging als „Pirnsches Elend" in die Geschichte ein.

Daß das Schlimmste verhütet wurde, verdankt die Stadt ihrem mutigen Apotheker Jacobäer. Er ritt nachts durch die feindliche Belagerung nach Dresden und kehrte mit dem „Fürbittbrief" einer mit dem schwedischen Königshaus verwandten Prinzessin zurück.

Den Altstadt-Besuch kann man bei den Klosterruinen beginnen. Die nach 1945 wiederaufgebaute Klosterkirche ist eine der seltenen zweischiffigen Kirchen der Gotik. In den Gassen, die von der Dohnaischen Straße (früher Karl-Marx-Straße – Fußgängerzone) zum Markt führen, sind Bürgerhäuser mit gotischen Sitzischen-Portalen, mit Erkern, Renaissance-Schmuck und barockem Zierwerk zu entdecken. Vom Ende der Schuhgasse öffnet sich der berühmte, schon von Canaletto um 1752 gemalte Blick auf den Markt, der vom repräsentativen Rathaus mittendrin beherrscht wird. Der Bau vereinigt Stilelemente aus fünf Jahrhunderten. Am zierlichen gegliederten Turm ist eine Kunstuhr von 1612 zu sehen: goldschwarze Mondkugel, Zifferblatt und zwei rubinfarbene Löwen an einem Birnbaum – das Wappen der Stadt.

Das auffallendste der Markthäuser ist das sogenannte Canalettohaus (Markt 7), ein Renaissancebau (1520) mit steil aufragendem Schmuckgiebel. Statt Neonreklamen machen Hausmarken auf andere Bauten aufmerksam: ein mörserstampfender Löwe auf die Apotheke zum Löwen (Markt 17), ein Schwan auf das Gasthaus „Weißer Schwan" (Markt 19). Das barocke Doppelportal von Haus Nr. 9 mit seinem Früchte-Schmuck an korinthischen Säulen weist auf das Markttreiben hin, in dem das Plätschern der drei Brunnen untergeht.

Gotik mit Witz: Verläßt man diesen städtischen „Innenhof", stößt man (östlich) auf die Stadtkirche St. Marien. Die mäch-

Vorherige Seiten: Canaletto war fasziniert von Pirna, er malte mehrere Veduten davon (1755). *Links:* Auf dem Marktplatz, der noch wie zu Canalettos Zeit wirkt. *Rechts:* Die Stadtkirche St. Marien hat seit ihrer Erbauung 1546 alle Zerstörungen überlebt.

tige spätgotische Hallenkirche wurde 1546 geweiht und seitdem nie durch Krieg oder Feuer zerstört. Das Innere beeindruckt durch ein schwungvolles gotisches Rippenwerk (Stern und Fischblasenmuster), das beim angedeuteten Chor z.B. als Kringel oder Schleife ein unbekümmertes Eigenleben führt. Unorthodox sind auch die Deckengemälde, die manchmal Rippen überspringen. Die dargestellten Damen zeigen erstaunlich viel Bein und Busen. Vier Medaillons weisen auf die Reformation hin, darunter die „Lutherrose" und das Wappen von Melanchthon.

Das Eckhaus hinter der Kirche, das Hotel „Deutsches Haus", ist der bedeutendste Renaissancebau Pirnas. Im prächtigen Portal hat sich der Baumeister ein Porträtdenkmal gesetzt. Von dieser Straße aus führt ein Treppenweg auf die ehemalige Festung Sonnenstein, die auch mit dem Auto zu erreichen ist. Der Aufstieg lohnt sich allenfalls wegen des Blicks auf die Stadt. Zwar reicht die Geschichte des Sonnensteins bis ins Mittelalter zurück, die heutigen Gebäude entstanden jedoch erst im 19. Jahrhundert. Auch der Name trügt, denn die jüngere Geschichte ist eher düster als sonnig. Der Sonnenstein war eine renommierte Heil- und Pflegeanstalt für Geisteskranke. Doch im Dritten Reich wurde hier nicht mehr gepflegt, sondern „lebensunwertes Leben" eliminiert.

Garten der Sinnesfreuden: Romantiker kommen in Großsedlitz auf ihre Kosten (von Pirna aus etwa fünf Kilometer den Schildern „Barockgarten" folgen). In dieser barocken Gartenanlage mit ihren eleganten Freitreppen, Wasserspielen und sinnlichen Statuen wird ein Spaziergang wieder zum „Lustwandeln".

Graf Wackerbarth begann 1719 mit der Anlage dieses Lustgartens. 1723 kaufte August der Starke den Besitz, dessen barocke Gestaltung durch die damals besten Baumeister Dresdens, darunter Matthäus Daniel Pöppelmann, vollendet wurde. Wo der sächsische Hofstaat rauschende Feste feierte, schlug Friedrich der Große im Siebenjährigen Krieg

Den Barockgarten von Großsedlitz kaufte August der Starke dem Grafen Wackerbarth ab.

(1756–1763), in dem er gegen das mit Frankreich und Rußland liierte Österreich unter Maria Theresia um die Vorherrschaft in Europa kämpfte, sein Hauptquartier auf.

Berühmt ist die „Stille Musik" gegenüber der etwa 100 Meter langen Orangerie: eine Treppenanlage mit geschwungenen Balustraden, die ihren Namen von den musizierenden Puttengruppen erhielt. Sommerliche Musikaufführungen finden heute vor der Orangerie wieder statt. Im Spiegelsaal des „Friedrichsschlößchens" (19. Jahrhundert) lassen sich Hochzeitsgesellschaften gerne stilvoll bewirten.

Burg mit Tapetenschatz: Einen gepflegten französischen Schloßpark hat auch **Schloß Weesenstein,** auch die „Perle des Müglitztales"genannt. Der Ort schart sich um eine Trutzburg, die um 1200 auf einem Felssporn über dem engen, bewaldeten Tal gegründet wurde. Der schlanke, ovale Turm erhebt sich im ältesten Teil der Burg, die von oben nach unten gebaut wurde. So konnte Theodor Gampe 1879 schreiben: „In die Belletagen steigt man von den Schloßhöfen niederwärts; die Pferdeställe liegen im dritten Geschoß, die Kellereien im fünften und ein früherer Eiskeller sogar im sechsten Geschoß."

Das Renaissance-Portal trägt die Jahreszahl 1575. Ein Felsengang führt zu den oberen Felsgewölben. Der untere Wohntrakt des Schlosses ist heute Tapetenmuseum, dessen Zimmerfluchten mit historischen Stoff-, Papier- und einer kostbaren französischen Gold-Ledertapete aus dem Jahr 1790 ausgestattet sind.

Das Schloß war der bevorzugte Landsitz des sächsischen Königs Johann (1801–1873), eines sehr gebildeten Mannes, der tiefschürfende Studien auf dem Gebiet der Geistes- und der Naturwissenschaften betrieb. Vor allem die zu seiner Zeit noch junge vergleichende Sprachwissenschaft lag ihm am Herzen. Auf Weesenstein hat er schließlich selbst unter dem Pseudonym Philatheles einen großen Teil von Dantes „Göttlicher Komödie" übersetzt.

Romantisch aus der Ferne: Die Festung Stolpen.

DIE SÄCHSISCHE SCHWEIZ

Tafelberge, Felsentürme, Schluchten: Für wieviele Berglandschaften stand die Schweiz wohl Pate? Sächsische Schweiz wird der Hauptteil des Elbsandsteingebirges genannt, der sich zwischen Erzgebirge und Oberlausitz erstreckt und früher als Meißner Hochland bekannt war. Die höchsten Erhebungen, der Große Zschirnstein und der Große Winterberg, tragen zwar den Beinamen „groß", können sich aber mit ihren 561 bzw. 552 Höhenmetern mit Schweizer Gipfeln bei weitem nicht messen.

Dennoch hat die Sächsische Schweiz einen beeindruckenden Gebirgscharakter: In dem vorwiegend aus Kreidesandsteinen aufgebauten Bergland ließ die Verwitterung hohe Felswände und -türme stehen. Dazwischen liegen tief eingeschnittene Täler und Schluchten, die von der Elbe und ihren Nebenflüssen ausgeräumt wurden. Bewaldete Hochflächen werden von Tafelbergen überragt. Und mittendurch fließt die Elbe in ihrem heutigen Bett durch zwei große Schleifen. Von ihr leitet sich der wissenschaftliche Name Elbsandsteingebirge ab, der auch den tschechischen Teil erfaßt.

Die Pioniere der Romantik: Obwohl der Vergleich mit der Schweiz hinkt, soll die Bezeichnung Sächsische Schweiz, die seit 1790 in der Literatur zu finden ist, sogar auf zwei Schweizer zurückgehen: auf die beiden an der Dresdner Kunstakademie tätigen Maler Adrian Zingg (1734 bis 1816) und Anton Graff (1736–1813), die bei ihren Wanderungen in dieser Landschaft in heimatlichen Gefühlen schwelgten. Neben Reiseführern und Reisebeschreibungen verdankt die Felsenlandschaft ihre Popularität vor allem den Bildern, die hier entstanden. Bedeutende Künstler der Romantik wie Caspar David Friedrich und Ludwig Richter sind auf der „Malerstraße" gewandert, wie die damals übliche, drei bis viertägige Wanderroute durch die Sächsische Schweiz bezeichnet wurde. Adlige oder wohlhabende Bürger ließen sich dagegen lieber in Sänften durch die Bergwelt tragen. Auch die Elbschiffe wurden damals noch von kräftiger Menschenhand gezogen: Bis zu 40 Mann, „Bomätscher" genannt, zogen einen Kahn vom Leinpfad aus stromaufwärts, manchmal unterstützt durch Pferde oder Ochsen.

Erst mit dem Beginn der Dampfschiffahrt 1837 und der Fertigstellung der Eisenbahnlinie (1851) durch das Elbtal setzte der Massentourismus ein. Pensionen, Gasthöfe und Hotels schossen in den kleinen Ortschaften aus dem Boden, Wanderwege wurden abgesteckt und Aussichtstürme errichtet. Nicht einmal die freistehenden Felstürme blieben vom Ansturm der Naturfreunde verschont. Sie wurden seit den 60er Jahren des vergangenen Jahrhunderts von den Kletterern erobert. Während der Zeit des SED-Regimes mußte diese Bergregion wanderfreudigen DDR-Bürgern die Schweiz und die Alpen ersetzen. 2,5 bis drei Millionen Urlauber bevölkerten jährlich das 368 km^2 große Landschaftsschutzgebiet

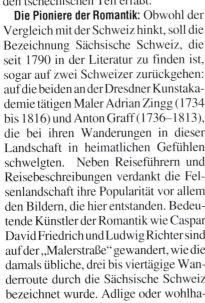

Vorherige Seiten: Gewitter in der Sächsischen Schweiz, mit Königstein (links) und Lilienstein (rechts). **Links:** Die kursächsische Festung Königstein, auf die Johann Böttger zur Goldsuche verbannt war. **Rechts:** Die Sandsteinfelsen der Sächsischen Schweiz.

Sächsische Schweiz. Einige der Kletterfelsen dürfen heute nicht mehr bestiegen werden, da der Stein zum Teil bröckelt. Die von den Betrieben der Umgebung verursachte Luftverschmutzung frißt an den Felsen.

Einfahrt auf der Elbe: Wenn man es nicht allzu eilig hat, sollte man auch heute für die Anreise einen der nostalgischen Schaufelraddampfer auf der Elbe wählen, deren Tiefgang der geringen Wassertiefe angepaßt ist. Die 45 Kilometer lange Strecke von Dresden bis Bad Schandau bewältigen sie stromaufwärts in sechseinhalb, stromabwärts in etwa vier Stunden. Bei den acht Anlegestellen ist die schwere Arbeit des Rangierens mit einem „Bundstaken", einer langen Holzstange, zu bewundern, da die Schiffe kein Bugstrahlruder haben. Fahrten nach Schmilka an der tschechischen Grenze beginnen in Stadt Wehlen, die nach Decin in Bad Schandau.

Die Elbe war jahrhundertelang ein wichtiger Verkehrsweg zwischen Böhmen und Meißen, auf dem nicht nur böhmische Waren gehandelt, sondern auch Sandstein und Holz aus der Sächsischen Schweiz abtransportiert wurden. Doch hat die sächsische Oberelblandschaft trotz der mancherorts hervortretenden Steinbrüche ihren Charakter als Wald- und Felsregion weitgehend bewahrt. Welche Bedeutung der nun ruhende Steinbruchbetrieb für die Bevölkerung der gesamten Region hatte, ist von einem Chronisten im 18. Jahrhundert festgehalten worden: „Nur wenn die Steinbrecher zu tun haben, haben auch die Schiffer zu fahren, die Schlosser, Schmiede, Segelmacher, ja selbst die Schuster und Schneider zu tun, sonst herrscht Armut und Not im Lande."

Hinter Pirna, dem Tor zur Sächsischen Schweiz, sieht man kaum noch Industriebetriebe, und die Ufer sind wenig bebaut. Auf den vorbeiziehenden breiten Uferwiesen weiden Schafe, die manchmal mit dem Schiff ein Stück um die Wette rennen. Der Reiz einer Fahrt auf der Elbe stromaufwärts liegt, wenn man sie mit der klassischen Rheinfahrt zwi-

Das Elbtal mit dem Ort Königstein und dem Berg Lilienstein.

schen Mainz und Koblenz vergleicht, darin, daß die Elbe schmaler, stiller und bescheidener ist.

Der Felsenbalkon der Bastei: Spektakulär wird die Schiffahrt zwischen Stadt Wehlen – der Kosename „Wehlstädtel" ist weitaus angemessener – und dem Kurort Rathen: Rechts thronen der Bären- und der Rauenstein, und zur Linken erhebt sich dicht am Elbufer die berühmte **Felsgruppe der Bastei.** Von der Plattform, dem „Balkon der Sächsischen Schweiz", genießt man den einzigartigen Ausblick auf das Felsenlabyrinth und die Elbschleife. Seit 1851 überwölbt die 76 Meter lange, steinerne Basteibrücke, an dem massigen Felsen der „Steinschleuder" vorbei, die Schlucht der Mardertelle.

Bequem geht man auf einem gemächlich ansteigenden Weg von Stadt Wehlen auf die Bastei. Der kürzeste Aufstieg aus dem Elbtal, bei dem 190 Meter Höhenunterschied zu überwinden sind, beginnt im **Kurort Rathen** (Basteiweg). Im oberen Teil zwängt er sich durch die steile, gebaute Felsengasse, die zum Gelände der **Felsenburg Neurathen** gehört, einer einstigen Höhenburg böhmischer Ritter aus dem frühen 13. Jahrhundert. Ein gesicherter Rundgang führt über kühne Brücken und Stege durch die rekonstruierten Reste und auf Felsenkanzeln, von denen aus man über den Wehl-grund auf das Massiv der Großen und Kleinen Gans mit ihren Kletterfelsen blickt. Der Volksmund gab den Felsen im Basteigebiet Namen wie Lokomotive, Talwächter, Mönch und Höllenhund.

Da man die Bastei von Dresden aus auch mit dem Auto über **Lohmen** (rund 25 Kilometer) aus erreichen kann, ist der Ansturm der Ausflügler groß. Gegenüber dem Panoramarestaurant, das 1979 das alte Gasthaus ersetzte, ist ein Hotel. Die Nebenanlagen und Parkplätze erstrecken sich bis weit ins Hinterland.

Wer wieder nach Rathen hinuntergehen möchte, kann den Weg durch die „Schwedenlöcher" wählen, die der Bevölkerung als Kriegsverstecke dienten. Dieses Felsengewirr ist wie ein geologisches Lehrstück, an dem die Struktur und

Blick von der Bastei ins Elbtal.

die Schichtung des Elbsandsteins gut zu erkennen ist. In Stufen führt der Weg in den Amselgrund, in dem sich der künstliche, 500 Meter lange Amselsee erstreckt, der zur Ruderpartie einlädt. Bei den ersten Häusern von Rathen passiert man den Eingang zur berühmten **Felsenbühne,** die etwas höher im Wehlgrund liegt: ein Freilichttheater mit über 2000 Sitzplätzen. Von Mitte Mai bis September führen die Landesbühnen Sachsen fast täglich Theaterstücke, Opern und Operetten auf, die in die malerische Felsenkulisse passen, z. B. „Winnetou", Webers „Freischütz" oder Humperdincks „Hänsel und Gretel" (Vorverkauf bei Tourist-Information, Prager Straße).

Der **Kurort Rathen** eignet sich für eine Ruhekur (kein Autoverkehr!). Gleich hinter den Häusern ragen die Felsen auf. Die Fähre verbindet Rathen mit dem gegenüberliegenden Elbufer.

Bastion und Kerker Königstein: Hinter Rathen fährt das Schiff in die große Elbschleife ein, die sich am Sandsteinkoloß Lilienstein vorbeiwindet. Am Genufer thront in 360 Meter Höhe die **Festung Königstein,** die als böhmische Königsburg 1241 erstmals erwähnt wurde. Durch den Vertrag von Eger kam der Königstein 1459 zur Mark Meißen. Von Königstein aus, das zwischen Fels und Fluß eingezwängt ist, gelangt man zu Fuß über die Palmschänke oder auf der alten Festungsstraße auf die Bastion. Ein Aufzug im Sandsteinfels überwindet die 50 Meter Höhe in Sekundenschnelle.

Von oben bietet sich ein ausgezeichneter Rundblick über die Sächsische Schweiz. Der Ausbau zur Festung begann 1589 unter Kurfürst Christian I. Das Plateau wurde von einem Mauerkranz umgeben, der begehbar ist. Zu den ältesten Bauten gehört die **Magdalenenburg,** die seit 1428 als Brauhaus diente. Im Faßkeller lagerten bis 1819 riesige Weinfässer, darunter das bisher größte Faß der Welt: Es faßte 250 000 Liter, wurde aber nur ein einziges Mal gefüllt. August der Starke ließ es sich nicht nehmen, die **Friedrichsburg** 1731 zu einem barocken Lustschlößchen zu gestalten, in

Die Elbfähre ist ein wichtiges Verkehrsmittel geblieben.

dem intime Feste gefeiert wurden. Aber auch große Festlichkeiten wurden in der Anlage organisiert. In Notzeiten diente der Königstein dem sächsischen Hof als Zufluchtsort und zur Aufbewahrung der Staatsschätze, z.B. der Kunstsammlungen, die in unterirdischen Kasematten gelagert wurden. Eine weniger rühmliche Rolle spielte die Festung als Staatsgefängnis, in dem u.a. Johann Friedrich Böttger, der angebliche Goldmacher und spätere Erfinder des europäischen Porzellans, der am Dresdner Maiaufstand 1849 beteiligte russische Anarchist Michail Bakunin und August Bebel, der Vater der Sozialdemokratie, eingekerkert waren.

Seit 1955 können Touristen hier frei herumgehen, den 152,5 Meter tiefen Brunnen bewundern und die Ausstellungen des Militärhistorischen Museums in den Zeughäusern sowie eine Böttgergedenkstätte besichtigen. Das Tal der südwestlich von Königstein in die Elbe mündenden Biela ist ein schönes Wander- und Klettergebiet.

Von Bad Schandau zum Kuhstall: Nach der Anlegestelle **Prossen** – der Name stammt von dem sorbischen Wort bróda = Furt – passiert das Elbschiff die Brücke der Einheit, die 1874/76 als Königin-Carola-Brücke errichtet worden war. Dann rückt **Bad Schandau**, „das Herz der Sächsischen Schweiz", mit seiner Gasthausfront ins Blickfeld. Fliegende Händler erwarten die Ankömmlinge an der Uferpromenade. Bad Schandau (4500 Einwohner) trägt ein Segelschiff im Wappen: Der Ort war ein wichtiger Umschlagplatz für den Elbhandel.

Seit der Entdeckung einer eisenhaltigen Quelle im Kirnitzschtal um 1730 hat er sich zum bedeutendsten Kurort der Sächsischen Schweiz entwickelt, der seit 1920 den Titel Bad führt. Sehenswert ist der Marktplatz mit der Stadtkirche St. Johannis aus dem 17. Jahrhundert, die nach dem großen Stadtbrand von 1704 wieder aufgebaut wurde. Ihre Schätze sind eine aus einem Sandsteinfelsen herausgehauene Barockkanzel und der berühmte Renaissance-Altar von Johannes

Ruhig fließt der Fluß – im Hintergrund der Stadtteil Königstein-Halbestadt.

Walter (1579), der bis 1760 in der Dresdner Kreuzkirche aufgebaut war. Am Markt steht auch der ehemalige Brauhof (noch „Ernst-Thälmann-Haus") mit seinem Renaissanceportal. Mit einem Fahrstuhl, der 1904 von einem Hotelier gestiftet wurde, kann man die Felshänge zum **Stadtteil Ostrau** hinauffahren und von dort die Aussicht auf die Schrammsteine genießen.

Wer wandern will, sollte in die 1898 erbaute **Kirnitzschtalbahn** einsteigen. Nach 8,3 Kilometer Fahrt mit dieser Oldtimer Straßenbahn durch das romantische Kirnitzschtal erreicht man den künstlich angelegten Lichtenhainer Wasserfall. Hier beginnt der vielbegangene Aufstieg zum **Kuhstall,** einem imposanten Felsentor. Es ist elf Meter hoch, 17 Meter breit und 24 Meter tief und diente früher als Viehunterstand. Mit seinem Gasthaus ist der Kuhstall ein beliebtes Sonntagsausflugsziel. Wer hier nicht beim Bier sitzenbleibt, kann in seinen Wanderschuhen auf den Wegen zum **Großen Winterberg** ein landschaftliches Paradies entdecken. Alpenerfahrene Bergwanderer seien davor gewarnt, die Felsenreviere der Sächsischen Schweiz zu unterschätzen. Solcher Hochmut könnte sich rächen. Im Nu hat man sich verstiegen und wird auf Schwindelfreiheit geprüft. Gegen Abend findet man vielleicht nur noch einen Abstieg, bei dem man sich an Leitern und Steigeisen mit Haltegriffen hinunterhangeln muß, und unten angekommen erfährt man dann, daß man gerade der „Wilden Hölle" entkommen ist!

Wer kraxelt, kriegt Schrammen: Von Bad Schandau aus kann man auch über die wildzerklüfteten Schrammsteine wandern. Im Mittelhochdeutschen hieß „schramen" aufreißen, der Name warnt also die Kletterer vor den Gefahren, die beim Bezwingen dieser Gipfel drohen. Eine der Aufstiegsmöglichkeiten beginnt im Bad Schandauer **Stadtteil Postelwitz.** Unter den hübschen Fachwerkhäusern des alten Schifferdorfes sind vor allem die „Sieben-Brüder-Häuser" und das „Vaterhaus" bekannt, von dem die

Lilienstein, der Sandsteinkoloß, von der Festung Königstein aus gesehen.

sieben Brüder ausgezogen sein sollen, um ihren eigenen Hausstand zu gründen. Von Postelwitz aus führt die Wanderung über das Große Schrammtor und den Jägersteig auf den **Kammweg,** der eindrucksvolle Fernblicke gewährt. Der höchste Punkt der Hinteren Schrammsteine ist der **Carolafelsen** (453) Meter.

Zurück auf den Elbdampfer, der zum Endspurt ansetzt. Letzte Station für die Weiße Flotte ist **Schmilka,** kurz vor der Grenze zur Tschechoslowakei. Der Ort ist ebenfalls ein beliebtes Quartier für Sommergäste und dient als Ausgangspunkt für Wanderungen ins Schrammstein- und Winterberggebiet sowie für den Besuch der im Nachbarland gelegenen Edmundsklamm. So heißt eine 1890 durch den Fürsten Edmund Clary-Aldringen erschlossene Felsenenge, in der das Wasser der Kamnitz durch ein Wehr zu einem See angestaut worden ist, auf dem reger Bootsverkehr herrscht.

Die Rückfahrt nach Dresden kann man zur Abwechslung mit der Bahn antreten. Auf der linkselbischen Strecke fahren doppelstöckige S-Bahn-Züge, die nochmals eine gute Aussicht auf die Elbe bieten. Der Strom fließt zwar mitten durch die Sächsische Schweiz hindurch, erschließt aber nicht alle ihre herrlichen Wandergebiete. Nach **Hohnstein** zum Beispiel muß man mit dem Auto über Lohmen fahren. Das Städtchen liegt hoch über dem Polenztal und wird beherrscht von der Burg Hohnstein, einer der größten Jugendherbergen Ostdeutschlands. Auch diese Burg war jahrhundertelang ein berüchtigtes Gefängnis und diente während der Nazizeit schon 1933/34 als eines der ersten Konzentrationslager. Daran wird auf Gedenktafeln erinnert. Den Markt des Städtchens zieren eine Barockkirche und einige Fachwerkhäuser wie das Rathaus und die Apotheke.

Wild wuchernde Märzenbecher: Der Paul-Mai-Weg führt als naturwissenschaftlicher Lehrpfad ins **Polenztal.** Auf etwa 60 Tafeln werden Erklärungen zu Geologie, Flora und Fauna des Gebietes gegeben. Das Polenztal mit seinen Mühlen und den berühmten Märzenbecher-Wiesen ist aber auch eine ausgedehntere Wanderung wert. Dazu schlägt man den Neuweg bergab zur Waltersdorfer Mühle ein. Hier ist das Tal eng mit senkrecht aufsteigenden Sandsteinwänden. Die Maimühle war einst Amts- oder Schloßmühle. Es folgen die Rußig-, Heeselicht- und die Scheibenmühle. Von hier aus windet sich ein schmaler, aus dem Fels gehauener Weg oberhalb der Polenz an den Hängen entlang. Kurz vor der **Bockmühle** breitet sich das Naturschutzgebiet mit dem größten Wildvorkommen an Märzenbechern in Sachsen aus. Die Bockmühle ist 1926 fast vollständig abgebrannt und wurde nicht wieder aufgebaut. In einer Gaststätte kann man für den Rückweg Kraft tanken.

Kürzer, aber wesentlich steiler ist der Aufstieg zum **Brand**, der mit einem herrlichen Panorama neben der beliebten Höhengaststätte (317 Meter) belohnt. Von hier aus sieht man das Basteigebiet, die Schrammsteine und bei guter Fernsicht sogar das Erzgebirge und das Böhmische Mittelgebirge.

Über 45 Kilometer fährt der Schaufelrad-Dampfer von Dresden nach Bad Schandau.

FELSENKLETTERN

Der Sandstein in den einzelnen Teilgebieten der Sächsischen Schweiz und besonders seine vielfältigen Verwitterungsformen ermöglichen dem Kletterer die Entfaltung aller nur denkbaren Techniken. Vom breitesten Spreizkamin über den Körperriß bis zum Fingerklemmer, von der Wand mit Superhenkeln bis zum Käntchen für aufgestellte Fingerspitzen, von der Reibungswonne bis zum absoluten Gleichgewichtsspiel über mehrere Meter reicht das Repertoire. Vielseitigkeit ist also gefragt, denn ein einzelner Kletterweg kann die Beherrschung all dieser Techniken erfordern.

Feste Prinzipien: Natürlich kann nicht irgendwie geklettert werden. Grundsätze müssen her. Sie wurden 1913 durch Rudolf Fehrmann formuliert, der damit die Grundlage zum eigenständigen sächsischen Felsenklettern legte. Bis heute halten sich die Sportler an diese Prinzipien. Danach darf der Kletterer die auf ihn wirkende Schwerkraft nur mit der eigenen Körperkraft an natürlichen Haltepunkten der Felsoberfläche überwinden.

Die Sicherung des Kletterers erfolgt durch Seilschlingen, die an Felsunebenheiten wie Rissen oder Zacken gelegt werden – oder auch an Sicherungsringen. Diese etwa zwanzig Zentimeter langen Eisenstifte werden vom Erstbegeher angebracht, wobei die Kletterwege prinzipiell von unten erschlossen werden. Auf diese Weise wird eine Schwierigkeitsbewertung ermittelt, die naturgemäß nach oben offen ist und die gegenwärtig zehn Grade umfaßt.

Selbstbeschränkungen: Magnesia zur Verbesserung der Haftung oder Klemmkeile dürfen hier, im Gegensatz zu anderen Gebieten, nicht verwendet werden. Diese Selbstbeschränkungen des sächsischen Kletterns sind in der Bergsteigerwelt einmalig. Sie garantieren aber abenteuerliche Erlebnisse am Felsen und fordern die ganze körperliche und geistige Kraft des Kletterers.

Die Menschen der Region sind von jeher mit dieser Felsenwelt verbunden. In die Tafelberge schnitt sich mit tiefen Schluchten die Elbe mit ihren Seitentälern ein. Steile Felsabbrüche, große Waldgebiete und über tausend freistehende Felstürme machen die landschaftliche Besonderheit aus.

Im Mittelalter wurden auf den Felshäuptern Burgen errichtet, und in unsicheren Kriegszeiten suchten die Menschen in den schwer zugänglichen Schluchten Schutz.

Seit 125 Jahren wird geklettert: 1864 rückten einige Schandauer Turner dem Falkenstein zu Leibe. Sie benutzten damals allerdings Dastelbaum und Holzspreize als Hilfsmittel. Bewußt darauf verzichtet wurde erstmals 1874 bei der Besteigung des Mönchsteins. Seitdem steht das Klettern um des Kletterns willen im Mittelpunkt.

Kletterer der sächsischen Schule brachten es zu großartigen Leistungen: Die Schüsselkarspitze wurde 1894 zuerst durch Oscar Schulte erstiegen; der Campanile Basso 1908 durch Rudolf Fehrmann; die Nordwand des Monte Pelmo erzwang zuerst Felix Simon 1924; Fritz Wiesner schaffte 1939 den 8383 Meter hohen K2 im Himalaya, und Dietrich Hasse und Lothar Brandler schließlich können auf die Erstbegehung der Nordwand der Großen Zinne 1958 verweisen.

Bergsteigerzentrum: Auch für die Stadt Dresden mit ihren rund 7000 aktiven Kletterern hat dieser Sport eine besondere Bedeutung. In den Goldenen Zwanzigern gehörte Dresden neben München und Wien zu den großen Bergsteigerzentren im deutschsprachigen Raum – und daran hat sich bis heute nichts geändert.

Der zunehmende Strom von Besuchern schafft natürlich Probleme. Einige Felsen mußten gesperrt werden, weil sie dem Massenansturm nicht gewachsen sind. Große Teile der Sächsischen Schweiz wurden zum Nationalpark erklärt, um die einmalige Schönheiten dieser Landschaft auch künftigen Generationen von Erholungssuchenden und Kletterern zu erhalten.

Bernd Arnold, weltbekannter Felsenkletterer, beim Freihand-Klettern im Heringstein.

BURG STOLPEN UND BAUTZEN

Für die rund 53 km lange Fahrt nach Bautzen, der über 1000jährigen Stadt an der Spree, empfiehlt sich die Fernverkehrsstraße Nr. 6, von der aus ein Abstecher nach Stolpen möglich ist. Weithin sichtbar erhebt sich unvermittelt ein 350 Meter hoher Basaltrücken, der vor Urzeiten den Lausitzer Granit durchbrochen hat. Auf dem erloschenen Vulkan thront die alte Burg Stolpen, die vor allem als Gefängnis für die Reichsgräfin Cosel, die „sächsische Pompadour", bekannt geworden ist.

Schwarze „Orgelpfeifen": Am Nordhang des Burgbergs baute sich im 15. Jahrhundert die kleine Stadt Stolpen auf. Steil steigt der Marktplatz an mit seinen Bürgerhäusern aus dem 18. und 19. Jahrhundert. Der blauschwarze Stolpener Basalt, im Burgbereich zu sehen, ist ein imposantes Naturdenkmal. Er wuchs zu schlanken, fünf- bis achtkantigen Säulen hoch, die im Volksmund „Stolpener Orgelpfeifen" genannt werden. Das harte Gestein bot einen idealen Untergrund für den gewaltigen Burgbau, dessen Anfänge bis ins Jahr 1100 zurückreichen. Über 300 Jahre gehörte die Burg den Meißner Bischöfen. Aus dem Anfang des 16. Jahrhunderts stammen die meisten der noch existierenden Bauten. 1559 griff die Reformation auf das Gebiet des Amtes Stolpen über, und Burg und Stadt kamen in kurfürstlichen Besitz. Nach der verlorenen „Völkerschlacht bei Leipzig" mußten napoleonische Truppen im Jahr 1813 hier ihre Stellung aufgeben und sprengten vor ihrem Rückzug nach Frankreich zahlreiche Gebäude. Zusätzlich setzte allmählicher Verfall den ältesten Burgbauten zu. So entstand der teilweise Ruinencharakter der Festungsanlage, die seit 1877 Museum ist.

Vier Burghöfe gehören zum Komplex. Von der Durchfahrt durch das Kornhaus aus betritt man rechts die Hauptwache, in der historische Waffen ausgestellt sind. Gegenüber befindet sich der Marstall. Als Modell ist hier die Stolpener „Wasserkunst" zu sehen, eine ingenieurtechnische Erfindung, mit der Wasser auf den Berg gepumpt wurde. Hinter dem Marstall liegt die Folterkammer, in der Folter- und Prangergeräte die grausamen Verhör- und Strafmethoden des Feudalismus dokumentieren.

In der oberen Burg steht rechts der Schösserturm mit seiner markanten Helmhaube. Hier amtierte der Burgschösser (Amtmann). Durch einen Spion (Luftspalt durch das dicke Mauerwerk) konnte er heimlich die Gespräche der vor dem Tor Wartenden abhören. Ein gotisches Portal führt vom Zwinger aus in den Gerichtssaal im unteren Johannisturm. Von hier aus wurden die Verurteilten direkt in das darunter liegende dunkle Burgverlies geworfen. In diesem „Hungerloch" erwartete sie der qualvolle Tod des Verhungerns.

Gräfin Cosels Turmgefängnis: Über einen Wendeltreppenturm im dritten Hof erreicht man die Gemächer im Johannisturm, in denen die Reichsgräfin Anna

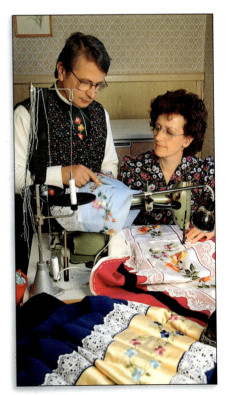

Links: Bautzen, wo Regimekritiker der DDR bis zum Freikauf jahrelang festgehalten wurden. Die Ortenburg war Grenzfeste der deutschen Ostexpansion. **Rechts:** Trachtenschneider.

Die Herrnhuter Brüdergemeine

Ein Ort voller Überraschungen ist das etwa 2000 Seelen zählende sächsische Herrnhut (bei Löbau). Was hat etwa der stattliche Bürgerbarock hier zu suchen oder ein Völkerkundemuseum mit exotischer Sammlung? In der Kirche sitzt die Gemeinde quer zur Längsrichtung des „Saales", auf Bänken, die so fröhlich weiß sind wie der ganze, nobel gestaltete Raum, der auf bildlichen Schmuck, Altar und Kanzel verzichtet. Die Predigt wird von einem schlichten „Liturgus-Tisch" aus gehalten. Und schließlich: Die Gläubigen reden sich als „Bruder" und „Schwester" an.

In Herrnhut begann 1722 die Geschichte der „Brüdergemeine" (heute eine Evangelische Freikirche), als der pietistische Graf Nikolaus von Zinzendorf eine Gruppe von böhmisch-mährischen Glaubensflüchtlingen aufnahm und für sie die Siedlung gründete.

Mit den Anhängern der Böhmischen Brüderkirche bildete er eine Lebensgemeinschaft im Dienst Christi. Es entwickelte sich eine spezifisch herrnhutische Frömmigkeit, die

besonders das Gefühl anspricht. So wurden z.B. anrührende Kirchenfeiern eingeführt, darunter der eindrucksvolle „Ostermorgen": Am Ostersonntag zieht die Gemeinde noch bei Dunkelheit, begleitet vom Posaunenchor, zum „Gottesacker" (Friedhof), wo sie bei Sonnenaufgang die Auferstehung Christi feiert.

Auf diesem Friedhof ragen keine Kreuze oder protzigen Denkmäler auf. Die Verstorbenen ruhen in schlichten Einzelgräbern, die nur von flachliegenden Steinplatten gekennzeichnet sind. Damit soll die Gleichheit aller Menschen im Tode ausgedrückt werden.

Die christliche Gemeinschaft der Herrnhuter beschränkte sich nicht auf das geistliche Leben, sondern erfaßte auch die politisch-soziale Organisation und das Wirtschaftsverhalten. Man wählte einen Ältestenrat, der alle Angelegenheiten zu regeln hatte. Um die Ziele der Gemeinschaft besser erfüllen zu können, ein intensiveres religiöses Leben zu führen und die christliche Lehre zu verbreiten, entstand das „Chorsystem". Die ledigen Männer schlossen sich zum „Brüderchor" zusammen und bezogen ein Gemeinschaftshaus. Es war zugleich eine Wohn-, Arbeits- und Ausbildungsstätte für Handwerker, später auch für Missionare, die in alle Welt geschickt wurden. Die jungen Mädchen zogen in einem Schwesternhaus zusammen, die Witwer und die Witwen bildeten ebenfalls ihre eigenen „Chöre". Die Verheirateten wohnten in eigenen Häusern. Ein Zölibat wurde nicht angestrebt.

Herrnhut und die stattliche Zahl weiterer Siedlungen, die die Brüdergemeine im 18. und 19. Jahrhundert in Mitteleuropa, auf den Britischen Inseln und durch die Mission auch in Amerika und Afrika gründete, waren überwiegend Handwerker-Kolonien. Die „Geschwister" sollten nicht als Bauern an ihre Scholle gebunden, sondern immer bereit sein, im Dienste der Gemeine „auf Posten" zu gehen, sei es z.B. im herrnhutischen Königsfeld im Schwarzwald, den Eskimos in Grönland oder den „Buschnegern" in Surinam.

Schon 1733 ist eine Gruppe nach Amerika ausgewandert und gründete 1741 Bethlehem in Pennsylvania, um sich der Indianermission zu widmen. (Von den Missionaren aus aller Welt stammen die Objekte im Herrnhuter Völkerkundemuseum.)

In Deutschland hat sich die Ortsgemeinde als geschlossene alternative Lebensform noch etwa bis 1870 gehalten. Erst dann lockerte sich das strenge Gemeinschaftsleben auf. Erhalten haben sich die meisten, nach einheitlichem Muster gestalteten Siedlungen, darunter allein sechs auf ehemaligem DDR-Gebiet (neben Herrnhut z.B. Niesky in der Oberlausitz, Kleinwelka bei Bautzen oder Gnadau im Bezirk Magdeburg). ∎

Links: Die Brüdergemeine missioniert von der Karibik bis nach Grönland. **Unten:** Rapsanbau in der Umgebung von Bautzen.

Constantia von Cosel 21 Jahre ihrer 49jährigen „Staatsgefangenschaft" auf Stolpen verbrachte. Nach neun glanzvollen Jahren am Hofe Augusts des Starken, mit dem sie drei Kinder hatte, verlor die mächtige Mätresse durch Intrigen ihre Stellung und wurde im Alter von 36 Jahren nach Stolpen verbannt. 1716 wurde sie ohne offizielle Verurteilung hier eingesperrt; vielfache Gnadengesuche und Fluchtversuche blieben erfolglos.

Die Cosel war eine ungewöhnlich schöne und intelligente Frau mit Witz und Schlagfertigkeit. Mit dem König ritt und schoß sie um die Wette. Er liebte ihre Leidenschaftlichkeit und Klugheit, ertrug es jedoch nicht, daß sie versuchte, sich in die Politik einzumischen. Seine Höflinge brachten es fertig, daß Constantia bei ihm in Ungnade fiel und er sein geheimes Eheversprechen platzen ließ. Doch davon durfte niemand erfahren. Um seinen Ruhm nicht zu schmälern, wurde die Cosel von der Öffentlichkeit ferngehalten und saß noch 30 Jahre nach Augusts Tod im Turm.

Im vierten Burghof ist der 82 Meter tiefe Brunnen zu bestaunen, der durch „Abteufen" zentimeterweise in den Basalt getrieben wurde: Mit großen Holzstücken wurde das harte Gestein erhitzt, dann mit Wasser abgeschreckt, so daß es Risse bekam.

Zentrum der Sorben: Ähnlich trutzig wie Stolpen erscheint das alte, auf einem Granitfelsen erbaute Bautzen von der Spreebrücke aus. Und auch der Name dieser Stadt ist eng mit einem Gefängnis verbunden: Als das „Gelbe Elend", das viele tausend DDR-Oppositionelle von innen erleben mußten, war es gefürchtet im Lande. Bautzen besteht jedoch nicht nur aus seinem Knast. Die Stadt mit ihren stolzen Türmen, die 1002 zum erstenmal urkundlich erwähnt ist, wird oft als das sächsische Rothenburg bezeichnet. Außerdem ist Bautzen (sorbisch: Budysin) das Zentrum der Sorben in der Oberlausitz, die über Jahrhunderte ihre Sprache und Kultur bewahren konnten. Ihre nationale Organisation, die Domowina, hat hier ihren Sitz.

In der Altstadt sind einige der schwungvollen Straßenzüge vom Verfall bedroht. Restauriert wurden 1981 die prachtvollen Barockfassaden der Bürgerhäuser in der Reichenstraße. Diese belebte Fußgängerstraße kann man vom Reichenturm, dem „schiefen Turm" von Bautzen, gut überblicken. Besonders reich und verspielt ist der Stuckschmuck mit Blumengehängen des Hauses Reichenstraße 12, das zwischen 1634 und 1709 erbaut wurde. Einem jüdischen Kaufmann gehörte das Haus Nr. 14 mit hebräischer Inschrift. Die Reichenstraße mündet im Altmarkt, dem Mittelpunkt des städtischen Lebens mit dem Rathaus, das seine heutige schlichte Gestalt in den 30er Jahren des 18. Jahrhunderts erhielt. Gleich drei Uhren am schlanken, seitlich gestellten Turm zeigen den Bautzenern die Zeit an.

Würdige Patrizierhäuser schauen auf den Marktplatz an Ost- und Westseite. Eine der schönsten Fassaden im Barockstil hat das Haus Hauptmarkt 7, das um 1730 errichtet wurde. Nur zwei Fenster breit ist daneben das „Handtuch", das wahrscheinlich aus dem 15. Jahrhundert stammt.

Brüderlich geteilte Kirche: Ein schmales Gäßchen führt rechts am Rathaus vorbei auf den Fleischmarkt. Hier beginnen bei der „Bautzen-Information" die Stadtführungen. Der Platz wird vom gewaltigen Petridom mit seinem fast 85 Meter hohen Turm überragt. Seit der Reformation, die in Bautzen vor allem aus Empörung gegen den Ablaßhandel großen Widerhall fand, dient der Dom als Simultankirche sowohl katholischen wie evangelischen Gottesdiensten. Zu diesem Zweck wurde er durch ein Gitter in zwei Teile geteilt. Doch mußten die Gemeinden beider Konfessionen nie gegeneinander ansingen, sondern die Gottesdienstzeiten wurden vertraglich geregelt. Der älteste Teil des Doms ist das Westtor, das noch romanische Elemente aus dem 13. Jahrhundert aufweist.

Die Nikolaipforte ist einer der fünf Tortürme, die sämtlich erhalten sind. Außerhalb der Stadtmauern, an der Rui-

Einfaches Leben, eine Forderung der Herrnhuter.

Eine der letzten roten Fahnen auf dem Gebiet der ehemaligen DDR.

ne der Nikolaikirche, die schon im Dreißigjährigen Krieg abgebrannt ist, breitet sich ein katholisch-sorbischer Friedhof aus. Von hier aus hat man einen schönen Blick auf den Stadtteil Seidau im Spreetal, früher eine sorbische Siedlung.

Ortenburg und „Wasserkunst": Das älteste Stadtviertel Bautzens ist die Burgstadt, die allerdings wegen ihres Verfalls kaum noch bewohnt ist. Über dem Eingang zur Ortenburg, dem ehemaligen Sitz der Landvögte, prangt das Denkmal des ungarisch-böhmischen Königs Matthias Corvinus, der 1483–1486 die zerstörte Burg abtragen und an ihrer Stelle die heute bestehende errichten ließ. In der geschwungenen Einfahrt sind gleich links ein Frauen -und ein Männerkopf zu sehen, von denen der Volksmund behauptet, sie stellten einen Mönch und eine Nonne dar, die hier lebendig eingemauert wurden. Die Burggebäude werden sicher noch einige Zeit lang zu Restaurierungszwecken eingerüstet bleiben. Fertiggestellt ist das ehemalige Salzlager, das als Gerichtsgebäude diente. Hier ist nun das „Serbskij Muzej", das Sorbische Museum, untergebracht (13 bis 16 Uhr geöffnet). Im ehemaligen Gerichtssaal mit seiner Graumalerei im Stile der Dresdner Semper-Oper finden Konzerte statt.

Entlang der Stadtmauer gelangt man durch das Mühltor zum Michaeliskirchplatz. Der Chorraum der Michaeliskirche, der Kirche der evangelischen Sorben, entstand schon um 1429 als Kapelle. Gegenüber erhebt sich die „Alte Wasserkunst", das Wahrzeichen Bautzens. Mit Hilfe dieses Pumpwerks wurde Spreewasser in die Stadt gepumpt. Heute ist der Turm, der auch der Stadtverteidigung diente, Technisches Museum. Von der angrenzenden Terrasse hat man wieder einen schönen Blick auf die Gassen im Spreetal, wo noch ein altes Fischerhaus steht, das sogenannte „Hexenhäusel". Wie durch Hexenzauber geschützt, trotzte es mehreren Bränden in der Umgebung. „Zaubern" ist auch heute angesagt, um große Teile der Altstadt vor dem Verfall zu retten.

Burg Stolpen und Bautzen

DIE SORBEN

Sie sind eine einzigartige Minderheit – die Sorben. Anders als etwa die ethnische Minorität der Dänen in Schleswig-Holstein hat dieses slawische Volk kein Mutterland im Rücken. Trotzdem konnte es seine Sprache und Kultur mit erstaunlicher Beständigkeit bis heute behaupten. Zwischen den Städten Bautzen, Hoyerswerda und Kamenz blieb ein relativ geschlossenes Siedlungsgebiet der insgesamt noch rund 60 000 Sorben oder Wenden erhalten. 1884 hatte man in der Lausitz noch 164 000 Sorben gezählt. Seit dem 5. Jahrhundert siedelten die Sorben zwischen Oder und Saale, Spreewald und Erzgebirge.

„Rote Soße": Gefördert wurde in den letzten Jahren der DDR vor allem der folkloristische, vermarktbare Anteil an der Kultur: Im Advent z.B. kommt nach sorbischem Brauchtum kein Weihnachtsmann mit Geschenken, sondern ein junges Mädchen in wendischer Tracht, dessen Gesicht durch Spitzen verhüllt ist. Am 25. Januar wird die traditionelle „Vogelhochzeit" gefeiert, *Ptaci Kwas,* ein Fest überwiegend für die Jugend, auf dem Kinder mit Vogelmasken hinter einem staksigen Storch hertoben. Straßenmusik und überlieferte Tänze verbreiten eine ausgelassene Stimmung. Zu Ostern reiten die Männer in Doppelreihen mit Frack und Zylinder in langen Reihen durch die Dörfer, von großen Blechen wird Kuchen verteilt und die Ostereier werden mit traditionellen Mustern verziert. Ein ewig fröhlich feierndes Volk? Unwahrscheinlich. „Zu Zeiten der DDR", berichtet ein Sprecher der Sorben, Jan Malink, „wurde alles mit roter Soße übergossen. Offiziell gab es sorbische Folkorefeste, auf der Straße hieß es: Laß das sorbische Gequatsche!"

Sprache verboten: Das war schon früher so. Wie bei anderen ethnischen Minderheiten versuchten die mächtigeren Nachbarn, die Sprache zu verbieten. In einem Bericht an die Frankfurter Regierung

Keine Touristenattraktion, sondern echte Tradition der Sorben, Ankunft beim Oster-Ritt in Marienstern.

schrieb der Superintendet Boizenthal aus Cottbus 1818: „Die wendische oder sorbische Sprache ist der Volksbildung hinderlich, die allmähliche Ablegung der Sprache allerdings ein Gewinn für die Bildung der Wenden." Die Nationalsozialisten lösten den 1912 gegründeten Verband „Domowina – Heimat" auf, Heinrich Himmler erklärte die Sorben zum „führerlosen Arbeitervolk", die Patrioten kamen in Konzentrationslagern um, und erneut wurde die Sprache verboten.

Direkt nach dem Zweiten Weltkrieg versuchten die Sorben bei der sowjetischen Militärregierung einen unabhängigen Status durchzusetzten – erfolglos. Die SED übernahm die Führung des Volkes. Zu Zeiten der DDR gab es zwar eine sorbische Rundfunkstation, die staatlich subventionierte Tageszeitung Nowa doba und christliche Wochenzeitungen. Alle Straßenschilder sind zweisprachig. Ein zehnklassiges sorbisches Schulsystem wurde aufgebaut. Bezahlt wurde dies alles aber mit dem Zwang zur Unterordnung unter die Vorstellungen des DDR-Regimes. Die Stasi unterhielt eine eigene Abteilung zur Überwachung der Sorben. Die moderne Art der Kolonialisierung faßt der in Bautzen praktizierende Arzt Hans-Eberhard Kaulfürst so zusammen: „Der schwerste Schlag gegen die Existenz des kleinen Volkes war der durch den Braunkohleabbau bedingte Exodus sorbischer Bevölkerung aus etwa 60 Dörfern in der Lausitz, die systematische Zerstörung ihres angestammten Lebensraumes und die Unterbringung in den Neubaugebieten von Weißwasser, Spremberg und Hoyerswerda."

Nach dem Fall der Mauer stellte die Gesellschaft für bedrohte Völker Kontakt her zwischen Sorben und anderen kulturellen Minderheiten in Europa. Außer von der Landwirtschaft kann ein Teil der Sorben vom Tourismus leben. Nach Art der Gondolieri werden Besucher in flachen Booten, die etwa 25 Personen fassen, mit vier Meter langen Staken durch den Spreewald gefahren. Die traumhaft schönen Touren beginnen in Lehde und dauern bis zu sieben Stunden.

Enge Dorfgemeinschaften und tiefe Religiosität verbinden die slawische Minderheit der Sorben. Folgende Seite: Brückenstein Augusts des Starken.

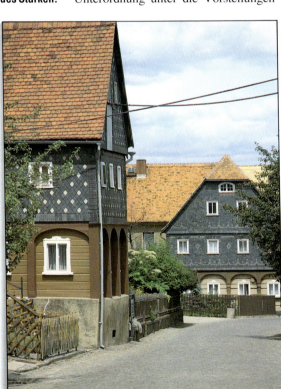

APA GUIDES
REISETIPS

FÜR LEUTE, DIE DEN WERT DER ZEIT ZU SCHÄTZEN WISSEN.

Bevor Sie sich für eine Patek Philippe *Abb.1* entscheiden, sollten Sie ein paar grundsätzliche Dinge wissen. Anhand von Stichworten wie Präzision, Wert und Zuverlässigkeit erklären wir Ihnen, warum die Uhr, welche wir für Sie anfertigen, vollkommen anders ist als alle anderen Uhren.

"Pünktlichkeit ist die Höflichkeit der Könige", pflegte Louis XVIII. zu sagen.

Wir glauben in aller Bescheidenheit, daß wir beim Thema Pünktlichkeit auch den Ansprüchen der Könige gewachsen sind. So haben wir unter anderem ein mechanisches Laufwerk hergestellt, das in vollkommener Übereinstimmung mit dem gregorianischen Kalender die Schaltjahre der nächsten fünf Jahrhunderte berücksichtigt: Es fügt den Jahren 2000 und 2400 jeweils einen Tag hinzu, überspringt aber die Jahre 2100, 2200 und 2300 *Abb. 2*. Allerdings sollte so eine Uhr von Zeit zu Zeit neu justiert werden: Denken Sie bitte alle 3333 Jahre und 122 Tage daran, die Uhr um einen Tag vorzustellen, damit sie wieder mit der Himmels-Uhr übereinstimmt. Solche Dimensionen erreichen wir natürlich nur, weil wir bei der Herstellung jeder Uhr, also auch Ihrer, zu den absoluten physikalischen, wenn nicht metaphysischen Grenzen der Präzision und des Machbaren vorstoßen.

Fragen Sie bitte nicht "wieviel?"

Versetzen Sie sich einmal in die Welt der Sammler, die bei Auktionen Höchstpreise bieten, um eine Patek Philippe zu erwerben. Vielleicht schätzen sie die Einzigartigkeit der Feinmechanik und des Laufwerks, vielleicht die Schönheit einer Patek Philippe oder weil es eine Rarität ist. Wir glauben jedoch, daß hinter jedem Mehrgebot von US$ 500'000.– auch die Überzeugung steht, daß eine Patek Philippe, selbst wenn sie 50 Jahre oder älter ist, auch für zukünftige Generationen noch mit äußerster Präzision arbeiten wird. Falls wir nun in Ihnen den Wunsch nach einer Patek Philippe geweckt haben, versichern wir Ihnen folgendes: Die Uhr, die wir für Sie herstellen, wird besagten Sammlerstücken technisch noch überlegen sein. Schließlich ist es bei uns Tradition, daß wir laufend nach noch perfekteren mechanischen Lösungen für höchste Zuverlässigkeit und perfekte Zeitkontrolle suchen. Darum wird Ihre Patek Philippe über Neuerungen verfügen *Abb. 3*, von denen die Meisteruhrmacher, welche diese großartigen Armbanduhren vor 50 Jahren schufen, nicht einmal zu träumen wagten *Abb. 4*. Gleichzeitig sind wir natürlich bestrebt, Ihre Finanzkraft nicht über Gebühr zu strapazieren.

Besitz als Erlebnis.

Stellen Sie sich vor, heute wäre der Tag, an dem Ihnen Ihre Patek Philippe überreicht wird. Das Gehäuse birgt die Huldigung der Uhrmacher an das Geheimnis "Zeit". Er hat jedes Rädchen mit einer Kehlung versehen und es zu einem strahlenden Ring poliert. Die Platten und Brücken aus Gold und kostbaren Legierungen sind fein gerippt. Kleinste Oberflächen wurden facettiert und auf das Mikron genau geschliffen. Ganz zum Schluß, nach monate- oder jahrelanger Arbeit, prägt der Uhrmacher ein kleines Zeichen in die Hauptbrücke Ihrer Patek Philippe: das Genfer Siegel – die höchste Auszeichnung großer Uhrmacherkunst, verliehen von der Regierung des Kantons Genf *Abb. 5*.

Äußerlichkeiten, die innere Werte verheißen. *Abb. 6.*

Wenn Sie Ihre Uhr bestellen, legen Sie zweifellos Wert darauf, daß deren Äußeres die Vollendung und die Eleganz des Uhrwerks im Innern widerspiegelt. Darum ist es gut für Sie zu wissen, daß wir Ihre Patek Philippe exakt nach Ihren Wünschen künstlerisch gestalten können. Unsere Graveure sind beispielsweise in der Lage, ein subtiles Spiel von Licht und Schatten auf die goldene Rückseite unserer einzigartigen Taschenuhren zu zaubern *Abb. 7*. Wenn Sie uns Ihr Lieblingsbild bringen, fertigen unsere Emailleure davon eine Miniatur mit den feinsten Details an *Abb. 8*. Unsere Gehäusemacher sind stolz auf die perfekt guillochierte Lunette ihrer Armbanduhr und unsere Kettenschmiede auf ihr kostbares Geschmeide *Abb. 9* und *10*. Wir möchten Sie noch auf die Meisterschaft unserer Goldschmiede aufmerksam machen und auf die Erfahrung unserer Edelsteinspezialisten, wenn es darum geht, die schönsten Steine auszuwählen und einzupassen *Abb.11* und *12*.

Es gibt Dinge, die bereiten schon Freude, bevor man sie besitzt.

Sicher verstehen und schätzen Sie es, daß Uhren, wie wir sie herstellen, immer nur in begrenzter Stückzahl gefertigt werden können. (Die vier Calibre 89-Uhren, an denen wir zur Zeit arbeiten, benötigen neun Jahre bis zur Fertigstellung.) Darum wollen wir Ihnen nicht versprechen, daß wir Ihren Wunsch sofort erfüllen können. Die Zeit, während der Sie auf Ihre Patek Philippe *Abb. 13* warten, ist jedoch die schönste Gelegenheit, sich in Gedanken über die philosophischen Dimensionen der Zeit zu ergehen.

Falls Sie weitere Informationen zu einer bestimmten Patek Philippe Uhr oder zur Uhrmacherkunst im allgemeinen wünschen, würden wir uns freuen, Ihnen weiterzuhelfen. Schicken Sie uns Ihre Visitenk

Abb. 1: Eine klassische Patek Philippe in ihrer dezenten Schönheit.

Abb. 4: Armbanduhren von Patek Philippe, links um 1930, rechts von 1990. Echte Uhrmacherkunst hat Tradition und Zukunft.

Abb. 6: Ihre Freude am Besitz einer kostbaren Patek Philippe ist das höchste Ziel all jener, die an ihrer Entstehung mitarbeiten.

Abb. 9: Harmonie im Design als Symbiose von Schlichtheit und Perfektion an einer Calatrava Damenarmbanduhr.

Abb. 5: Das Genfer Siegel wird nur Uhren verliehen, welche dem hohen Standard der Uhrmacherkunst entsprechen, wie sie in der Genfer Gesetzgebung verankert ist.

Abb. 10: Der Kettenschmied formt mit Kraft und Feingefühl das Band für eine Patek Philippe.

Abb. 7: Eine zeitlose Arabeske ziert eine zeitlose Patek Philippe.

Abb. 2: Eine der 33 Komplikationen der Calibre 89 ist ein Satellitenrad, das alle 400 Jahre eine Umdrehung macht.

Abb. 11: Goldene Ringe: ein Symbol für vollendete Einheit.

Abb. 8: Vier Monate lang arbeitet ein Künstler täglich sechs Stunden, bis eine Email-Miniatur auf dem Gehäuse einer Taschenuhr vollendet ist.

Abb. 12: Daran erkennen Sie den wahren Meister des Edelsteines: Er bringt die ganze Schönheit seiner wertvollen Steine vollendet zur Geltung.

Abb. 3: Bis heute die fortschrittlichste mechanisch regulierte Vorrichtung: Patek Philippe Gyromax demonstriert die Äquivalenz von Einfachheit und Präzision.

PATEK PHILIPPE
GENEVE

Abb. 13: Das diskrete Zeichen jener Leute, die den Wert der Zeit zu schätzen wissen.

mit dem Vermerk «Bücherkatalog», damit wir Ihnen ein Verzeichnis unserer Publikationen zustellen können. Patek Philippe, 41 rue du Rhône, 1204 Genf, Schweiz, Tel. +41 22/310 03 66.

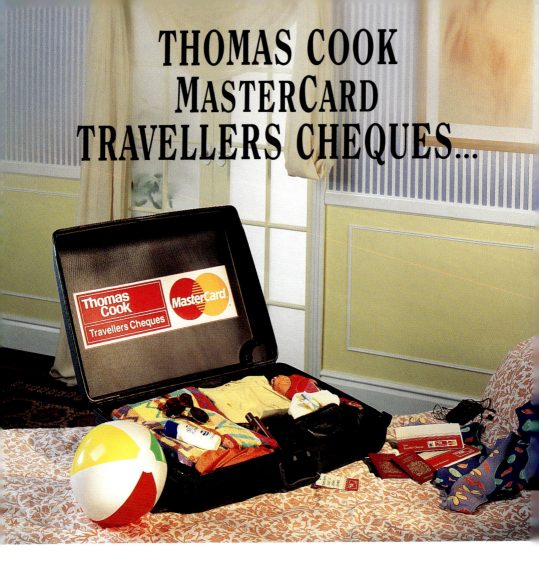

REISETIPS

Kleine Stadtkunde
Kleine Stadtkunde 242

Reiseplanung
Anreise 242
Geld & Kreditkarten 243
Klima 243
Kleidung 243
Öffnungszeiten 243
Feiertage 243
Feste 244
Tiere 244
Gottesdienste 244

Wissenswertes
Allgemeines 244
Notfälle 245
Medien 245
Post 246
Telekommunikation 246
Nützliche Adressen 246

Unterwegs
Mit Kindern 246
Karten 247
Verkehrsmittel 247
Mit dem Auto 248

Unterkunft
Allgemeines 249
Hotels 249
Pensionen 250
Mitwohnzentrale 250
Camping 250
Jugendherbergen 250
Privatzimmer 250

Essen & Trinken
Allgemeines 251
Sächsische Küche 251
Restaurants 251
Cafés 251
Schnellgastronomie 252
Trinken 252

Unternehmungen
Erkundungen 252
Kulturelles 254
Nachtleben 256
Einkaufen 257
Sport 258

Literaturhinweise
Literaturhinweise 259

Visuelle Beiträge 260
Register 261

Kleine Stadtkunde

Dresden ist mit 470 681 Einwohnern (Stand vom 31.12.1994) die drittgrößte Stadt des Gebietes der ehemaligen DDR. Es ist die Hauptstadt des Bundeslandes Sachsen.

Die Lage im Talkessel der Elbe bot günstige Voraussetzungen für eine frühe Ansiedlung. Über Jahrhunderte hat sich die Stadt zu einem Zentrum von Industrie, Wissenschaft, Technik, vor allem aber zu einer Stätte von Kunst und Kultur entwickelt.

Die Stadtfläche beträgt heute, nach Eingemeindung vieler Dörfer bis zum Jahre 1950, 225,8 km². Das Waldgebiet der Dresdner Heide nimmt davon allein 50 km² ein.

Geographische Lage: 51°2'55'' nördlicher Breite und 13°44'29'' östlicher Länge.

Die Elbe durchströmt das Stadtgebiet auf einer Länge von 20 Kilometern. Sie teilt Dresden in die Altstadt und die Neustadt. Der Elbpegel wird mit 105,7 Meter über NN angegeben. Rechtselbig, auf der Neustädter Seite, ist die Landschaft durch Steilhänge gekennzeichnet, linkselbig ist sie sanft ansteigend mit fruchtbaren Feldern und Wiesen. Durch die Ausläufer des Erzgebirges, des Elbsandsteingebirges und des Lausitzer Berglandes bietet die Dresdner Elbtalweitung eine Vielzahl landschaftlicher Reize.

Die beiden Stadthälften werden durch acht Brücken und durch Fähren miteinander verbunden.

DRESDEN VERÄNDERT SICH

Derzeit tut sich viel in der Landeshauptstadt Dresden: Neue Läden, Kaufhäuser und Büros werden eröffnet. Die demokratisch gewählte Verwaltung des Bundeslandes Sachsen und die der Stadt Dresden haben sich etabliert. Da kann der folgende Informationsteil nur eine Momentaufnahme sein. Noch immer werden in Dresden neue Namen für Straßen und Plätze, neue Öffnungszeiten und neue Verwaltungsverfahren eingeführt. Dieser Führer bemüht sich, so aktuell wie möglich zu sein, aber wir bitten trotzdem um Verständnis dafür, daß unsere Informationen natürlich nur den Stand bei Drucklegung wiedergeben.

Veränderungen von Straßennamen wurden eingearbeitet, aber auch die alten Namen wurden angegeben, weil sie den Einheimischen noch lange geläufig sein werden, so daß man auch mit ihnen ans Ziel kommt. Wir empfehlen, sich im Zweifelsfall telefonisch nach Öffnungszeiten, Preisen etc. zu erkundigen.

Über die verschiedenen Informationsmöglichkeiten lesen Sie bitte unter der Rubrik *Nützliche Adressen* auf Seite 246 nach.

Bemerkung: Soweit nicht anders angegeben, gilt im folgenden die telefonische Vorwahl 03 51.

Reiseplanung

Anreise

Mit dem Flugzeug

Dresden wird von mehreren europäischen und außereuropäischen Luftfahrtgesellschaften angeflogen. Von folgenden Flughäfen gibt es Flüge nach Dresden:

- **Linienflugverkehr:** Augsburg, Bremen, Basel, Köln/Bonn, Dortmund, Düsseldorf, Friedrichshafen, Münster/Osnabrück, Frankfurt/M., Hannover, Hamburg, Heringsdorf/Usedom, Leipzig-Halle, London, Mannheim, München, Nürnberg, Paderborn, Paris, Poznan, Straubing, Saarbrücken, Stuttgart, Salzburg, Wien Zürich.
- **Charterflugverkehr:** Bremen, Köln/Bonn, Frankfurt/Main, Leipzig-Halle, München, Nürnberg, Saarbrücken, Berlin Schönefeld.

Der Dresdener Flughafen befindet sich nördlich der Stadt in ungefähr neun Kilometer Entfernung vom Zentrum.

Flughafen-Zubringerdienst: Airport-City-Liner ab bzw. bis Dresden Hauptbahnhof; Reitbahnstraße (Hotel Mercure Newa, Ibis-Hotels Bastei, Königstein und Lilienstein); Steinstraße (Hotel am Terrassenufer, Hotelschiffe) DM 8,–/Terrassenufer (Hotel Hilton); Sophienstraße (Hotel Taschenbergpalais) DM 7,–/Augustusbrücke (Hotel Maritim Bellevue); Bahnhof Dresden-Neustadt; Fritz-Reuter-Straße (Hotel Astron, Hotel Alpha); St. Pauli-Friedhof (Hotel Novalis) DM 6,–.

Stadtverkehr: Buslinie 91 (Haltestelle vor Terminal 2), Umsteigemöglichkeit an der Stauffenbergallee in die Straßenbahnlinien 7 oder 8 in das Stadtzentrum.

Taxen stehen ausreichend zur Verfügung. Am Flughafen befinden sich außerdem Autovermietungen verschiedener Firmen.

Flughafen Dresden-Klotzsche, Flughafen Dresden GmbH, Flughafenstraße, 01109 Dresden; Flughafen-Vermittlung Tel. 8 81-0; Flughafen-Information Tel. 8 81 33 60 und 8 81 33 70; Flughafen-Reservierung/Buchung Tel. 8 81 33 40.

Lufthansa-Stadtbüro, Lufthansa City Center, Wilsdruffer Str. 25-29, 01067 Dresden, Tel. 49 98 80, Fax 4 99 88 99.

Mit der Bahn

Dresden ist mit den beiden Fernbahnhöfen Dresden-Hbf und Dresden-Neustadt ein wichtiger Punkt im Fernverkehrsnetz der Deutschen Bahn AG. 25 InterRegio-Zugpaare, sieben InterCity-Zugpaare, elf EuroCity-Zugpaare und ein InterCityExpreß steuern die sächsische Landeshauptstadt aus dem Fernverkehrsnetz an. Prag, Wien, Paris und Budapest sind nur einige der internationalen Ziele, die direkt von Dresden aus erreichbar sind. Weitere Direktverbindungen bestehen u.a. nach Berlin, Bielefeld, Bratislava, Braunschweig, Bremen, Dortmund, Eisenach, Frankfurt/M., Hamburg, Hannover, Kaiserslautern, Karlsruhe, Leipzig, Magdeburg, Mannheim, München, Nürnberg, Oberstdorf, Regensburg, Rostock, Saarbrücken, Schwerin, Stuttgart, Warschau, Weimar, Wroclaw.

Grundsätzlich gelten die Beförderungsbedingungen, Preise und Angebote der Deutschen Bahn AG.

Im Fernverkehr (ab 101 Kilometer) ist in allen Zügen (außer ICE) in Ostdeutschland der Kilometerpreis um 20% ermäßigt.

Die Reisezeiten von und nach Dresden betragen z. B.: Hamburg 6:16 Std., Berlin 1:54 Std., Prag 4:25 Std., Nürnberg 5:14 Std., München 7:06 Std., Frankfurt/M 5:14 Std., Leipzig 1:27 Std.

Achtung, einige Fernzüge verkehren nicht über den Hauptbahnhof, sondern über den Bahnhof Dresden Neustadt.

- **Bahnhöfe:** Dresden hat zwei große Bahnhöfe; die kleineren werden nur von den Personenzügen und S-Bahnen bedient.

Hauptbahnhof Dresden, Am Hauptbahnhof 4, 01069 Dresden, Reisezentrum 7–21 Uhr, Tel. 4 71 15 02; Zugauskunft 7–21 Uhr, Tel. 4 71 06 00; Fahrkartenausgabe 5–22 Uhr; Servicepoint 0–24 Uhr (durchgängig), Tel. 4613710

Bahnhof Dresden-Neustadt, Schlesischer Platz 1, 01097 Dresden, Zugauskunft Mo–Fr. 6–20 Uhr, Sa/So 7 bis 17 Uhr, Tel. 5 11 85; Fahrkartenausgabe 5–22 Uhr, Tel. 4 61 31 19. Tarifauskunft Mo–Fr. 7–15 Uhr, Tel. 4 61 31 17.

- **Anschlüsse:** Die Bahnhöfe haben Anschluß an das öffentliche Verkehrsnetz (Straßenbahn, Bus, S-Bahn). Zwischen den beiden Bahnhöfen besteht Zug- und S-Bahnverbindung. Auch Taxis stellen eine schnellen Verbindung her.

Mit dem Auto

Dresden ist über die Autobahnen aus dem deutschsprachigen Raum von überall her bequem zu erreichen. Mit Ausnahme von Österreich: Entweder man fährt über Prag und benutzt ab dort die Fernverkehrsstraße E55 oder über Nürnberg/Hof. Gleiches gilt für Anreisen aus der Schweiz.

- **Straßennetz:** Das Straßennetz ist engmaschig, der Zustand der Straßen ist teilweise schlecht. Es herrscht derzeit eine rege Bautätigkeit und starker Verkehr, was das schnelle Vorankommen unmöglich macht. Wegen des Straßenzustands ist es empfehlenswert, angezeigte Geschwindigkeitsbegrenzungen zu befolgen.

Dresden ist auf zwei Autobahnen direkt zu erreichen: Die A4 (E40) führt aus westlicher Richtung (Köln, Eisenach) in die Elbestadt. Diese Autobahn nimmt auch über die A72 (E441) aus südwestlicher Richtung (München, Hof) und über die A14 aus nordwestlicher Richtung (Halle, Leipzig) den Verkehr auf. In östlicher Richtung führt die A4 (E40) über Bautzen und Görlitz nach Polen. Die A13 (E55) führt aus nördlicher Richtung (Rostock, Fähre Trelleborg/Schweden, Berlin) nach Dresden. Als Europastraße ist die E55 auch die kürzeste Verbindung von Dresden nach Prag (CSFR).

Einige Entfernungsangaben nach Dresden (Straßenkilometer):

Berlin	214
Bern	896
Frankfurt/M.	471
Hamburg	485
Hannover	371
Köln	578
Leipzig	124
München	494
Nürnberg	346
Stuttgart	572
Wien	428

- **Straßenverkehrsordnung:** Die Straßenverkehrsordnung und Verkehrszeichen entsprechen den internationalen Gepflogenheiten. Als Höchstgeschwindigkeiten gelten:

Autobahnen	100 km/h
stellenweise	130 km/h
Landstraßen	100 km/h
Städte/Ortschaften	50 km/h

Mit dem Schiff

Drei moderne Linienschiffe fahren von Ende März bis Anfang November von Hamburg (bzw. Lauenburg) bis Dresden (oder weiter nach Bad Schandau oder Prag bzw. Velké Zernoseky).

Die Reisen auf MS *Clara Schumann* und MS *Theodor Fontane* der Köln-Düsseldorfer (auch mit Sauna, Sonnendeck und Ausflügen) kosten z. B. bei sieben Tagen rund 2000 DM. Mit MS *Dresden* der Reederei Peter Deilmann (mit erstklassigem Service) kosten sieben Tage rund 1600 DM.

Geld & Kreditkarten

Geldwechsel ist an Grenzsektionen, in Hotels, Reisebüros und in Banken möglich. Während der üblichen Öffnungszeiten bestehen zahlreiche Möglichkeiten auf der Prager Straße. Darüber hinaus bietet die DVB Deutsche Verkehrsbank Dresden-Hauptbahnhof auch außerhalb dieser Zeiten ihre Dienste an: Mo–Fr. 7.30–19.30 Uhr, Sa 8–12 Uhr, So 9–13 Uhr.

Es ist zu empfehlen, außer einer kleinen Summe Bargeld Reiseschecks und Kreditkarten mitzunehmen. Besonders günstig bezahlt man mit Euro-Schecks. Sie werden im allgemeinen von größeren Hotels, Restaurants und Geschäften akzeptiert, dürfen aber nur in Höhe von bis zu 400 DM ausgestellt werden. EC-Automaten sind ausreichend vorhanden, besonders in der Prager Straße.

Klima

Das Klima in Dresden ist gemäßigt mit nicht sehr heißen Sommern und nicht zu kalten Wintern. Durch die Lage im Talkessel herrscht oft ein feuchtes Klima, und die Belastung der Luft mit Schadstoffen ist hoch. Asthmakranke haben deshalb Schwierigkeiten. Doch schon in den nahe gelegenen Bergen um Dresden ist die Luft trockener und sauberer. Mit Niederschlägen muß man das ganze Jahr über rechnen.

Jahresmittelniederschlag: 620 bis 670 mm; Jahresmitteltemperatur: +10 °C; kältester Monat: Januar 0 °C; wärmster Monat: Juli +18 °C.

Wetterbericht (telefonische Auskunft): 0 11 64.

Wetterbericht im Rundfunk: Jede volle Stunde nach den Nachrichten, Sender mdr 1 – Radio Sachsen, UKW 92,2 MHz.

Kleidung

Da in Dresden gemäßigtes Klima herrscht, sollte man sich auch im Sommer mit einem warmen Pullover auf kältere Tage einstellen. Auch an einen Schirm sollte gedacht werden, das ganze Jahr über mit Regen zu rechnen ist. Gut beraten ist, wer sich rechtzeitig durch die Wettervorhersage in Radio oder Fernsehen informiert.

Öffnungszeiten

Die Geschäftszeiten liegen im allgemeinen zwischen 9 und 18 Uhr. Manche Geschäfte, meist in den äußeren Stadtteilen, haben mittags von 12 bis 14 oder 13–15 Uhr geschlossen.

Donnerstags haben die Geschäfte bis 20.30 Uhr geöffnet.

Feiertage

1. Januar – Neujahr
Karfreitag und Ostermontag
1. Mai – Tag der Arbeit

Christi Himmelfahrt
Pfingstmontag
3. Oktober – Tag der Deutschen Einheit
31. Oktober – Reformationstag
Buß- und Bettag
25. und 26. Dezember – Weihnachten

Feste

An alljährlichen Festspielen und Veranstaltungen hat Dresden ein reiches Programm zu bieten.
März: Opernfestspiele.
1.Mai: Volksfest auf Straßen und Plätzen.
Mai: Dixielandfestival mit internationaler Beteiligung. Als großes Spektakel wird der Abschluß des Festivals gefeiert. Von hunderten Enthusiasten begleitet, ziehen die spielenden Dixielandgruppen durch die Innenstadt.
Mai/Juni: Internationale Dresdner Musikfestspiele. Opern und Konzertaufführungen in sämtlichen Kulturstätten der Stadt.
Juni: Internationales Tanzturnier; Elbhangfest von Loschwitz bis Pillnitz.
Juli/August: Kinosommer.
September: Tage der zeitgenössischen Musik.
Dezember: Striezelmarkt.

Tiere

Beabsichtigen Sie, vom Ausland einen Hund oder eine Katze mitzubringen, dann sollten Sie sich vor der Ausreise einen internationalen Impfpaß oder eine tierärztliche Tollwut-Impfbescheinigung für Ihr Tier besorgen. Der tierärztliche Bereitschaftsdienst kann der Tagespresse entnommen werden. Für lebensbedrohliche Fälle wenden Sie sich an:
Klinik für Klein- und Heimtiere, Loschwitzer Str. 23, Tel. 3 57 25.
Tierklinik Reick, Oskar-Röder Str. 6, Tel. 2 38 10 03.

Gottesdienste

Die **evangelisch-lutherische Kreuzkirche** ist die Heimstatt des berühmten Dresdner Kreuzchores. Man kann ihn jeden Sonnabend um 18 Uhr zur Kreuzvesper hören. Besonders am Heiligen Abend zur Christvesper um 14.15 und 16.30 Uhr drängen sich die Menschen in die Kirche, um den Weihnachtsliedern des Kreuzchores zu lauschen. Gründonnerstag und Karfreitag singt der Chor die Johannes- oder Matthäus-Passion Johann Sebastian Bachs.
Gottesdienst ist jeden Sonntag um 9.30 Uhr. An kirchlichen Feiertagen, Jahresabschluß und Neujahr finden Sondergottesdienste statt.
Die Heilige Messe in der **Kathedrale,** ehemalige katholische Hofkirche, findet täglich 18 Uhr statt; sonntags auch 7.30, 9 und 10.30 Uhr. Heilige Beichte ist mittwochs bis samstags 17–18 Uhr. Orgelvespern sind von Mai bis Oktober sonnabends 16 Uhr.
Landeskirchenamt Sachsen (evang.-luth.), Lukasstr. 6, 01069 Dresden, Tel. 4 69 20.
Bischöfliches Ordinariat des Bistums Dresden-Meißen, Käthe-Kollwitz-Ufer 84, 01309 Dresden, Tel. 3 36 46.
Domkapitel St. Petri zu Dresden, Schweriner Str. 27, 01067 Dresden, Tel. 4 95 51 35.
Evangelisch-reformierte Gemeinde, Brühlscher Garten 4, 01067 Dresden, Tel. 4 95 13 02.
Jüdische Gemeinde, Bautzner Str. 20, 01099 Dresden, Tel. 5 54 91.
Herrnhuter Brüdergemeinde, Oschatzer Str. 41, 01127 Dresden, Tel. 57 74 41.
Kirche Jesu Christi der Heiligen der letzten Tage, Tiergartenstr. 40, 01219 Dresden, Tel. 4 71 85 53.
Evangelisch-methodistische Kirche, Wiener Str. 56, 01219 Dresden, Tel. 4 71 76 06.
Weitere Auskünfte erteilt auch das:
Ökumenische Informationszentrum e.V., Kreuzstr. 7, 01067 Dresden, Tel. 4 95 21 90.

Wissenswertes

Allgemeines

HOMOSEXUELLE
GEREDE-Lesben, Schwule & alle anderen e.V., Wiener Str. 41, 01219 Dresden, Tel. 4 64 02 20. Fr 20–24 Uhr, Infoladen Di 18–21 Uhr.

FRAUEN
SOWIESO Beratungs und Kommunikationszentrum für Frauen und Mädchen aller Nationen, Angelikastr. 1, 01099 Dresden, Tel. 5 02 20 25.
Beratungsstelle für Frauen „Hilfe zur Selbsthilfe" e.V., Naumannstr. 8, 01309 Dresden, Tel. 3 52 75. Di 10 bis 18 Uhr, Mi 10–16 Uhr, Do 10 bis 12 Uhr.
Frauen in Not, Tel. 2 81 77 88 und 2 81 11 93 rund um die Uhr.
Anonyme Sprechstunde im Beratungszentrum „Guter Rat", Königsbrücker Str. 6a, 01099 Dresden, Tel. 5 45 94. Mi/Do 13–15 Uhr, Fr 9 bis 12 Uhr.
Cabana Ausländerinnenberatung, Kreuzstr. 7, 01067 Dresden, Tel. 4 95 21 90. Mo/Fr 8–12 Uhr, Mo bis 16 Uhr, Do 14.30–18 Uhr.
Frauen-Schutzhaus e.V., PF 210130, 01261 Dresden, Tel. 2 81 77 88.
Frauenförderwerk Dresden e.V., Forststr. 12-16, 01099 Dresden, Tel. 5 62 71 60.
Beauftragte für Gleichstellung/Frauenbüro bei der Stadtverwaltung Dresden, Dr.-Külz-Ring 19, 01067 Dresden, Tel. 4 88 22 67.

BEHINDERTE
Landesarbeitsgemeinschaft „Hilfe für Behinderte" Sachsen e.V., Michelangelostr. 2, 01217 Dresden, Tel. 4 72 49 41.
Beratungsstelle für körperlich Behinderte, Georgenstr. 4, 01097 Dresden, Tel. 5 67 81 33.
Fahrdienst für Behinderte, PF 100141, 01071 Dresden, Tel. 8 50 02 22-23. Mo–So 6–21.30 Uhr.
Notdienst für Rollstuhlfahrer, Erich-Ponto-Str. 19, 01097 Dresden, Tel. 5 02 38 65.
Begegnungsstätte für Behinderte und Senioren, Blochmannstr. 24, 01069 Dresden, Tel. 4 41 57 48.

STUDENTEN
Da Dresden eine Stadt der Universitäten und Hochschulen ist, gibt es viele Studenten. Die meisten sind verhältnismäßig billig in Studentenheimen untergebracht und haben allerlei Vergünstigungen. Fahrpreise und Eintrittspreise sind für Studenten ermäßigt. Für ausländische Studenten ist es wichtig, einen internationalen Studentenausweis bzw. eine internationale Touristenkarte zu besitzen.

Kontakte mit Studenten lassen sich vor allem in den Jugendklubs und in den speziell für Studenten eingerichteten Klubs herstellen. Dort gibt es meist preiswerte Getränke und Imbiß.

Studentenclub M14 e.V., Fritz-Löffler-Str. 12 D; 8. Etg., 01069 Dresden, Tel. 4 76 25 01.

Kellerclub GAG 18 e.V., Fritz-Löffler-Str. 18, 01069 Dresden, Tel. 4 71 90 85.

Studentenclub Pauke(r), Wigardstr. 17, 01097 Dresden, Tel. 4 95 14 09.

Club Bärenzwinger, Brühlscher Garten 1, 01067 Dresden, Tel. 4 95 14 09.

Studentenclub DC, Zellescher Weg 41c, Haus 1, 01217 Dresden, Tel. 4 62 33 12.

Studentenclub WU 5, Wundtstr. 5, 01217 Dresden, Tel. 4 72 42 46.

Club Mensa (CM), Reichenbachstr. 1/C, Nebeneing., 3. Etg., 01069 Dresden, Tel. 4 62 26 20.

Club Neue Mensa, Bergstr. 47, 01069 Dresden, Tel. 4 76 25 50.

Dies ist nur eine Auswahl aus dem umfangreichen Klubangebot.

Notfälle

SICHERHEIT & KRIMINALITÄT

Die Kriminalität ist seit 1990 sprunghaft angestiegen. Dennoch liegt sie in Dresden unter dem Niveau vergleichbarer Großstädte. Bei Gewalt- und Schwerkriminalität ist Dresden im unteren Drittel aller deutschen Großstädte. Einen Schwerpunkt bilden die Diebstähle, insbesondere von Pkw und aus Pkw. Es ist deshalb ratsam, keine Wertsachen sichtbar im Innenraum des Pkw liegen zu lassen. Weiterhin empfiehlt sich eine zusätzliche Sicherung für den Pkw.

Sollte Ihnen etwas zustoßen, verständigen Sie umgehend die Polizei.

Polizei **110**
Feuerwehr/Rettungsamt **112**
Verkehrsunfallbereitschaft 4 83-23 84
Kriminalpolizei 4 83-22 34

VERLOREN/GEFUNDEN

Fundstelle der Stadtverwaltung, Hamburger Str. 19, 01067 Dresden, Tel. 4 88-42 80.

Bei Verlust des Reisepasses: **Polzeirevier Dresden-Mitte,** Rampische Str. 18, 01067 Dresden, Tel. 4 83-26 02 und die Polizeireviere in den Stadtteilen (rund um die Uhr geöffnet).

ÄRZTLICHE HILFE

Für Ausländer gelten die gleichen Bestimmungen wie in der übrigen Bundesrepublik. Für Bürger aus EU-Staaten gelten die wechselseitigen Krankenversicherungsabkommen, für die man bei seiner Krankenversicherung die entsprechenden Formulare erhält. Andere Personen sollten sich bei ihrer Versicherung erkundigen, ob ihre Krankenversicherung auch für die Bundesrepublik gilt. Im Zweifel ist es ratsam, eine Auslandsreise-Krankenversicherung abzuschließen.

Notruf Feuerwehr/Rettungsdienst: Tel. **112**.

Krankentransport: Tel. 1 92 22.

Kassenärztlicher Notfalldienst Dresden/Freital/Radebeul: Mo, Di, Mi, Do 19–7 Uhr; Fr 19 Uhr bis Montag, 7 Uhr durchgängig; Feiertage: von Vorabend 19 Uhr bis zu dem darauffolgenden Werktag 7 Uhr.

Allgemeinärztlicher Notfalldienst: Vermittlung von ärztlichen Hausbesuchen für bettlägerige Patienten, Tel. 1 92 92.

Augenärztlicher Notdienst: Klinikum Friedrichstadt, Augenklinik, Eingang Bräuergasse/Seminarstraße, Tel. 4 80 18 40 oder 4 80 18 23.

HNO-ärztliche Notfallpraxis: Klinikum Friedrichstadt, HNO-Klinik, Friedrichstraße 41, Tel. 4 80 17 25 oder 4 80 17 29. Werktags 19–24 Uhr sowie Sa/So/Feiertag 7–24 Uhr.

Allgemein- und Kinderärztliche Notfallpraxis, Gerichtsstr. 5, Tel. 1 92 92. Zwischen 0 und 7 Uhr können für Kinder die Kinderkliniken des Krankenhauses Neustadt, Industriestraße 40, des Klinikums Carl Gustav Carus, Fetscherstr. 74 und das Kreiskrankenhaus Freital, Bürgerstraße 7 in Freital in Anspruch genommen werden.

Zahnärztlicher Notdienst: täglich aktuell in der Tagespresse, oder Universitäts-Klinikum, Fetscherstr. 74, 4 58-0.

Chirurgischer Notfalldienst: Chirurgische Poliklinik des Universitätsklinikums, Fiedlerstr. 25, Tel. 4 58 20 49 oder 4 58 22 88.

Klinische Einrichtungen mit chirurgischem Notdienst außerhalb der Öffnungszeiten niedergelassener Ärzte:
Städtisches Klinikum Dresden-Friedrichstadt, Friedrichstr. 41, Tel. 4 80-0.
Städtisches Krankenhaus Dresden-Neustadt, Industriestr. 40, Tel. 59 81-0.

Notdienst für Rollstuhlfahrer: Erich-Ponto-Str. 18, Tel. 5 02 38 65.
Fahrdienst für Behinderte: Täglich von 6–21 Uhr erreichbar unter Tel. 8 50 02 22-23.
Telefon des Vertrauens: Tel. 5 16 16, täglich 17–23 Uhr.
Telefonseelsorge: Tel. 4 95 23 33, täglich 12–24 Uhr.
AIDS-Hilfe: Florian-Geyer-Str. 3, Tel. 1 94 11. Mo, Di, Do ab 11 Uhr; Büro Tel. 4 41 61 42; Streetwork Tel. 4 41 61 43.
AIDS-Beratung: Prellerstr. 5, Tel. 3 01 26. Di, Do, Fr 8–12 Uhr, Di 13 bis 19 Uhr, Do 13–16 Uhr.

APOTHEKEN

Allgemeine Öffnungszeiten Mo–Fr 9 bis 18 Uhr. Ärzte- und Apothekenbereitschaftsdienste über Tel. 01 15 00.

Medien

• **Zeitungen/Zeitschriften:** Alle überregionalen Tageszeitungen sind erhältlich, ebenfalls fremdsprachige Zeitungen. Um sich über Dresden und Sachsen auf dem laufenden zu halten, empfiehlt sich die Lektüre der „Sächsischen Zeitung" oder der „Dresdner Neuesten Nachrichten".

Die Stadtmagazine „SAX" und „Dresdner" erscheinen monatlich und bringen neben einem umfangreichen Programm- und Adressenteil Beiträge zur Stadtpolitik, Kultur und Kunst. Monatlich erscheinen „Blitz–das kostenlose Stadtmagazin" und „in DRESDEN aktuell", wöchentlich die Zeitungen „Sächsischer Bote" und „Wochenkurier". Diese Informationsmaterialien wie auch Monatsprogramme von Kulturhäusern, Jugendklubs, Theatern und weiteren Veranstaltern liegen kostenlos aus bei „Tourist-Information" (siehe *Nützliche Adressen* Seite 246), in Kaufhäusern und Geschäften, Rathäusern, Hotels, Vorverkaufskassen und Bibliotheken.

• **Radio:** Speziell über Dresden und das Land Sachsen berichtet der Sender *mdr 1 Radio Sachsen,* Sendezeit: täglich 5–24 Uhr. Sie werden informiert über Veranstaltungen, Straßenverkehr, Wetter, Sportergebnisse usw. Empfang über UKW 92,2 MHz.

• **Fernsehen:** Der Fernsehsender „mdr" sendet werktags um 19 Uhr in der Sendung „Sachsenspiegel" Berichte und Nachrichten aus der Region.

Auf der Frequenz des Senders RTL wird ebenfalls werktags um 18 Uhr das Regionalprogramm „Drehscheibe Dresden" ausgestrahlt.

Post

Die Postämter haben sehr unterschiedliche Öffnungszeiten. Folgende Filialen haben durchgehend geöffnet:
Filiale 1, Königsbrücker Str. 21-29, 01099 Dresden, Tel. 44 41-3 70-372. Mo–Fr. 8–18 Uhr, Sa 8–12 Uhr.
Filiale 12, Am Queckbrunnen, 01067 Dresden, Tel. 4 95 30 17. Mo–Fr 8–18 Uhr, Sa 8–12 Uhr.
Filiale 16, Gerokstr. 18, 01287 Dresden, Tel. 4 59 33 08. Mo–Fr 8–18 Uhr, Sa 9–12 Uhr.
Filiale 72, St. Petersburger Str. 26 (Eingang Prager Str.), 01069 Dresden, Tel. 4 95 15 11 und 4 95 24 45. Mo, Di, Mi, Fr 8–18 Uhr, Do 8–20,30 Uhr, Sa 9–12 Uhr, So 10–11 Uhr.

Briefmarken sind an den Automaten erhältlich, die vor fast allen Filialen und an stark frequentierten Stellen stehen. Briefkästen werden je nach Standort bis zu fünf mal pro Tag geleert. An den Filialen 1 und 12, am Hauptbahnhof, Wiener Platz und Altmarkt erfolgt eine Mitternachtsleerung. Die Leerungszeiten stehen an jedem Briefkasten.

Telekommunikation

Telefonzellen sind gelb oder grau/pink. Ob für Inland und/oder Auslandsgespräche ist von außen manchmal nicht ersichtlich. Sie erkennen es an den Einwurfschlitzen für Geldstücke. Für Ortsgespräche benötigt man drei Zehnpfennig-Stücke, für Ferngespräche 0,50- oder 1 DM-Münzen. Dresden ist voll in das bundesdeutsche Telecomnetz integriert.

Die meisten Fern- und Auslandsverbindungen sind im Selbstwählverkehr herzustellen. Die Vorwahlziffern entnehme man den Telefonbüchern; ist keines vorhanden, hilft die **Auskunft** weiter: Auskunft Inland: 0 11 88, Auskunft Ausland: 0 01 18.
Vorwahl für Dresden ist 03 51; **Vorwahl für Österreich:** 0043; **Vorwahl für die Schweiz:** 0041.

Telefondienste

Benachrichtigungs-, Weckaufträge 0 11 41
ADAC-Verkehrsservice 0 11 69

Telegrammaufgabe per Telefon 0 11 31, per Telefax 0 11 36
Theater- und Konzertinformation 01 15 17
Ärztl. Bereitschaftsdienst/Apotheken 01 15 00
Fußballtoto 0 11 61
Lotto 0 11 62
Zeitansage 0 11 91

Telex/ Telefax

Die meisten Hotels haben Telex-Anschlüsse, die den Gästen zur Verfügung stehen. In den größeren Hotels befinden sich auch Telefax-Anschlüsse (Benutzung nur für Gäste).

Nützliche Adressen

Informationsstellen

Tourist-Information Prager Straße, Prager Str. 10, 01069 Dresden, Tel. 4 91 92-0, Fax 4 95 12 76. März bis Oktober Mo–Fr 9–18.30 Uhr, Sa 9–17 Uhr, So/Feiertage geschlossen; November bis Februar Mo–Fr 9–18 Uhr, Sa 9–14 Uhr, So/Feiertage geschlossen.
Tourist-Information Neustädter Markt, Fußgängertunnel, 01097 Dresden, Tel./Fax 5 35 39. Mo–Fr 9–18 Uhr, Sa 9–16 Uhr, So/Feiertage 10–16 Uhr.

Das Service-Angebot von Tourist-Information umfaßt Stadtinformation, Stadtrundfahrten und -gänge, Zimmervermittlung, Kartenservice, Dolmetscher/Gästeführer, Transfer/Busse, Mietwagen/Limousinendienst, Organisation und Durchführung von Gruppen- und Einzelreisen.
Dresden-Werbung und Tourismus GmbH, Goetheallee 18, 01309 Dresden, Tel. 49 12 21 15, Fax 3 52 47.
Zentraler Kulturservice im Kulturpalast, Schloßstr. 2, PF 720201, 01021 Dresden, Tel. 4 86 66 66, Fax 4 86 63 53. Mo–Fr 9–18 Uhr, Sa 10 bis 14 Uhr. Information und Beratung zum Kulturangebot der Stadt, zentraler Kartenvorverkauf für Bühnen und Veranstaltungsstätten in Dresden und der näheren Umgebung.

Reisebüros

Im Stadtzentrum liegen viele Reisebüros dicht beieinander. Sie befinden sich vor allem in der Prager Straße, der Wilsdruffer Straße, dem Neustädter Markt und der Königsbrücker Straße.

Unterwegs

Mit Kindern

Das Kulturangebot für Kinder ist reich und anspruchsvoll wie in kaum einer anderen deutschen Stadt. Besonders die Pflege des Puppenspiels und Kindertheaters ist gute alte sächsische Tradition. Straßenfest für Kinder finden in der Sommerzeit an fast jedem Wochenende statt, und auch bei anderen Dresdner Volksfesten kommen die Kinder normalerweise nicht zu kurz.

Höhepunkte bilden neben der ausführlich im Buch beschriebenen Kinderstraßenbahn, die Parkeisenbahn im Großen Garten. Die 1950 eingeweihte Bahn verbindet, vorrangig für Kinder, Zoo, Freilichtbühnen und Carolasee (Gondelmöglichkeit) mit dem städtischen Nahverkehr.

Ein mannigfaltiges Angebot bietet die „Kümmelschänke" in Dresden-Omsewitz. Hier lernen Kinder im typischen Dorfambiente Brotbacken im Holzfeuerofen, Spinnen und Weben, Töpfern, Schmieden oder Papier schöpfen. Auf dem ca. 8500 m^2 großen Grundstück mit seiner Streuobstwiese und freilaufenden Haustieren gerät der Großstadtstreß in völlige Vergessenheit.

Für die Ferienzeit erstellt das Jugendamt der Stadt einen umfangreichen Ferienpaß mit dutzenden Angeboten verschiedenster Anbieter.

Als Orientierungshilfe dient den Dresdner Kindern der Kinderstadtplan.
Theater der Jungen Generation, Meißner Landstraße 4, 01157 Dresden, Tel. 4 21 45 67. Spielplan für Kinder ab sechs Jahre.
Staatl. Puppentheater, Leipziger Straße 220, 01139 Dresden, Tel. 8 49 04 18. Für Kinder und Familien.
Puppentheater „Sonnenhäusel", im „Großen Garten". Spielplan ab vier Jahre.
Puppentheatersammlung, Barkengasse 6, 01445 Radebeul, Tel. 7 43 73. Di–Fr 9–16 Uhr, jeden letzten Sonntag im Monat 10–17 Uhr.

Jugendkunstschule Schloß Albrechtsberg, Bautzner Str. 130, 01099 Dresden, Tel. 5 56 55. In diesem wunderbaren klassizistischen Schloß können sich Kinder aller Altersstufen bei Sport und Spiel und Basteln vergnügen. Im großen Parkgelände befinden sich ein Schwimmbecken, Sport- und Spielanlagen und eine Gärtnerei.
BioTop Kümmelschänke e.V., Kümmelschänkenweg 2, 01157 Dresden, Tel. 43 45 38.

Karten

Stadtpläne sind in jeder Buchhandlung und an Zeitungskiosken erhältlich. Im Buchhandel sind folgende Materialien des RV-Verlages über Dresden erhältlich:
Euro-Stadtatlas, 1:20 000, ca. 60 Seiten, 14,80 DM.
Euro-City Stadtplan, 1:20 000, 4,80 DM.
Euro-Reiseziele, Dresden 9,80 DM.
Deutschland, 1:300 000, Blatt 7 Thüringen, Sachsen, 12,80 DM.
Deutsche Bundesländer, Freistaat Sachsen, 1:250 000, 7,80 DM.
Euro Cart Deutschland, 1:200 000, Blatt 15, Sachsen, Dresden, Leipzig, Erzgebirge, Sächsische Schweiz, 10,80 DM.
Reisevideo Sachsen, 30 Minuten, 39 DM.

BUCHANDLUNGEN FÜR REISELITERATUR
Buchhandlung das internationale Buch, Kreuzstr. 4, 01067 Dresden, Tel. 4 95 41 90.
Haus des Buches, Wilsdruffer Str. 29, 01056 Dresden, Tel. 4 95 21 35.
Buchhandlung „Heinrich Mann", Prager Str. 7, 01069 Dresden, Tel. 4 95 51 08.

Außerdem erhalten Sie in Hotels, in Reisebüros oder bei „Tourist-Information" (siehe *Nützliche Adressen* Seite 246) Orientierungspläne mit kleinem Informationsteil.

Verkehrsmittel

Öffentliche Verkehrsmittel

In Dresden gibt es ein dichtes Netz von öffentlichen Verkehrsmitteln: Die Straßenbahn erschließt mit 15 Linien die Stadt flächendeckend. Die 27 Stadtbuslinien stellen die Querverbindungen zwischen den Straßenbahn- und SV-Bahnlinien her und fahren in die Stadtrandgebiete und umliegenden Ortschaften. Wichtige Umsteigepunkte:
• Auf dem inneren Stadtring (26er Ring): Hauptbahnhof, Bahnhof Mitte, Bahnhof Neustadt, Albertplatz und Straßburger Platz.
• Im städtischen Kerngebiet: Postplatz und Pirnaischer Platz.

Mit der Stadt-Vorortbahn kann man zeit- und preisgünstig die Gebiete der Sächsischen Schweiz, den Tharandter Wald, die Dresdner Heide und die Meißner Weinanbaugebiete erreichen.

Mit 70 Linien werden vom regionalen Busverkehr Orte in der näheren und weiteren Umgebung Dresdens erreicht, insbesondere in den Kreisen Dresden, Freital und Dippoldiswalde, auch die Ausflugsziele des Erzgebirges. Fernlinien verkehren zudem bis Annaberg, Olbernhau, Hoyerswerda und Zittau.

Im Gebiet von Loschwitz verkehren eine Schwebebahn und eine Standseilbahn. Innerhalb des Großen Gartens fährt eine Parkbahn. Auch die Fähren über die Elbe gehören zum öffentlichen Verkehrsdienst.

Barzahlung ist in den Verkehrsmitteln (außer Fähren und Bergbahn) nicht möglich. Fahrscheine müssen vor Antritt der Fahrt gelöst werden. Sie erhalten sie an Kiosken der Verkehrsbetriebe, auch in kleinen Läden und an den Verkaufsautomaten an wichtigen Verkehrsknotenpunkten. Neuerdings sind Fahrausweise auch bei den Straßenbahn- und Busfahrern (gegen Wagenverkaufszuschlag) erhältlich.
• **Tarife Strassenbahnen/Busse:** Erwachsene zahlen für eine Fahrt (bis zu einer Stunde) 2 DM; eine Kurzfahrt (bis zu vier Stationen) kostet 1 DM. Weiterhin sind im Angebot eine 24 Stunden-Karte für 6 DM und eine Familientageskarte (für zwei Erwachsenen und maximal vier Kinder) für 7 DM.

Die CityRegioCard wird von den städtischen Verkehrsbetrieben und der Deutschen Bahn AG verkauft. Zum Preis von 17 DM können zwei Erwachsene mit drei Kindern alle Straßenbahnlinien, städtische Buslinien sowie die S-Bahn im gesamten Tarifgebiet benutzen. Sie gelten in den Schulferien täglich, an Wochenenden und gesetzlichen Feiertagen für den Tag der Entwertung bis 3 Uhr des nächsten Tages.

Kinder von 6–14 Jahren, die den FERIENPASS der Stadt Dresden zum Preis von 10 DM besitzen, können während der Sommerferien alle Straßenbahnen und Stadtbusse kostenlos benutzen. Ab 1996 sind weitere Fahrpreiserhöhungen zu erwarten.

STRASSENBAHNEN & BUSSE
Sie fahren tagsüber in einem Rhythmus zwischen sieben und 15 Minuten. Nachts ist es ratsam, den Fahrplan zur Hilfe zu nehmen, da die Zeitabstände oft sehr groß sind. Hauptbahnhof und Neustädter Bahnhof verbinden die Straßenbahnlinien 3, 11 und 26. Am Hauptbahnhof verkehren Busse und Bahnen in fast alle Richtungen.

S-BAHN
Die Deutsche Behn AG betreibt im Vorortbereich Personenverkehr zum S-Bahn-Tarif. Die Tarife sind in Preisstufen eingeteilt. Kurzstrecke und Preisstufen 1 bis 7: 1 bis 8 DM, ermäßigter Tarif 0,50 bis 4 DM. Erste Klasse 1,50 bis 12 DM, bzw. 0,80 bis 6 DM.

Die Fahrkarten sind im Reisezentrum im Hauptbahnhof Dresden, auf den Bahnhöfen an Schaltern oder Automaten erhältlich. Sie sind vor Antritt der Fahrt zu entwerten.

REGIONALER BUSVERKEHR
Die zentrale Abfahrt und Ankunft ist am Wiener Platz, nahe dem Hauptbahnhof, noch bis September 1995. Danach erfolgt eine Verlagerung (wahrscheinlich) nach der Bayerischen Straße. Es ist daher empfehlenswert vorab Informationen einzuholen bei **Regionalverkehr Dresden GmbH,** Ammonstr. 25, 01067 Dresden, Auskunft: Tel. 4 92 13 13.

WEISSE FLOTTE
Die Schiffe der Weißen Flotte fahren von April bis Oktober fahrplanmäßig von Dresden nach Bad Schandau / Schmilka (Sächsische Schweiz) und zurück, von Mai bis September nach Meißen/Seußlitz und zurück.

Die Hauptanlegestelle befindet sich am Terrassenufer unterhalb der Brühlschen Terrasse. Unterwegs sind zahlreiche Haltestellen. In den Sommermonaten finden laufend Sonderfahrten mit den Schiffen der Weißen Flotte statt (Dixielandfahrten, Sommernachtsfahrten, Urania-Sonderfahrten). Die Voranzeigen finden Sie in der Tagespresse und durch Aushänge am Terrassenufer.

Fahrten nach Tschechien werden als Duty-free-Fahrt von Bad Schandau aus nach Decin durchgeführt (Mo, Di und Mi).
Sächsische Dampfschiffahrts GmbH & Co., Lingneralle 3, 01069 Dresden, Tel. 4 96 93 50.

Bergbahnen

Der Fahrpreis beträgt 2,50 DM, eine Barzahlung beim Wagenbegleiter ist möglich. Sammelkarten für 12 Fahrten kosten 12 DM. Kinderwagen und Fahrräder können befördert werden.

Standseilbahn

Sie verbindet Loschwitz (Körnerplatz) und den Weißen Hirsch und zählt zu den ältesten Europas. Verkehrszeiten: Mo–Fr 6.30–22 Uhr; Sa/So 8–22 Uhr. Fahrzeit: fünf Minuten.

Schwebeseilbahn

Sie ist die älteste der Welt und verbindet Dresden–Loschwitz (Pillnitzer Landstraße) und Oberloschwitz. Oben befindet sich eine Aussichtsplattform. Verkehrszeiten: Mo–Fr 10–19 Uhr; Sa/So 10–21 Uhr. Fahrzeit: drei Minuten.

Parkbahn im Grossen Garten

Sie fährt von April bis Oktober. Anfangs- und Endstation ist am Straßburger Platz. Sie hält unterwegs an vielen Bahnhöfen, z. B. am Zoo. Zur Parkbesichtigung kann man auch eine Rundfahrt machen. Abfahrt Straßburger Platz: April bis Oktober 10–17.30 Uhr; Mai bis September 9–18.30 Uhr.

Elbfähren

Die Elbfähren befördern Personen, Kinderwagen, Fahrräder, manche auch Motorräder. Die einzige Autofähre verkehrt zwischen Kleinschachwitz und Pillnitz.
Folgende Fähren bestehen:
– Kleinschachwitz–Pillnitz: Wagenfähre mit Personenbeförderung, Schloßfähre. Mo–Fr 4.30–0.30 Uhr; Sa/So 5.30–0.30 Uhr.
– Tolkewitz–Niederpoyritz: Mo–Fr 5–20 Uhr; Sa/So 10.30–18 Uhr.
– Johannstadt–Neustadt: Mo–Fr 6 bis 20 Uhr; Sa/So 8.30–20 Uhr.
– Schlachthof–Piesenen: Mo–Fr 5 bis 8.30 und 14–17.30 Uhr.

Schmalspurbahnen

Eine besondere Attraktion ist es, mit der Schmalspurbahn durch die landschaftlich reizvolle Umgebung Dresdens zu fahren. Es bestehen folgende Verbindungen:
– Freital/Hainsberg–Kurort Kipsdorf (über Talsperre Malter).
– Radebeul–Radeburg (über Moritzburg).
– Zittau–Oybin/Jonsdorf (Zittauer Gebirge).

In der Sächsischen Schweiz verkehrt zwischen Bad Schandau und Lichtenhainer Wasserfall die Kirnitzschtalbahn.

An- und Abfahrszeiten finden sich im Fahrplan der Deutschen Bahn AG (DB).

Taxis

Am Flughafen, an den Bahnhöfen, an etwa 80 Taxiständen in der Stadt stehen ausreichend Taxen zu Ihrer Verfügung. Innerhalb der Stadt beträgt der Grundpreis 3,90 DM und 1,90 DM pro Kilometer. Außerhalb der Stadt gelten Vereinbarungspreise. Entgelt für Wartezeit pro Stunde 24 DM.
Taxiruf: 4 59 81 12 (Funktaxi)
Behindertentaxi: Di/Do Tel. 4 35 32 42, sonst 4 35 32 36.

Mit dem Auto

Autovermietung

Das Mindestalter des Fahrers beträgt 21 Jahre. Er muß wenigstens zwei Jahre über einen Führerschein verfügen.

Mietpreise richten sich nach Autotyp und Kilometerzahl. An Wochenenden gibt es verbilligte Sondertarife.

Am Flughafen Klotzsche bieten folgende Firmen ihre Dienste in einem Mietwagen-Pavillion an:
Europcar, Tel. 8 81 45 92, Reservierungszentrale 01 30/22 11, weitere drei Stationen in Dresden.
AVIS, Tel. 88 11 46 00, Reservierungszentrale 0 61 71/68-18 00, auch noch Friedrichstr. 24.
Alamo, Tel. 8 81 45 75, Reservierungszentrale 01 30/82 44 22.
Hertz, Tel. 8 81 45 80, Reservierungszentrale 01 30/21 21, weitere zwei Stationen in Dresden.
Glöckner, Tel. 8 81 46 40.
Sixt, Tel. 8 81 45 70, Reservierungszentrale 0 89/66 69 50, weitere drei Stationen in der Stadt.
ADAC, Tel. 8 81 52 30, Reservierungszentrale 01 30/81 81 81 und 0 89/76 76 48 18, noch zweimal in Dresden.

Alle größeren Hotels haben einen Mietagenservice. Darüberhinaus gibt es weitere 28 Firmen dieser Branchen in Dresden.

Mitfahrzentralen

Mitfahrzentrale ADM, Königstr. 10, 01097 Dresden, Tel. 1 94 40.
Mitfahrzentrale, Bischofsweg 66, 01099 Dresden, Tel. 8 01 05 47-8.

Selbstfahrer

Der ADAC erteilt Auskünfte in allen Fragen. Dort erhalten Sie Unfallformulare, können sich beraten und helfen lassen.
ADAC Sachsen e.V., Schandauer Straße 44/46, 01277 Dresden, Tel 44 78 80.

Im Notfall

Einen **Wagendiebstahl** sofort dem zuständigen Polizeirevier melden. Polizeirevier Mitte, Rampische Straße 18, 01067 Dresden, Tel. 4 83 26 02.

Bei **Verkehrsunfällen** anhalten, Unfallstelle sichern (Warndreieck), Notfall polizeilich melden (Tel. 110), Adresse und KFZ-Kennzeichen von Zeugen aufnehmen. Der Unfall muß innerhalb von 24 Stunden gemeldet werden.

Versicherungsansprüche sind an die Versicherung des Wagenhalters zu stellen. Der Halter ist auskunftspflichtig. Notfalls erfährt man die Versicherung des Halters beim Zentralruf der Autoversicherer.
Unfallschutzstelle Dipl.-Ing. J. Heller, Boltenhagener Str. 17, 01109 Dresden, Mo–Fr 8–17.30 Uhr, Tel. 8 80 19 55.

Pannen- und Abschleppdienst

Die Gelben Engel des ADAC und des ACE sind auf Autobahnen und in Großstädten einsatzbereit, um bei Pannen zu helfen. Die Straßenwachthilfe ist in der Regel kostenfrei, wenn man Mitglied ist oder im Fall des Falles Mitglied wird.
ADAC-Pannenhilfe, Tel. 0 18 02/22 22 22.
Abschleppservice Sachsen GmbH, Fröbelstr. 10/12, 01159 Dresden, Tel. 49 24 80.
Abschlepp- und Pannendienst „Legend", Industriegelände, Straße B, Nr. 10, 01099 Dresden, Tel. 80 86 00, Tag und Nacht.
Abschlepp- und Pannendienst Mainka Lutz, Turnerweg 1, 01445 Radebeul, Tel. 7 57 14.

REPARATUREN

Im Telefonbuch sind zur Zeit 68 Autoreparaturbetriebe aufgeführt, die z. T. frei, z. T. typgebunden arbeiten.

TANKSTELLEN

Tankstellen haben im allgemeinen von 6–22 Uhr geöffnet, einige auch durchgehend. Alle Benzinsorten sind erhältlich. In Dresden ist jetzt ein ausreichend dichtes Netz von Tankstellen vorhanden, vor allem an den Ausfallstraßen.

PARKEN

Es ist ratsam, bei einem Stadtbummel das Auto in der Hotelgarage stehen zu lassen; einen Parkplatz zu finden, ist schwierig. Auf den explosionsartig angestiegenen Autoverkehr hat sich die Stadt noch nicht eingestellt. Es gibt keine Parkhäuser, Tiefgaragen nur in Interhotels. Die wenigen Parkplätze sind meist gebührenpflichtig.

Unterkunft

Allgemeines

Die Unterkunftssituation hat sich in den letzten Jahren wesentlich verbessert. Gegenwärtig (Stand Dezmber 1994) stehen in Dresden zur Verfügung: 50 Hotels mit ca. 8000 Betten, 40 Pensionen mit 500 Betten, zwei Jugendherbergen mit 126 Betten. Weitere Hotels sind im Bau, das Angebot wird sich noch verbessern. Dennoch sollten Sie frühzeitig buchen, denn auch die Zahl der Übernachtungen in Dresden ist ständig im Wachsen.

Wer weniger auf Komfort, sondern mehr auf Begegnung mit Einheimischen setzt, der sollte eine Unterkunft in Privatzimmern suchen, die über Tourist-Information (siehe *Nützliche Adressen* Seite 246) telefonisch gebucht werden können.

Im Dresdner Hauptbahnhof zeigt eine Hotelreservierungsanlage für eine Reihe angeschlossener Hotels mittels Belegungsanzeige den aktuellen Stand (rot: ausgebucht; grün: Zimmer frei).

Auch in der Funk-Taxi-Zentrale ist eine Hotel-Belegungsanzeige installiert, so daß der Taxifahrer über Funk erfragen kann, welche Häuser freie Plätze haben. Dies können Sie auch telefonisch unter Tel. 1 94 14 erfahren.

Die Hotelpreise variieren je nach Ausstattung und Service stark. Entsprechend internationaler Gepflogenheiten sind sie in fünf Kategorien eingestuft. Nachfolgende Tabelle beinhaltet die Preise für Einzel-/Doppelzimmer (in DM):

*****	250–425/310–475
****	110–340/165–455
***	95–330/100–330
**	90–180/100–210
*	70–98/129–139
Pensionen	30–139/50–180
Privatzimmer	ab 30

Hotels

Kempinski Hotel Taschenbergpalais Dresden *****, Am Taschenberg, 01067 Dresden, Tel. 4 91 20 Fax 4 91 28 12. Reservierungen auch über Tel. 33 39.

Maritim Hotel Bellevue Dresden *****, Große Meißner Str. 15, 01097 Dresden, Tel. 5 66 20 Fax 5 59 97.

Dresden Hilton ****, An der Frauenkirche 5, 01067 Dresden, Tel. 4 84 10 Fax 4 84 17 00.

Dorint-Hotel Dresden ****, Grunaer Str. 14, 01069 Dresden, Tel. 6 56 00, Fax 6 56 01 00.

Am Terrassenufer ****, Terrassenufer 12, 01069 Dresden, Tel. 4 40 95 00 Fax 4 40 96 00.

Ringhotel Residenz Alt Dresden ****, Mobschatzer Str. 29, 01157 Dresden, Tel. 4 28 10, Fax 4 28 19 88.

Best Western Resident Hotel ****, Brünner Str. 11, 01279 Dresden, Tel. 2 56 20, Fax 2 56 28 00.

Best Western Airport Hotel ****, Karl-Marx-Str. 25, 01109 Dresden, Tel. 8 83 30, Fax 8 83 33 33.

Coventry Cottage & Gardens ****, Hüßlerstr. 1, 01237 Dresden, Tel. 2 81 63 11, Fax 2 81 63 10.

Bayerischer Hof ****, Antonstr. 35, 01097 Dresden, Tel. 5 02 41 93, Fax 57 05 89.

Ambiente garni, Meusegaster Str. 23, 01259 Dresden, Tel. 22 18 80, Fax 2 21 88 36.

Am Blauen Wunder, Loschwitzer Str. 48, 01309 Dresden, Tel. 3 36 00, Fax 3 36 62 99.

Mercure NEWA Dresden ***, St. Petersburger Str. 34, 01069 Dresden, Tel. 4 81 41 09, Fax 4 95 51 37.

Astron ***, Hansastr. 43, 01097 Dresden, Tel. 4 77 20, Fax 4 77 22 00.

Alpha-Hotel ***, Fritz-Reuter-Str. 21, 01097 Dresden, Tel. 5 02 24 41, Fax 57 13 90.

Florentina-Hotelschiff ***, Terrassenufer, PF 120186, 01003 Dresden, Tel. 4 59 01 69, Fax 4 59 50 36.

Schloß Eckberg ***, Bautzner Str. 134, 01099 Dresden, Tel. 5 25 71, Fax 5 53 79.

Hotel Prinz Eugen *** garni, Gustav-Hartmann-Str. 4, 01279 Dresden, Tel. 2 51 59 98, Fax 2 51 59 86.

Martha-Hospiz ***, Nieritzstr. 11, 01097 Dresden, Tel. 5 67 60, Fax 5 32 18.

An der Rennbahn*, Winterbergstr. 96, 01237 Dresden, Tel. 2 54 00 30, Fax 2 52 27 85.

Rothenburger Hof ***, Rothenburger Str. 17, 01099 Dresden, Tel. 5 02 34 34, Fax 5 02 28 08.

Cotta-Hotel, Mobschatzer Str. 17, 01157 Dresden, Tel. 4 28 60, Fax 4 28 63 33. EZ 185 DM, DZ 255 DM.

Hotel Verde, Buchenstr. 10, 01097 Dresden, Tel. 8 11 10, Fax 8 11 13 33.

Hotel Classic ***, Winckelmannstr. 6, 01069 Dresden, Tel. 47 85 00, Fax 4 78 50 99.

ibis Hotels: Königstein **, **Lilienstein** **, **Bastei** **, Prager Str., 01069 Dresden, Zentrale Reservierung Tel. 4 85 66 66.

Wenotel **, Schlachthofring 24, 01067 Dresden, Tel. 4 97 60, Fax 4 97 61 00.

Novalis **, Bärnsdorfer Str. 185, 01127 Dresden, Tel. 5 61 30, Fax 5 61 31 80.

Waldparkhotel **, Prellerstr. 16, 01309 Dresden, Tel. 3 44 41, Fax 3 01 84.

Motel Ascot **, Am Wiesenrand 5-9, 01259 Dresden, Tel. 2 02 38 48, Fax 2 02 38 47.

Hotel Stadt Rendsburg, Kamenzer Str. 1, 01099 Dresden, Tel. 5 15 51, Fax 5 02 25 86. EZ 65–135 DM, DZ 95–185 DM.

Hotel Burgk, Burgkstr. 15, 01159 Dresden, Tel. 4 21 46 44, Fax 4 21 51 09. EZ 100–170 DM, DZ 170–230 DM.

robotron City Herberge, Lingnerallee, 01069 Dresden, Tel. 4 85 99 00. EZ 65 DM, DZ 100 DM.

Pensionen

Darunter sind hier Gastgewerbebetriebe einfachster Art mit individueller Bedienung zu verstehen; sie sind vor allem preiswerter als Hotels. Für die Zimmervermietung wenden Sie sich bitte direkt an die Pensionen.

Hotel Pension „Am Südwesthang", Am Südwesthang 8, 01187 Dresden, Tel. 4 11 03 58. EZ 125 DM; DZ 150 DM.
Hotel-Pension Wölfnitz, Altwölfnitz 5, 01169 Dresden, Tel. 4 11 99 11, Fax 4 11 99 12.
Pension „An der Weißeritz", Hofmühlenstr. 14, 01187 Dresden, Tel. 4 28 74 07, Fax 4 28 74 08.
Gästehaus Hesse, Fährstr. 20, 01279 Dresden, Tel. 2 37 18 42, Fax 2 52 36 21. EZ 100 DM, DZ 130–150 DM.
Pension Lorenz, Lindenplatz 1, 01157 Dresden, Tel. 4 21 20 47. EZ 65 DM, DZ 98 DM.
Pension Maria am Blauen Wunder, Körnerweg 4, 01326 Dresden, Tel. 3 74 04 97.
Pension Schütze Nichtraucherhaus, Klosterteichplatz 3, 01219 Dresden, Tel. 4 70 77 87. EZ 98–140 DM; DZ 120–180 DM.
Pension Am Berg, Berggasse 9, 01109 Dresden, Tel. und Fax 4 60 91 94. EZ 93–100 DM; DZ 135 bis 160 DM.
Pension Kathrin, Leipziger Str. 169, 01139 Dresden, Tel. 5 69 23 67. EZ 119–139 DM, DZ 158–178 DM.
Haus Roseneck, Plattleite 64, 01324 Dresden, Tel. 3 74 06 59, Fax 37 67 01. EZ 125–135 DM, DZ 150 bis 160 DM.
Gästehaus Bellmann, Kretschmerstr. 16, 01309 Dresden, Tel. 3 81 50. EZ 72 DM, DZ 99–134 DM.
Pension Tyrian, Wilhelm-Müller-Str. 1, 01157 Dresden, Tel. 4 21 20 34, Fax 4 21 98 83. EZ 75 DM, DZ 108 DM.
Pension Ulrich Nichtraucher, Kauschaer Str. 37, 01239 Dresden, Tel. 4 70 61 46. EZ 50–90 DM, DZ 64 bis 110 DM.
Pension „Villa Daheim", Berthold-Haupt-Str. 141, 01259 Dresden, Tel. und Fax 2 01 35 13. EZ 78–88 DM, DZ 110 DM.
Pension „Villa Reiche", Meißner Landstr. 77, 01157 Dresden, Tel. 4 21 03 31. DZ 80–120 DM.

Pension zur Post Hotel Garni, Meißner Landstr. 125, 01157 Dresden, Tel. 4 52 00 40. EZ 99–120 DM, DZ 135 bis 160 DM.
Pension Zum Nußbaum, Wirtschaftsweg 13, 01157 Dresden, Tel. 4 21 03 54. EZ 75–105 DM, DZ 120 bis 160 DM.
Pension Sonntag, Gertrud-Caspari-Str. 6, 01109 Dresden, Tel. 8 80 40 98.

Mitwohnzentrale

Mitwohnzentrale Wohnen auf Zeit, Bischofsweg 66, 01099 Dresden, Tel. 5 16 77 und 8 01 05 47.
Mitwohnzentrale-Agentur, Königstr. 10, 01097 Dresden, Tel. 5 02 22 33 und 1 94 30, Fax 5 02 25 09.
Mitwohnvermittlung, Comeniusstr. 40, 01309 Dresden, Tel. 4 41 83 02, Fax 4 41 83 02.

Camping

Wildes Camping ist nicht gestattet. In Dresden und Umgebung stehen Ihnen Campingplätze vom 1. Mai bis 30. September zur Verfügung. Sie können auch mit Wohnwagen oder Wohnmobil anreisen. Für einen längeren Aufenthalt (mehr als drei Tage) empfiehlt sich vorherige Anmeldung. Auf einigen Plätzen können Sie auch für 20 DM pro Bett und Tag einen Bungalow mieten. In Campinghütten kostet das Bett zwischen 3 und 10 DM. Die Gebühren eines Stellplatzes liegen zwischen 3 und I7 DM pro Tag.

Camping Mockritz, 01217 Dresden-Mockritz, Boderitzer Str., Tel. 47 52 50. Mit Freibad, für Wohnmobile zugelassen. Person/Nacht 4 DM, Kinder 2,50 DM.
Caravan Camping, 01109 Dresden, Elsterweg 13, Tel. 8 80 97 92. 25 Stellplätze; Person/Nacht 5 DM, Kinder 3,50 DM.
Schaffer-Mobil, 01139 Dresden, Kötzschenbroder Str. 125, Tel. 8 30 26 06. 20 Stellplätze.
Camping Wostra, 01259 Dresden, Trieskestraße, Tel. 2 01 32 54. Am Elbufer, Freibad angeschlossen. Wohnmobile zugelassen, Bungalowvermietung, Zelt- und Schlafsackvermietung Person/Nacht 4 DM, Kinder 2,50 DM.
Camping Mittelteichbad, 01468 Moritzburg, Tel. 035207/423. Badesee, 1,5 Kilometer vom Schloß Moritzburg, 280 Stellplätze.

Camping Oberer Waldteich, 01468 Volkersdorf, Tel. 035207/469. Vier Kilometer von Moritzburg, Busverbindung nach Dresden, Waldlage. 80 Stellplätze. Person/Nacht 6 DM, Kinder 3 DM.
Camp Sonnenland, 01468 Reichenberg, Tel. 4 72 77 88. Ein Kilometer von Moritzburg und Friedewald. Badesee. 450 Stellplätze, auch Betten in festen Unterkünften.
Camp Oberer Waldteich, 01468 Boxdorf, Tel. 035207/429. Ein Kilometer von Moritzburg, Busverbindung nach Dresden, Waldlage. 400 Stellplätze.
Kim Park Camping, 01462 Altfranken, Tel. 64 12 15. Sieben Kilometer von Dresden, nahe der B 173 gelegen. 150 Stellplätze. Person/Nacht 4,50 DM, Kinder 3 DM.

Weitere Campingplätze befinden sich in 01744 Malter (Talsperre Malter) 01471 Radeburg (Röderstausee) und in der Sächsischen Schweiz.

Jugendherbergen

Städtische Jungendherberge Rudi Arndt, Hübnerstr. 11, 01069 Dresden, Tel. 4 71 06 67, Fax 4 72 89 59. Die Herberge befindet sich in einer Jugendstil-Villa in der Dresdner Südvorstadt. Übernachtung nur mit gültigem Mitgliedsausweis des DJH oder IYHF.
Jugendgästehaus Dresden, Materistr. 17, 01067 Dresden, Tel. 4 90 33 09, Fax 4 90 33 00. Das JGH befindet sich im Zentrum der sächsischen Metropole, nur wenige Minuten Fußweg von den historischen Bauten und den zahlreichen Museen entfernt. Junioren/Nacht 36,50–41,50 DM, Senioren/Nacht 41,50–46,50 DM.
Jugenherberge Oberloschwitz, Sierksstr. 33, 01326 Dresden, Tel. 3 66 72.

Privatzimmer

Tourist-Information, Prager Str. 10, 01069 Dresden, Tel. 4 91 92-0, Fax 4 95 12 76.

Essen & Trinken

Allgemeines

Das Ausgehen in Dresden ist leichter geworden. Seit der Wende ist das Angebot an Kultur und Amüsement reicher geworden. Vor allem die Gastronomie hat vom Ende der Mangelwirtschaft und vom Anschluß an den westlichen Markt profitiert. Dafür haben sich die Preise ans westliche Niveau angeglichen. Restaurantbesuche können sich viele Dresdner nicht mehr im früheren Umfang leisten, und auch auf die Oper-, Theater- und Konzertveranstaltungen sind wegen der Erhöhung der Eintrittspreise und verschärfter Konkurrenz mit westlichen Kulturimporten nicht mehr ständig ausverkauft. Ein Vorteil für die Besucher: Sie müssen ihre Abende nicht mehr im voraus planen, sondern können sich spontan entscheiden, ob sie ausgehen und wohin sie wollen.

Schöne Sommerabende wird man bald wieder überall in der Stadt in **Biergärten** und **Gartenlokalen** genießen können. Die standen einst bei Einheimischen und Gästen in hoher Gunst, doch litt auch dieses Stück Alltagskultur unter dem allgemeinen Verfall des Gaststättenwesens seit den fünfziger Jahren. Pedantische gesetzliche Regelungen und Schwierigkeiten bei der Beschaffung von Tischen und Stühlen vergällten den Gastwirten die Lust. Jetzt hat der Ausschank im Freien wieder Hochkonjunktur.

Ein besonders träumerischer Ort ist die **Terrasse am Carolaschlößchen** im Großen Garten. Sicher wird es bald wieder auf Vordermann gebracht sein, ebenso wie das Narrenhäusl an der Augustusbrücke. Auch einige der Neustadtkneipen stellen im Sommer Tische und Stühle in den Hinterhof.

Geschäftsreisende und Nobeltouristen werden die Cafés in unmittelbarer Nachbarschaft zum „Dresden Hilton" bevorzugen. Es handelt sich um Etablissements mit schicken Interieurs, wie man sie überall in den Zentren größerer Städte antrifft.

Traditionell führend sind die Hotelrestaurants der Stadt. Köche aus dem Ausland arbeiten dort mit Einheimischen zusammen.

Sächsische Küche

Die sächsische Küche ist schwer und deftig, also wenig kalorienbewußt. Sie erinnert an die böhmische, wenn auch die Knödel fehlen. Es wird viel Fleisch, vor allem vom Schwein, gegessen. Eisbein und Sauerkraut sind bei den Einheimischen beliebt. Als einfache Mahlzeit wird auch gern Kartoffel-, Linsen-, Nudel- und Reiseintopf gegessen. Besonders berühmt ist der Dresdner Kuchen. Die „Dresdner Eierschecke" dominiert rund um das Jahr, der „Dresdner Stollen" in der Advents- und Weihnachtszeit. Am Fastnachtstag ißt man Pfannkuchen.

Restaurants

Es ist z. Zt. unmöglich, definitive Empfehlungen zu geben, da sich die gesamte Gastronomie im Umbruch befindet. Im Zuge der allgemeinen Privatisierung gingen Anfang 1991 fast alle gastronomischen Einrichtungen an neue Besitzer. Viele werden schließen, bemerkenswerte Neugründungen gibt es noch nicht. Da hilft nur: Ausprobieren und viel Glück!

Kempinski Hotel Taschenbergpalais Dresden, Hotelrestaurant, Am Taschenberg, 01067 Dresden, Tel. 4 91 20.
Italienisches Dörfchen, Theaterplatz 3, 01056 Dresden, Tel. 4 98 16 60.
Café und Restaurant im Schauspielhaus, Ostraallee 2, Tel. 4 95 61 31.
Opernrestaurant, Theaterplatz 2, 01067 Dresden, Tel. 4 84 25 21.
Chiaveri, Öffentl. Restaurant im Sächsischen Landtag, Holländische Str. 2, 01067 Dresden, Tel. 4 85 53 81.
Restaurantschiff „August der Starke", Am Terrassenufer, 01069 Dresden, Tel. 4 98 95 25. Tägliche ab 19 Uhr.
Ratskeller Dresden, Dr.-Külz-Ring 19, 01067 Dresden, Tel. 4 88 29 50.
Hotel „Am Terrassenufer", Terrassenufer 12, 01069 Dresden, Tel. 4 40 95 00.
MARITIM Hotel Bellevue, Restaurant Elbterrasse, Große Meißner Str. 15, 01097 Dresden, Tel. 5 66 20.
Hotel Mercure Newa Dresden, St. Petersburger Str. 34, 01069 Dresden, Tel. 4 81 41 09.
China-Palast im Hause „Altmarkt", Wilsdruffer Str. 19/21, 01067 Dresden, Tel. 4 96 05 50.
DIX DINNER, Berliner Str. 7, 01067 Dresden, Tel. 4 94 00 25.
König Albert, Königstr. 26, 01097 Dresden, Tel. 5 48 83.
Kügelgenhaus, Hauptstr. 13, 01097 Dresden, Tel. 5 27 91.
Vitanova Vollwertrestaurant, Lingnerplatz 1, 01069 Dresden, Tel. 4 95 22 45.
Drachenschänke, Bautzner Str. 72, 01099 Dresden, Tel. 5 11 88.

ETWAS AUSSERHALB

An der Rennbahn, Winterbergstraße 96, 01237 Dresden, Tel. 2 54 00 30.
Hotel Coventry, Hülßestr. 1, 01237 Dresden, Tel. 2 81 63 11.
Hotel Am Blauen Wunder, Loschwitzer Str. 48, 01309 Dresden, Tel. 3 36 60.
Körnergarten, Friedrich-Wieck-Str. 26, 01326 Dresden, Tel. 3 66 20.
Residenz-Treff, im Hotel Residenz Alt Dresden, Mobschatzer Str. 29, 01147 Dresden, Tel. 4 28 19 54.
Il Giardino, Papstdorfer Str. 19, 01277 Dresden, Tel. 2 30 10 94.
Best Western Resident Hotel, Restaurant, Trattoria, Brünner Str. 11, 01279 Dresden, Tel. 2 56 20.
Luisenhof, Bergbahnstr. 8, 01324 Dresden, Tel. 3 68 42.
Leubnitzer Höhe, Altleubnitz 32, 01219 Dresden, Tel. 4 70 65 73.
Roscher Hof, Roscherstr. 1, 01139 Dresden, Tel. 8 49 07 12.
Zum Obstgarten, Nickerner Weg 8, 01257 Dresden, Tel. 2 80 82 94.
Hubertusgarten, Bautzner Landstr. 89, 01324 Dresden, Tel. 3 60 74.
Pillnitzer Elbblick, Söbrigener Str. 2, 01326 Dresden, Tel. 2 61 09 25.
Baumwiese, Dresdner Str. 2, 01468 Boxdorf, Tel. 8 32 50.
El Toro, Argentinisches Steakhaus, Grillenburger Str. 7, 01159 Dresden, Tel. 4 12 05 79 und Königsbrücker Landstr. 71, 01109 Dresden, Tel. 8 80 77 38.

Cafés

Café VIS A VIS/Espresso Reale mit Terrasse, Brühlsche Terrasse, Dresden-Hilton, 01067 Dresden, Tel. 8 64 28 35.

CAFFEE im Italienischen Dörfchen, Theaterplatz 3, 01067 Dresden, Tel. 49 81 60.
Café „Zur Frauenkirche", An der Frauenkirche 7, 01067 Dresden, Tel. 4 94 18 32.
Bistro Café am Schloß, Schloßstr. 7/9, 01067 Dresden, Tel. 4 95 11 54.
Café Kästner, Alaunstr. 1, 01099 Dresden, Tel. 57 04 45.
Eiscafé Venezia, Hauptstr. 2a, 01099 Dresden, Tel. 5 54 58.
Café Toscana, Schillerplatz 7, 01309 Dresden, Tel. 30 11 44.
Café Kreutzkamm, Altmarkt 18, 01067 Dresden, Tel. 4 95 41 72.
Café im Landhaus, Wilsdruffer Str. 2, 01067 Dresden, Tel. 2 81 01 18.
Café Europa, Königsbrücker Str. 68, 01099 Dresden, Tel. 5 48 10.
Café Donnersberg, Rähnitzgasse 7, 01099 Dresden, Tel. 5 02 29 11.
Café Rosengarten, Carusufer 12, 01099 Dresden, Tel. 5 67 07 74.

Schnellgastronomie

Mc Donald's, Prager Str. 2, 01069 Dresden, Tel. 4 95 24 71 und Wilsdruffer Str. 19-21, 01067 Dresden.
Burger King, Prager Str. 5, 01069 Dresden, Tel. 4 94 23 63 und Schlesischer Platz 1, 01097 Dresden, Tel. 5 54 11.
Pick-nick, Grunaer Str. 28, 01069 Dresden, Tel. 4 95 22 67.
Schnellrestaurant Presto Presto, Amalie-Dietrich-Platz, 01169 Dresden, Tel. 4 11 95 35.
Picknick, Wallstr. 11, 01069 Dresden, Tel. 4 95 25 88.
Pavillion Postplatz, Postplatz, 01067 Dresden, Tel. 2 81 01 35.

Trinken

Die Meißner Winzergenossenschaft bietet wunderbare Weine an. Sie sind dem Liebhaber trockener Weine sehr zu empfehlen. Sie stammen aus einem der nördlichsten Weinbaugebiete Europas bei Radebeul und Meißen, in Dresden und Pillnitz. Auch das Dresdner Bier ist zu empfehlen, vor allem das „Radeberger Pilsner". Adressen zu Bars, Biergärten und Kneipen siehe *Nachtleben* Seite 257.

WEINLOKALE

Meißner Weinkeller, Hauptstr. 1b, 01097 Dresden, Tel. 5 58 14.

Wackerbarths Keller, im Maritim Hotel Bellevue, Große Meißner Str. 15, 01097 Dresden, Tel. 5 66 26 69.
Weinrestaurant Bacchus, Clara-Zetkin-Str. 15, 01159 Dresden, Tel. 4 21 40 69.
Wettiner Keller, im Dresden-Hilton, An der Frauenkirche 5, 01067 Dresden, Tel. 8 64 28 60.
Weinstube Rebstock, Niederwaldstr. 10, 01309 Dresden, Tel. 3 53 50.
Weinbergschänke Pillnitz, Am Rathaus 2, 01326 Dresden, Tel. 3 98 05.

Unternehmungen

Erkundungen

Dresden ist voller Baudenkmäler und anderer Sehenswürdigkeiten. Falls Sie nur ein Wochenende zur Verfügung haben, sollten Sie sich auf das Wesentliche im Zentrum beschränken. Sicher wird dabei Ihr Interesse geweckt, die Bekanntschaft mit der Stadt zu erweitern und zu vertiefen. Um einen schnellen Überblick über Dresden zu erhalten, ist eine Stadtrundfahrt zu empfehlen. Die herrliche, abwechslungsreiche Umgebung lädt zu zahlreichen Ausflügen ein.

Besichtigungen

ZWINGER

Zwischen Postplatz und Theaterplatz liegt das zweifellos großartigste und berühmteste Bauwerk Dresdens. Es wurde 1710–1732 vom Architekten Daniel Pöppelmann als architektonisch gerahmter Festplatz für August den Starken, Kurfürst von Sachsen und König von Polen erbaut. Die Plastiken stammen von Balthasar Permoser. Seine Umbauung besteht aus dem Kronentor und Pavillons im üppigen Barockstil, die durch Galerien verbunden sind. Die vierte unvollendete Seite wurde 1847–1854 durch die Gemäldegalerie von G. Semper geschlossen. Der Zwinger wurde 1945 zerstört und

bis 1964 wiederaufgebaut. Hier befinden sich viele Museen der Staatlichen Kunstsammlungen.

RESIDENZSCHLOSS

Um 1468–1480 erbaut, wurde es 1530–1535 unter Herzog Georg wesentlich erweitert, später durch August II. umgestaltet. 1889–1901 wurde es zu einem einheitlichen Neorenaissance-Bau von den Baumeistern Frölich und Dunger umgestaltet. 1945 stark zerstört, befindet es sich zur Zeit im Wiederaufbau. Eine Ausstellung im Georgentor informiert über die Rekonstruktion.

KATHEDRALE (SCHLOSSPLATZ)

Die ehemalige katholische Hofkirche ist die größte katholische Kirche im sächsischen Raum. Sie wurde 1738 bis 1756 im Auftrag Friedrich August II. vom italienischen Architekten Chiaveri im Barockstil erbaut. Die Steinfiguren auf den Balustraden des Mittelschiffes und der Seitenschiffe sind das Werk des italienischen Bildhauers Lorenzo Mattielli. Im Inneren der Kirche sind das Hochaltarbild von Raphael Mengs, die Kanzel von Balthasar Permoser und die Orgel von Gottfried Silbermann zu beachten. In der Gruft ruhen die katholischen Kurfürsten und Könige von Sachsen und, in einem kleinen Gefäß, das Herz August des Starken.

SEMPEROPER

Nach dem Brand des alten Semperbaus wurde die neue Oper 1871 bis 1878 nach Plänen Gottfried Sempers von seinem Sohn Manfred Semper im Stil der italienischen Hochrenaissance erbaut. Dominierend sind die Hauptachse durch die monumentale Loggia und die Hauptfassade zum Theaterplatz mit der bronzenen Pantherquadriga von Johannes Schilling. Die Plastiken von Goethe und Schiller stammen von Ernst Rietschel. Die Innengestaltung strahlt durch reiche Ausmalung, Stuck, Stuckmarmor, edle Metalle und Stoffe eine festliche Atmosphäre aus. Im Februar 1945 stark zerstört, wurde sie in den letzten Jahren originalgetreu wiederaufgebaut. 1985 konnte die Oper zum 40. Jahrestag der Zerstörung Dresdens wiedereröffnet werden.

BRÜHLSCHE TERRASSE

Auch „Balkon Europas" genannt, hat sie ihren Namen nach Graf Heinrich von Brühl, dem Premierminister August II. und August III. Sie wurde auf dem Rest der Stadtbefestigung aus dem 16. Jahrhundert erbaut. Auf der Terrasse befinden sich das Ständehaus (ehemaliges Landtagsgebäude), die Hochschule für bildende Künste und das Gebäude der Sekundogenitur (Weingaststätte).

Kreuzkirche (am Altmarkt)

Die älteste Pfarr- und Hauptkirche Dresdens (zurückgehend auf das 13. Jahrhundert) mit dem hochaufragenden Turm (94 Meter) wurde 1764–1792 in der heutigen klassizistischen Form errichtet. 1945 wurde sie stark zerstört und nach zehn Jahren wieder eingeweiht. Der Kreuzchor ist so alt wie die Kirche.

Ruine der Frauenkirche (am Neumarkt)

Das einst weltbekannte Bauwerk (1726–1743 von George Bähr errichtet), dessen 95 Meter hohe Kuppel die wunderbare Silhouette Dresdens prägte, wird wieder aufgebaut.

Schloss Pillnitz mit Lustgarten

Pillnitz wurde im Laufe des 18. Jahrhunderts erbaut und diente der kurfürstlichen und königlichen Familie als Sommersitz. Wasserpalais und Bergpalais wurden im „indianischen Stil" von Daniel Pöppelmann erbaut. Später entstand das Neue Palais (Schuricht, 1818–1826). Der große Lustgarten ist in englische, holländische und chinesische Gärten eingeteilt, in denen schöne Pavillons stehen.

Grosser Garten

Er ist eine bedeutende Anlage der barocken Landschaftsgestaltung. Im Mittelpunkt steht das Gartenpalais, umgeben von vier Pavillons im Stil des Frühbarock von J.G. Starcke erbaut. Der Palaisteich stammt von Karcher. Im Garten befinden sich zahlreiche Plastiken berühmter Bildhauer. Heute wird der Große Garten als Kultur-, Erholungs- und Bildungsstätte genutzt. Der Volksmund nennt ihn die „grüne Lunge" Dresdens.

Weitere Besichtigungen

Kasematten unter der Brühlschen Terrasse. Führungen Mo–Fr 10–16 Uhr, Sa/So 10–17 Uhr.

Katholische Hofkirche, Schloßplatz, 01067 Dresden, Tel. 4 99 21 12. Die Kathedrale ist außerhalb der Gottesdienstzeiten geöffnet. Führungen Mo bis Fr 14 Uhr, Sa 13 und 14 Uhr, So 13 Uhr.
Kreuzkirche, Kreuzstr. 7, 01067 Dresden, Tel. 4 95 14 35. Turmbesteigungen täglich; während Veranstaltungen bleibt der Turm geschlossen.
Schloßturm, Georgenbau, 01067 Dresden. Besichtigung und Turmbesteigung von April bis Oktober.
Schloß Albrechtsberg, Bautzner Str. 130, 01099 Dresden, Tel. 5 56 55. Mo–Sa 13–18 Uhr, So 10–15 Uhr.

Stadtrundgänge

Viele historisch bedeutsame Stätten in der Innenstadt sind mit Verkehrsmitteln nicht zu erreichen, wie z. B. der Zwingerhof, die Brühlsche Terrasse, der Fürstenzug. Empfehlenswert ist deshalb ein Stadtrundgang zu Fuß, geleitet von einem lizensierten Gästeführer (Kennzeichen: gelbe Plakette am Revers). Während der Saison finden Sie derartige Angebote am Theaterplatz und an der Zwingerbrücke, außerhalb der Saison vermittelt Ihnen Dresden-Tourist diese Dienstleistung.
Der klassische Rundgang, 1001 Schritte in 90 Minuten mit viel Geschichte und Geschichten. Täglich ab Theaterplatz, Eingang Parkplatz: 9.15, 11, 13 und 15 Uhr.
Ringtour, Spuren historischer Bastionen und Kasematten. Mai bis Oktober Do 14 Uhr. Treff: Schloßplatz, Aufgang zur Brühlschen Terrasse.
Barocke Geheimnisse im großen Garten, Mai bis Oktober Sa 14 Uhr. Treff: Haltestelle Hygienemuseum.
Romantische Stadtnacht, Mai bis Oktober Do 21.30 Uhr. Treff: Zwinger, Kronentor.

Alternative Stadtführung

igeltour – Dresdens andere Stadtführung, Statt Reisen – Über 40 Stadterkundungen zu Fuß, per Rad und Bahn. Gestaltet werden unkonventionelle Aufenthaltsprogramme in Dresden und Umgebung, Stadtteil- und thematische Führungen für Gruppen, Bildungsurlaub, Stadtrallyes und Stadtspiele, Romantische Stadtnächte, Betriebsausflüge und Klassenfahrten. Anfragen und Wünsche sind zu richten an: igeltour, Pulsnitzer Str. 10, 01099 Dresden, Tel. und Fax 8 04 4557.

Stadtrundfahrten

Von den Büros der Informationszentren (siehe *Nützliche Adressen* Seite 246) werden das ganze Jahr über folgende Stadtrundfahrten organisiert:
Dresden-Tour (in 8 Sprachen wählbar). Ab Dr.-Külz-Ring und Augustusbrücke. Täglich. Dauer etwa 1,5 Stunden.
Große Dresden-Tour mit Parkführung in Pillnitz (deutsch/englisch). Ab Dr.-Külz-Ring und Augustusbrücke. Täglich. Dauer etwa drei Stunden.
Super Dresden-Tour mit Rundgang durch das historische Zentrum und Tageskarte für 12 Museen. Ab Dr.-Külz-Ring und Augustusbrücke. Täglich. Etwa 3,5 Stunden.
Mit Bus und Schwebebahn. Innenstadt, Schwebebahn Loschwitz–Oberloschwitz, Pillnitz. Ab Postplatz. Täglich 10 und 14 Uhr. Ca. drei Stunden.
Stadtrundfahrt mit der Hummelbahn. Stadtzentrum, Blüherpark, Großer Garten, Waldpark. Ab Postplatz. Täglich 11, 13 und 15 Uhr. Ca. 1,5 Stunden.
Stadtrundfahrt mit dem Hummelbus. Tour wie Hummelbahn, erweitert um „Blaues Wunder" und abschließender Zwingerführung. Ab Postplatz. Täglich 10, 12 und 14 Uhr. Ca. 1,5 Stunden.
Stadtrundfahrt mit der Straßenbahn. Innenstadt, Großer Garten, Dresden-Neustadt, Zwinger. Ab Postplatz. Täglich 10.30 und 12.30 Uhr.
Kleine Dampfer-Rundfahrt. Dresdner Stadtführung auf dem Dampfer von 1879 und an Land. Dresden, Blasewitz, Loschwitz. Ab Terrassenufer. Täglich 10, 12, 14, 16 und 18 Uhr. Dauer ca. 1,5 Stunden. Anschließend Stadtrundgang möglich.
Große Dampfer-Rundfahrt – Schlösserfahrt. Dresden, Elbschlösser, Pillnitz. Ab Terrassenufer. Täglich 11, 13, 15 und 17 Uhr. Ca. drei Stunden. Schloßbesuch in Pillnitz ist möglich.
Abendfahrt mit Hummelbahn/Hummelbus „...in sächsischer Gemütlichkeit". Für Gruppen ab 20 Personen, mit Voranmeldung.

Ausflüge

Tourist-Information (siehe *Nützliche Adressen* Seite 246) vermittelt Ihnen Ausflüge, z.B. „Meißner Porzellan – von Erfinder bis zur Manufaktur", „Entlang der sächsischen Weinstraße", „Auf der Malerstraße durch die Sächsische Schweiz", „Mit Schiff bzw. Bus nach Pillnitz und in die Sächsische Schweiz", „Seiffen – Spielzeugdorf im Erzgebirge", „Kirchen und Klöster in der Lausitz", „Erlebnisfahrt durch den Spreewald", insbesondere für Reisegruppen.

Gärten & Parks

Zoologischer Garten, südwestlich des „Großen Gartens", Tiergartenstraße 1, 01219 Dresden, Tel. 4 71 54 45. Sommer 8.30–18.30 Uhr, Winter 8.30 bis 16.30 Uhr. Einer der ältesten deutschen Tiergärten. Die Zerstörung des Zoos 1945 überlebten nur wenige Tiere. Inzwischen ist der Bestand auf über 2000 Tiere angestiegen. Im Zoo sind Restaurants, Café's und ein Konzertpavillon untergebracht. Im Sommer finden Konzerte und viele Veranstaltungen statt.
Botanischer Garten, nordwestlich des „Großen Gartens", Stübelallee 2, 01307 Dresden, Tel. 4 59 31 85. In den Sommermonaten täglich 8–18 Uhr, im Winter 10–16 Uhr geöffnet.
Großer Garten, schönste und größte Grünanlage Dresdens. Zum Kennenlernen empfiehlt sich eine Rundfahrt mit der Dresdner Parkeisenbahn. Die von Schülern betreute Schmalspurbahn benötigt für ihren 5,6 Kilometer langen Rundkurs etwa 30 Minuten. Zusteigemöglichkeit Straßburger Platz.

Dresdner Parkeisenbahn Großer Garten, 01219 Dresden, Tel. 4 59 31 34. Mai bis September 10–18 Uhr, April bis Oktober 13.30–17 Uhr.
Barockgarten Großsedlitz, Parkstr. 85, 01809 Heidenau, Tel. und Fax 03529/51 92 12. Fast vollständig erhaltene Gartenanlage aus dem 18. Jahrhundert.
Schloßpark Pillnitz, Schloß Pillnitz, 01326 Dresden, Tel. 2 61 32 60. Die Sommerresidenz der sächsischen Könige.
Wildgehege Moritzburg, 01468 Moritzburg, Tel. 035207/488. März bis Oktober 10–18 Uhr, November und Dezember 9–16 Uhr.
Forstbotanischer Garten Tharandt, 01737 Tharandt. April bis Oktober Mo, Mi, Do, Sa, So 8–17 Uhr

Kulturelles

Dresden, als Kunstmetropole bekannt, bietet ein vielfältiges Kulturleben. Über aktuelle Veranstaltungen informiert die Hotelrezeption oder das Informationszentrum. Monatlich erscheint ein Veranstaltungsplan, der an jedem Kiosk, in Buchhandlungen und im Informationszentrum erhältlich ist.

Museen

Die Stadt hat 29 Museen. Weit über die Grenzen des Landes bekannt sind die „Staatlichen Kunstsammlungen". Führungen durch diese Museen können im Informationsbüro des Zwingers vereinbart werden; auch telefonisch unter 4 91 46 19.

Dort sind auch Faltblätter erhältlich, welche Sie über Sonderveranstaltungen informieren. Öffnungszeiten sind in der Regel von 9–18 Uhr. Beachten Sie bitte die gestaffelten Schließtage.
Gemäldegalerie „Alte Meister", im Zwinger (Semperbau), 01067 Dresden, Tel. 4 91 46 20. Mo geschlossen. Bedeutende Sammlung mit Werken der Frührenaissance bis Spätbarock. Neben Werken von deutschen, französischen und spanischen Malern sind die niederländischen und italienischen besonders stark vertreten. Eines der berühmtesten Gemälde ist Raffaels „Sixtinische Madonna".
Rüstkammer, im Zwinger (Semperbau) 01067 Dresden, Tel. 4 91 46 26. Mo geschlossen. Prunkwaffen und -geräte, Rüstungen und der Krönungsornat August des Starken sind die Sehenswürdigkeiten.
Porzellansammlung, im Zwinger, Eingang Sophienstraße, 01067 Dresden, Tel. 4 91 46 12. Do geschlossen. Neben chinesischem und japanischem Porzellan aus dem 17. und 18. Jahrhundert ragt die Sammlung von Böttgersteinzeug-bzw. Porzellanen aus der „Meißner Manufaktur" heraus.
Gemäldegalerie „Neue Meister", im Albertinum (Eingang Brühlsche Terrasse), 01067 Dresden, Tel. 4 91 47 30. Do geschlossen. Sammlung vom Klasizismus bis zur Gegenwart. Besonders stark vertreten sind die Dresdner Romantiker, unter ihnen Caspar David Friedrich und Ludwig Richter.
Grünes Gewölbe, im Albertinum, Eingang Brühlsche Terrasse, 01067 Dresden, Tel. 4 91 45 90. Do geschlossen.

Schätze des deutschen und italienischen Kunsthandwerks von Mittelalter bis Barock von unschätzbaren künstlerischen und materiellen Wert. Höhepunkt sind Werke von J. M. Dinglinger.
Skulpturensammlung, im Albertinum, 01056 Dresden, Tel. 4 91 47 40. Do geschlossen. Im Kellergewölbe des Albertinums ist aus Platzgründen nur ein geringer Teil der Antikensammlung ausgestellt. Einige Skulpturen des 19. und 20. Jahrhunderts sind in der Galerie „Neue Meister" untergebracht.
Münzkabinett, im Albertinum, Eingang Brühlsche Terrasse, 01067 Dresden, Tel. 4 59 38 13. Do geschlossen. Ausgestellt sind Münzen, Medaillen, Banknoten und Stempel. Sie zeigen die Entwicklung des antiken und deutschen Geldwesens, sowie die Entwicklung der deutschen Medaillen in Renaissance und Barock.
Kupferstichkabinett, Güntzstr. 34, 01307 Dresden, Tel. 4 59 38 13. Mo, Mi, Fr. 9–16 Uhr, Di und Do 9–18 Uhr, Sa/So geschlossen. Eine der reichsten graphischen Sammlungen der Welt. Die Werke werden in wechselnden Ausstellungen gezeigt.
Museum für sächsische Volkskunst, Köpckestr. 1, 01097 Dresden. Mo geschlossen. Deutsche, vorwiegend sächsische Volkskunst aus Vergangenheit und Gegenwart.
Kunstgewerbemuseum, im Schloß Pillnitz, 01326 Dresden, Tel. 2 61 30. Nur Mai bis Oktober geöffnet; Bergpalais Mo, Wasserpalais Di geschlossen.
Puppentheatersammlung, Barkengasse 6, 01445 Radebeul. Di–Fr 9–16 Uhr, Sa–Mo geschlossen. Jeden letzten Sonntag des Monats Familiensonntag mit Puppenspiel 10–17 Uhr.
Schloß. Wiederaufbau als Monument und Museum, Schloßplatz, Georgenbau, 01067 Dresden, Tel. über 4 91 46 19.

WEITERE MUSEEN

Staatl. Mathematisch-Physikalischer Salon, im Zwinger, 01067 Dresden, Tel. 4 95 13 64. Geöffnet 9.30–17 Uhr, Do geschlossen. Sammlung historischer wissenschaftlicher Geräte, Uhren, Erd- und Himmelsgloben, Rechen- und Meßtechnik.
Staatl. Museum für Tierkunde, im Zwinger, 01067 Dresden, Tel. 4 95 25 03. Mo geschlossen.
Staatl. Museum für Mineralogie und Geologie, Augustusstr. 2, 01067 Dres-

den, Tel. 4 95 24 46. Di geschlossen, geöffnet 10–13 und 14–16 Uhr.
Verkehrsmuseum Dresden, Johanneum, Augustusstr. 1, 01067 Dresden, Tel. 4 95 30 02. Mo geschlossen.
Museum zur Dresdner Frühromantik, Hauptstr. 13, 01097 Dresden, Tel. 5 47 60. Mo, Di geschlossen.
Kraszewski-Museum, Nordstr. 28, 01099 Dresden, Tel. 5 44 50. April bis Oktober geöffnet, Mo, Di geschlossen. Das Museum würdigt Leben und Werk des polnischen Dichters Historikers und Publizisten Josef Ignazy Kraszewski (1812–1887). Bekannte Romane u. a. „Gräfin Cosel", „Brühl", „Aus dem Siebenjährigen Krieg". Er bewohnte das Haus von 1873–1879.
Militärhistorisches Museum, Olbrichtplatz 3, 01099 Dresden, Tel. 5 92 32 50. Mo geschlossen.
Deutsches Hygiene-Museum, Lingnerplatz 1, 01069 Dresden, Tel. 4 84 60. Mo geschlossen.
Landesmuseum für Vorgeschichte, Japanisches Palais, Palaisplatz, 01097 Dresden, Tel. 81 44 50. Mo geschlossen.
Staatl. Museum für Völkerkunde, Japanisches Palais, Palaisplatz, 01097 Dresden, Tel. 81 44 50. Fr geschlossen.
Buchmuseum der Sächsischen Landesbibliothek, Marienallee 12, 01074 Dresden, Tel. 5 63 00. Mo–Fr geöffnet, Sa 14 Uhr Führung.
Technische Sammlungen der Stadt Dresden, Junghansstr.1-3, 01277 Dresden, Tel. 3 46 22 93.
Schillerhäuschen Loschwitz, Schillerstr. 19, 01326 Dresden, Tel. über Stadtmuseum 49 86 60. Sa/So geöffnet.
Carl-Maria-von-Weber-Museum, Dresdner Str. 44, 01326 Dresden, Tel. 3 92 34. Geöffnet 13–18 Uhr, Mo, Di geschlossen.
Richard-Wagner-Museum Graupa, Richard-Wagner-Str. 6, 01827 Graupa, Tel. 4 82 29, Mo geschlossen.
Karl-May-Museum, Karl-May-Str. 5, 01445 Radebeul, Tel. 8 30 27 23. Mo geschlossen.
Schloß Moritzburg, 01468 Moritzburg, Tel. 03 52 07/4 39. Mo geschlossen.
Schloß Albrechtsburg, Domplatz 1, 01662 Meißen, Tel. 0 35 21/4 70 70. Täglich 10–17 Uhr, Jan. geschlossen.
Dom zu Meißen, Domplatz 7, 01662 Meißen, Tel. 0 35 21/45 24 90. Täglich 9–18 Uhr.

Staatl. Porzellanmanufaktur Meißen, Talstr. 8, 01662 Meißen, Tel. 0 35 21/46 82 08. Mo geschlossen.
Festung Königstein, 01824 Königstein, Tel. 03 50 21/6 83 74

Archive

Staatsarchiv Dresden, Archivstr. 14, 01097 Dresden, Tel. 5 25 01. Mo–Fr 8–16 Uhr.
Stadtarchiv, Marienallee 3, 01099 Dresden, Tel. 5 47 50. Di–Fr 9–16 Uhr.

Ausstellungen/Galerien

Die Öffnungszeiten der einzelnen Galerien sind sehr unterschiedlich. Sie erfahren diese sowie auch die Anschriften weiterer Galerien, Ausstellungen und Graphikermärkte aus einem halbjährlich erscheinenden Faltblatt, das von Kulturamt der Stadt herausgegeben wird. Erhältlich ist es bei Tourist-Information (siehe *Nützliche Adressen* Seite 246), im Kulturrathaus Königstr. 15 und weiteren Informationsstellen.
Dresdner Austellungsgesellschaft mbH, Stübelallee 2a, 01307 Dresden, Tel. 4 45 80. Dient wechselnden Ausstellungen von Kunst, Industrie, Blumen, Tieren usw.
Galerie Rähnitzgasse der Landeshauptstadt, Rähnitzgasse 8, 01097 Dresden, Tel. 5 14 56. Di–Fr 11–18 Uhr, Sa/So 13–18 Uhr.
Kunst der Zeit, Wilsdruffer Str. 7, 01067 Dresden, Tel. 4 95 24 67.
Galerie Mitte, Fetscherplatz 7, 01207 Dresden, Tel. 4 59 00 52.
Galerie im Kulturrathaus, Königstr. 15, 01097 Dresden, Tel. 4 88 89 17.
Galerie Autogen, Rähnitzgasse 25, 01097 Dresden, Tel. 5 67 06 92.
Galerie Adlergasse, Kulturverein riesa efau, Adlergasse 14, 01067 Dresden, Tel. 2 56 84 11.
Galerie Nord, Dresdner Sezession 89, Leipziger Str. 54, 01127 Dresden, Tel. 5 51 78.
Blaue Fabrik, Prießnitzstr. 44, 01099 Dresden, Tel. 5 02 28 07.
Kunstverein Alte Feuerwache, Fidelio-F.-Finke-Str. 4, 01326 Dresden, Tel. 3 74 10 72.
Hochschule für bildende Künste, Brühlsche Terrasse 1, 01067 Dresden, Tel. 44 59 40.
Galerie am Blauen Wunder, Pillnitzer Landstr. 2, 01326 Dresden, Tel. 3 70 20.

Leonhardi- Museum, Grundstr. 26, 01326 Dresden, Tel. 3 65 13.
Kuluretage Prohlis, Herzberger Str. 30, 01239 Dresden, Tel. 2 74 21 30.

Konzerte

Für die künstlerische Qualität des Dresdner Musiklebens bürgen Namen wie die „Staatskapelle Dresden", die „Dresdner Philharmonie" und der „Dresdner Kreuzchor". Sinfoniekonzerte finden im Festsaal des Kulturpalastes statt, während in der Semperoper, im Blockhaus und in verschiedenen anderen kulturellen Einrichtungen kleinere Konzerte veranstaltet werden. Von den Freilichtkonzerten, in den wärmeren Jahreszeiten an vielerlei Orten, sind die im Schloßpark Pillnitz die beliebtesten. In den Kirchen werden verschiedentlich Orgelkonzerte aufgeführt. Der Kreuzchor singt sonnabends um 18 Uhr in der Kreuzkirche. Der modernen Musik widmet sich das „Zentrum für zeitgenössische Musik".

INFORMATIONEN ÜBER KONZERTE UND KARTENVORVERKAUF

Zentraler Kulturservice der Dresden-Werbung und Tourismus GmbH, Kulturpalast, Schloßstr. 2, PF 720201, 01021 Dresden. Telefonischer Kartenbestelldienst: 4 86 66 66, Fax 4 86 63 53. Informationen über das aktuelle Kulturangebot der Stadt und Karten für Bühnen und Veranstaltungsstätten in Dresden und der näheren Umgebung. Mo–Fr 9–18 Uhr, Sa 10 bis 14 Uhr.
Dresdner Musikfestspiele, Besucherservice, PF 202723, 01193 Dresden Bestellungen unter: Tel. 4 86 63 17, Fax 4 86 63 07. Vorverkauf: Kartenservice im Kulturpalast (Eingang Schloßstraße), Mo–Fr 10–18 Uhr, Sa und So 10–14 Uhr.
Sächsische Staatskapelle Dresden, Vorverkauf in der Schinkelwache am Theaterplatz, Kassen der Sächsischen Staatsoper Dresden: Mo, Di, Mi, und Fr 10–12 und 13–17 Uhr, Do 10–12 und 13–18 Uhr, Sa 10–13 Uhr. Vorverkauf beginnt samstags für die Aufführungen der übernächsten Woche.
Dresdner Philharmonie. Schritliche Bestellungen: Dresdner Philharmonie, Kulturpalast am Altmarkt, PSF 120368, 01005 Dresden. Telefonischer Kartenservice rund um die Uhr: 4 86 63 06.

Hochschule für Musik „Carl Maria von Weber" Dresden, Wettiner Platz 13, 01001 Dresden, Tel. 4 95 21 03, App. 129, Dr. Bauer. Karten gibt es ausschließlich an der Abendkasse. Neben den ausgewiesenen Veranstaltungen finden fast täglich Podien in der Aula Blochmannstraße und im Festsaal Mendelssohnallee 3 bei freiem Eintritt statt. Bitte beachten Sie Veranstaltungshinweise in der Tagespresse. Änderungen vorbehalten!

Dresdner Zentrum für zeitgenössische Musik, Haus Schevenstraße 17, 01326 Dresden, Tel. 37 82 81, Fax 3 68 78. Eintrittspreise 10 DM; 6 DM für Schüler, Studenten, Auszubildende, Arbeitslose, Grundwehrdienstleistende und für Mitglieder des Feundeskreises des DZzM.

Universitätsorchester Dresden. Vorverkauf: Tourist-Information, Prager Straße, Tel 4 95 50 25; Kartenservice im Kulturpalast, Tel. 4 86 66 66, Abendkasse.

Richard-Wagner-Museum, Richard-Wagner-Straße 6, 01827 Graupa, Tel. 4 82 29. Geöffnet Di–So 9–16 Uhr.

Singakademie Dresden e.V., an der Landesmusikschule Dresden; Glacisstraße 30, 01099 Dresden, Tel. 8 01 46 93.

Kreuzchor, Ev.-Luth. Kreuzkirchgemeinde, Pfarramt Kreuzstraße 7, 01067 Dresden (PF 120226, 01003 Dresden), Tel. und Fax 4 95 14 35. Vorverkauf Mo, Do und Fr 9–12 und 14–16 Uhr, Di 9–12 und 14–18 Uhr. Abendkasse jeweils in der Kreuzkirche

WEITERE VORVERKAUFSSTELLEN

Moden-Helfer, Rudolf_Renner-Str. 45, Tel. 4 21 33 81.
Tourist-Information, Prager Str. 10, Tel. 49 19 20.
Minerva-Kulturreisen, Helmholtzstr. 3b, Tel. 4 72 88 99.
Theater und Konzertkasse Dresden, Nürnberger Str. 30, Tel. 4 63 29 48.
Theaterkasse Ost, Bodenbacher Str. 99, Tel. 2 54 01 21.
Presse- und Buchshop, Leipziger Str. 158, Tel. 5 10 10.
Presse- und Buchshop, Schillerplatz 14, Tel. 3 36 05 31.

Oper, Operette, Ballett

Die Dresdner Staatsoper hat eine lange Tradition durch das Wirken so berühmter Musiker wie Carl-Maria von Weber, Richard Wagner und Richard Strauss. Seit der Wiedereröffnung 1985 versucht man dieser Tradition gerecht zu werden. Der leichteren Muse ist das Operettentheater gewidmet. Ballettabende finden in der Oper und auf anderen Bühnen statt.

Sächsische Staatsoper/Sächsische Staatskapelle Dresden. Vorverkaufskasse Schinkelwache Theaterplatz, PF 120908, Tel. 48 43 23; telefonischer Ansagedienst 4 84 27 31.

Staatsoperette, Pirnaer Landstr. 131, 01257 Dresden, Tel. 2 23 12 61.

Theater

Das Theaterleben Dresdens hat einen guten Ruf. Besonders in der Zeit vor der Wende traten die Theater mit gesellschaftskritischen und mutigen Inszenierungen hervor und zogen damit Massen von Besuchern an. Heute sind die Besucherzahlen etwas zurückgegangen, so daß an den Abendkassen meistens Karten erhältlich sind.

Staatsschauspiel Dresden, Schauspielhaus, Ostra-Alle 3, 01067 Dresden, Tel. 4 84 24 29.
Staatsschauspiel Dresden, Kleines Haus, Glacisstr. 28, 01099 Dresden, Tel. 5 26 31.
Landesbühnen Sachsen, Meißner Str. 152, 01445 Radebeul, Tel. 70 40.
Felsenbühne Rathen. Die Felsenbühne Rathen wird vom Ensemble der Landesbühnen Sachsen in den Sommermonaten bespielt
Landesbühnen Sachsen, 01824 Kurort Rathen, Tel. 03 50 24/4 96.
Theater Junge Generation, Meißner Landstr. 4, 01157 Dresden, Tel. 4 21 45 67.

KLEINERE THEATER

Kleine Szene der Sächsischen Staatsoper Dresden, Bautzner Str. 107, 01099 Dresden, Tel. 4 84 25 95.
Theater in der Fabrik – TIF, Tharandter Str. 33, 01159 Dresden. Kartenreservierungen nur unter Tel. 01 72/ 3 58 45 20.
Theaterkahn DRESDNER BREttL, Theater für Cabaret, Musik und Literatur, Terrassenufer, an der Augustusbrücke, 01067 Dresden, Tel. 4 96 94 50.
theater 50, Maternistr. 17, 01067 Dresden, Tel. 4 95 41 23.
PODIUM, Hauptstr. 11, 01097 Dresden, Tel. 5 32 66.

Kabarett DIE HERKULESKEULE, Sternplatz 1, 01067 Dresden, Tel. 4 92 55 55.
die bühne, das kleine Theater der TU Dresden, Teplitzer Str. 26, 01219 Dresden, Tel. 4 63 63 51.
projekttheater, Louisenstr. 47, 01099 Dresden, Tel. 5 30 41.
Puppentheater der Stadt Dresden, Leipziger Str. 220, 01139 Dresden, Tel. 8 49 04 18.

Kinos

Die wenigen Kinos haben es in der freien Marktwirtschaft schwer, zu überleben. Kinos, die sich dem künstlerischen Film gewidmet hatten, müssen sich jetzt dem Kommerz unterwerfen, um das Publikum anzuziehen. Um nichtkommerzielle Filme bemüht sich eine Initiativgruppe: Tel. 57 05 37. Die Filme sind fast alle synchronisiert. Filmprogramme kleben an jeder Litfaßsäule.

UFA-Palast Rundkino, Prager Straße, 01069 Dresden, Tel. 4 95 20 25. Größtes Kino mit sieben Sälen.
Programmkino Ost, Schandauer Straße 73, 01277 Dresden, Tel. 33 37 82.
Filmtheater Schauburg, Königsbrücker Str. 55, 01099 Dresden, Tel. 57 08 35. Drei Säle.
Olympia, Dohnaer Str. 55, 01219 Dresden, Tel. 4 93 75 54.
Nickelodeon, Marschnerstr./Dürerstr., 01307 Dresden, Tel. 4 57 52 73.
Casablanca, Friedensstr. 23, 01097 Dresden, Tel. 57 16 52.
Filmtheater am Hauptbahnhof, Wiener Platz, 01069 Dresden, Tel. 4 71 05 32.
KiD – Kino am Dach, Kommunales Filmtheater Dresden e.V., Schandauer Str. 64, 01277 Dresden, Tel. 3 46 32 06.
KIK – Kino im Kasten, August-Bebel-Str. 19, Hörsaal 3, 01219 Dresden, Tel. 4 63 46 63.

Nachtleben

Jugendklubs

Es gibt eine Menge Jugendklubs, in denen sich Jugendliche bei Disko- und Tanzabenden zusammenfinden. Dort werden die unterschiedlichsten Programme veranstaltet. Studentenklubs siehe unter *Wissenswertes/Studenten* auf Seite 244.

Jazzclub „Tonne", Tzschirnerplatz 3, 01067 Dresden, Tel. 4 95 13 54.
Club Bärenzwinger, Brühlscher Garten 1, 01067 Dresden, Tel. 4 95 14 09.
Club „Für Dich", Martin-Luther-Str. 21, 01099 Dresden, Tel. 5 19 84.
Club Müllerbrunnen, Höckendorfer Weg 4, 01189 Dresden, Tel. 4 03 21 46.
Club Passage, Leutewitzer Ring 5, 01169 Dresden, Tel. 4 11 26 65.
Jugendhaus Prohlis, Niedersedlitzer Str. 25, 01239 Dresden, Tel. 2 84 40 82.
Kulturzentrum Scheune, Alaunstr. 36/40, 01099 Dresden, Tel. 5 55 32.
Schloß Nickern, Altnickern 6, 01139 Dresden, Tel. 2 81 5408.
Twenty Five, Fechnerstr. 2a, 01139 Dresden, Tel. 5 69 28 83.
Club Espe, Espenstr. 1, 01169 Dresden, Tel. 4 12 25 34.
Pentacon Film- und Kulturzentrum, Schandauer Str. 64, 01277 Dresden, Tel. 3 46 25 19.

Bars

Piano Bar, im Dresden-Hilton, An der Frauenkirche 5, 01067 Dresden, Tel. 8 64 28 50.
Allegro Bar, im Kempinski Hotel Taschenbergpalais Dresden, Am Taschenberg, 01067 Dresden, Tel. 4 91 20.
Klax Nachtbar, Sternstr. 1, 01139 Dresden, Tel. 8 48 51 02.
Nachtbar, Gottfried-Keller-Str. 7, 01157 Dresden, Tel. 4 21 20 35.
Mausefalle, Kellerbar, Behrischstr. 29, 01277 Dresden, Tel. 3 40 02 29.
Der Löwe, Tagesbar, Hauptstr. 48, 01097 Dresden, Tel. 5 11 38.

Biergärten/Bierkeller

Redox-Bier-Pub, Wallstr. 11, 01067 Dresden
Am Thor, Bierbar, Hauptstr. 35, 01097 Dresden, Tel. 5 02 43 29.
Sachsenstube, Bierkeller, Tzschimmerstr. 38, 01309 Dresden, Tel. 3 06 24.
Bierbar ASS, Grunaer Str. 23, 01069 Dresden, Tel. 4 59 34 41.
Bier-Pub Graf Zeppelin, Oschatzer Str. 34, 01127 Dresden, Tel. 5 54 17.
Bierstube 1900, Hüblerstr. 4, 01309 Dresden, Tel. 4 11 45 34.
Augsburger Hof, Augsburger Str. 49, 01309 Dresden, Tel. 3 06 67.

Szenekneipen

Plan-Wirtschaft, Louisenstr. 20, 01099 Dresden, Tel. 57 05 18.
Raskolnikov, Böhmische Str. 36, 01099 Dresden.
Die 100, Alaunstr. 100, 01099 Dresden.
Scheunecafé, Alaunstr. 36-40, 01099 Dresden, Tel. 5 49 36.
Zungenkuß, Großhainer Str. 176, 01129 Dresden, Tel. 4 41 14 63.
Riesa efau, Adlergasse 14, 01067 Dresden, Tel. 4 32 89 68.
Musik-Café-Kuhnt, Leisniger Str. 1, 01127 Dresden, Tel. 4 41 00 09.
reiterIN, Sebnitzer Str. 36, 01099 Dresden.
Slyne head – Irish pub, Augsburger Str. 85, 01277 Dresden, Tel. 3 40 00 11.

Tanz/Disco

Tanzbar im Haus Altmarkt, Wilsdruffer Str. 19/21, 01067 Dresden, Tel. 4 95 12 12.
Tanzhaus Friedrichstadt, Friedrichstr. 52, 01067 Dresden, Tel. 2 74 19 95.
Tanzbar Cocktails, Leutewitzer Ring 137, 01169 Dresden, Tel. 4 91 20 18.
Sachs Music Hall, Stephensonstr. 6, 01257 Dresden, Tel. 2 29 25 55.
Star-Club, Alt-Brisnitz 2a, 01157 Dresden, Tel. 43 66 93.
Glabbsmihl, Am Eiswurmlager 1, 01189 Dresden, Tel. 4 18 42 60.
Zum Obstgarten, Nickerner Weg 8, 01257 Dresden, Tel. 2 71 64 35.
Discothek „Maximilian's", im Dresden-Hilton, An der Frauenkirche 5, 01067 Dresden, Tel. 8 64 29 60.
Hollywood, Bautzner Str. 118, 01099 Dresden, Tel. 5 02 24 51.
Café Heiderand, Ullersdorfer Platz 4, 01324 Dresden, Tel. 3 61 66.
MEGA DOME, Meißner Str. 471, 01445 Radebeul, Tel. 2 81 10 00.

Nachtklubs

Night-Club „Moulin Rouge", Gostritzer Str. 30, 01217 Dresden, Tel. 4 71 75 33.
Moonlight-Club, Tharandter Str. 37, 01159 Dresden, Tel. 4 32 21 23.

Spielkasino

Maritim Hotel Bellevue Dresden, Neue Deutsche Spielcasino GmbH, Große Meißner Str. 15, Tel. 5 66 20.

Einkaufen

Seit der Währungsunion hat der Handel einen gewaltigen Boom erlebt. Man kann alles kaufen, was das Herz begehrt. Die typischen Schlangen vor den Geschäften sind verschwunden, da überall neue Kaufhäuser und Billigmärkte entstanden sind. Auch auf Straßen und Plätzen werden von privaten Händlern eine Menge Waren angeboten. Wer sich individuell einkleiden möchte, besucht die vielen Boutiquen, muß aber etwas tiefer in die Tasche greifen. Großer Beliebtheit erfreuen sich die Erzeugnisse der erzgebirgischen Volkskunst.

Wer sich in Antiquariaten und Antiquitätengeschäften einen großen Fund erhofft, wird allerdings enttäuscht sein. Das ehemals große Angebot ist in den letzten Jahren drastisch zurückgegangen. Das wenige, das noch vorhanden ist, wird zu überhöhten Preisen verkauft. Das einst reichhaltige Kulturgut Dresdens ist zum größten Teil legal und illegal über die Grenzen gegangen.

KAUFHÄUSER/EINKAUFSZENTREN

Kaufcenter GmbH, Wilsdruffer Str., 01067 Dresden, Tel. 4 95 61 69.
Gorbitz-Center, Harthaer Str. 3, 01169 Dresden, Tel. 4 11 14 47.
Seidnitz-Center, Enderstr. 55, 01277 Dresden.
Karstadt, Prager Str. 17, 01069 Dresden, Tel. 4 84 70.
Warenhaus „Mälzerei", Heidestr. 1-3, 01127 Dresden, Tel. 57 21 97.
Kaufhaus Günther OHG, Pirnaer Landstr. 228, 01259 Dresden

ANTIQUITÄTEN

Historische Möbel & Antiquitäten Plakity, Königsbrücker Str. 47, 01099 Dresden, Tel.5 50 78.
Antiquitäten & Kunst Anton Hornung, Bautzner Str. 30/32, 01099 Dresden, Tel. 8 01 46 68.
Antiquitäten Hardner, Nieritzstr. 12, 01097 Dresden, Tel. 57 07 58.
Maritta Schuster, Hauptstr. 17/19, 01099 Dresden, Tel. 57 07 40.
Antiquitäten-Antike Möbel Heinz Rausch, Königsbrücker Str. 91, 01099 Dresden, Tel. 57 49 86.

SOUVENIRS

Eine Erinnerung an den Dresdenbesuch kann man überall an Ständen und Kiosken preiswert kaufen. Wer etwas mehr ausgeben möchte, kauft Schnitzereien aus dem Erzgebirge (Pyramiden, Räuchermännchen) oder das berühmte „Meißner Porzellan".

MÄRKTE

Zahlreiche fliegende Händler bieten an vielen verschiedenen Stellen der Stadt ein umfangreiches Warenangebot an. Ständige Märkte befinden sich werktags in Stadtmitte auf dem Altmarkt, in Johannstadt (Striesener Straße) und in Löbtau (Poststraße)

Wochenmärkte mit überwiegendem Lebensmittelangebot finden statt:
Alaunplatz, 01099 Dresden. Do 8–14 Uhr, Sa 8–13 Uhr.
Altmarkt, 01067 Dresden. Mo–Fr 8 bis 14 Uhr, Sa 8–13 Uhr.
Hellerau, 01109 Dresden. Fr 8–18 Uhr.
Kirschenstraße, 01169 Dresden. Mo, Mi, Fr 8–18 Uhr.
Kopernikusstraße, 01129 Dresden. Do 8–18 Uhr.
Lahmannring, 01324 Dresden. Sa 8 bis 13 Uhr.
Martin-Luther-Platz, 01099 Dresden. Mi, Fr 9–18 Uhr.
Prohlis, 01239 Dresden. Mo, Mi, Fr 8 bis 18 Uhr.
Sachsenmarkt Lingnerallee, 01069 Dresden. Fr 8–18 Uhr.
Schillerplatz, 01309 Dresden. Di, Do 9–18 Uhr, Sa 8–12 Uhr.
Wasaplatz, 01219 Dresden. Mo–Fr 9 bis 18 Uhr.

Umfangreichere Angebote findet man auf dem Altmarkt anläßlich folgender Märkte:
Frühjahrsmarkt (zwei Wochen im Mai).
Herbstmarkt (drei Wochen im September).
Offizieller Flohmarkt (für Trödel und Antikes) ist der Elbemarkt am Sachsenplatz. Sa ab 8 Uhr.
Dresdner Striezelmarkt: Auf ganz alte Tradition geht dieser berühmte Markt zurück, der alljährlich um die Weihnachtszeit viele Besucher zum Kaufen und zum Naschen anlockt. Angeboten werden an festlich geschmückten Buden unter anderem der bekannte „Dresdner Christstollen", Pflaumentoffel, Pulsnitzer Lebkuchen, erzgebirgisches Spielzeug und Christbäume samt Festschmuck.

Sport

In der ehemaligen DDR wurde der Sport sehr gefördert. Dies galt aber nur dem Leistungssport. Für den Breitensport ist relativ wenig getan worden. So wird der Urlauber wenig Gelegenheit zur sportlichen Betätigung finden. Dies wird sich sicher in den nächsten Jahren ändern. Für Tennis, Reiten und Bowling bieten sich nur geringe Möglichkeiten. In den Luxushotels befinden sich Fitness-Zentren mit Swimmingpool, Sauna, Solarium, Bowlingbahn und anderes mehr.

In einer halbjährlich vom Sportamt der Landeshauptstadt Dresden herausgegebenen Broschüre *Sport in Dresden* finden Sie Anschriften und Informationen zu mehr als 280 Sportvereinen und -klubs. Möglichkeiten zu eigener sportlicher Betätigung sind daraus ableitbar.

SPORTANLAGEN
Rudolf-Harbig-Stadion (Dynamo-Stadion), Lennéstr. 1, 01069 Dresden, Tel. 4 95 60 46.
Hei-Steyer-Stadion, Pieschener Allee 1, 01067 Dresden, Tel. 4 94 22 77. Leichtathletikstadion
Pferderennbahn, Oskar-Röder-Str. 1, 01237 Dresden, Tel. 2 37 11 03.

HALLENBÄDER
Die Schwimmhallen haben tage- und stundenweise sehr differenzierte Öffnungszeiten. Vorabinformationen über Schließ- bzw. Öffnungszeiten sind empfehlenswert.
Schwimmhalle Steinstraße, Steinstr. 2, 01069 Dresden, Tel. 4 59 30 48. Schwimmbecken 25x12,5 m.
Schwimmhalle Freiberger Platz, Freiberger Platz, 01064 Dresden, Tel. 4 95 11 80. Schwimmbecken 50x21 m.
Springerhalle Freiberger Platz, Freiberger Platz, 01064 Dresden, Tel. 4 95 11 80. Sprungbecken 14x18 m.
Schwimmhalle Klotzsche, Königsbrücker Landstr. 159, 01239 Dresden, Tel. 2 84 31 61. Becken 25x12,5 m.
Schwimmhalle Prohlis, Senftenberger Str. 58, 01239 Dresden, Tel. 2 84 31 61. Becken 25x12,5 m.

FREIBÄDER
In allen Freibädern sind Liegewiesen und Spielplätze und Möglichkeiten zur sportlichen Betätigung vorhanden. Ausleihe von Sport- und Spielgeräten und gastronomische Versorgung. Alle Freibäder sind im Sommer täglich von 9–20 Uhr geöffnet.
Georg-Arnold-Bad, Hauptallee 2, 01069 Dresden, Tel. 4 95 20 97. Umfassend rekonstruiert, direkt im Stadtzentrum gelegen.
Freibad Brühlau, Grundstr. 169, 01324 Dresden, Tel. 3 69 55.
Freibad Cotta, Hebbelstr. 33, 01157 Dresden, Tel. 4 21 96 58.
Freibad Dölzschen (FKK), Luftbadstr. 31, 01187 Dresden, Tel. 4 11 62 60.
Freibad Klotzsche, Nesselgrundweg 80, 01109 Dresden, Tel. 58 66 46.
Freibad Mockritz, Münzteichweg, 01217 Dresden, Tel. 4 71 82 01.
Freibad Niedersedlitz, Mühlenstr. 11, 01257 Dresden, Tel. 2 52 04 06.
Freibad Prohlis, Dohnaer Str. 135, 01239 Dresden, Tel. 2 81 79 04.
Freibad Wostra, Trieskestr. 22, 01259 Dresden.
Strandbad Wostra (FKK), Wilhelm-Weitling-Str. 39, 01259 Dresden, Tel. 2 23 12 11.

Größere Bäder mit Freizeitzentren in der Dresdner Umgebung befinden sich u. a. in Cossebaude, Radebeul, Moritzburg, Volkersdorf, Pirna-Copitz, Malter.

RUDERN
Bootshaus Hamburger Str. 74, 01157 Dresden, Tel. 43 46 03. Dresdner Ruderclub 1902.
Bootshaus Tolkewitzer Str. 45, 01277 Dresden, Tel. 33 34 03. Dresdner Ruderverein

WINTERSPORT
Eissporthalle und Eisschnellaufbahn, Pieschener Allee 1b, 01067 Dresden, Tel. 4 94 22 35. Eissportclub Dresden.

GOLF
Golfclub Elbflorenz, Possendorf, Sekretariat, Tel. 03 52 06/33 76 oder 51 11. Pro: Richie Sapkota, C. Bhimsen.
Golfclub Ullersdorf. Sekretariat, Tel. 4 60 66 25. Pro: Fredrik Ström, Tel. 01 72/3 48 43 59.
Dresdner Golfclub, Herzogswalde, Sekretariat, Tel. 01 72/3 79 41 90. Pro: Petr Nitra, Tel. 01 72/4 01 18 90.
Golfclub Schloß Rammenau, Objektleitung, Tel. 01 72/7 10 29 73. Pro: Douglas Stonehouse, Tel. 01 72/6 30 33 29.

Fitneß

Allgemein-Info: Sportjugend Dresden, Wiener Str. 41, 01219 Dresden, Tel. 4 64 02 35.

Literaturhinweise

Manfred Bachmann: *Die Dresdener Gemäldegalerie – Alte und neue Meister*, 20 S. Einführung, 8 S/W- und 196 Farbabbildungen 20x30 cm, E. A. Seemann Kunstverlag.

Harald Marx: *Matthäus Daniel Pöppelmann*, 301 S., 50 Farb- und 200 S/W-Abbildungen 24x30 cm, E. A. Seemann Kunstverlag.

Frank Richter: *Wanderungen im Elbsandsteingebirge*, Verlag J. Berg.

K. Czok: *Am Hofe Augusts des Starken*, Leipzig 1989.

F. Löffler: Bernardo Bellotto: *Dresden im 18. Jahrhundert*, Leipzig 1985.

R. Delau, H.-L. Böhme: *August der Starke. Bilder einer Zeit*, Leipzig, 1989.

Gabriele Hoffmann: *Constantia von Cosel und August der Starke: Die Geschichte einer Mätresse*, Lübbe Verlag, 1984.

Martin Fröhlich: *Gottfried Semper*, Artemis & Winkler Verlag, München 1991.

Grentzschel, Menzhausen, Karpinski: *August der Starke und seine Schlösser*. Ellert & Richter, Hamburg 1991. 96 Seiten.

Dresden, die Kunststadt. C.J. Bucher Verlag, München und Berlin 1991. 240 Seiten.

F. Löffler: *Das alte Dresden*, Seemann Verlag Leipzig. 502 Seiten.

H.-J. Neidhart: *Dresden wie es Maler sahen*, Leipzig 1983. 256 Seiten.

M. Zumpe: *Die Brühlsche Terrasse in Dresden*, Berlin 1991. 270 Seiten.

Matthias Lerm: *Abschied vom alten Dresden, Verluste historischer Bausubstanz nach 1945*, Leipzig 1993. 275 Seiten.

Matthias Lerm: *Abschied vom alten Dresden, Verluste historischer Bausubstanz nach 1945*, Leipzig 1993. 275 Seiten.

Gerh. Bauer/Eberh. Engel: *Mit der Straßenbahn durch das alte Dresden*, Halle 1992. 155 Seiten.

Matthias Lerm: *Abschied vom alten Dresden, Verluste historischer Bausubstanz nach 1945*, Leipzig 1993. 275 Seiten.

Katrin Nietzschke/Lothar Koch: *Dresden Stadt der Fürsten Stadt der Künstler*, Bergisch Gladbach 1991. 255 Seiten.

Karlheinz Kregelin: *Dresden – Das Namenbuch der Straßen und Plätze im 26er Ring*, Halle/Saale 1993. 143 Seiten.

Visuelle Beiträge

Christine Arnold 231
Anzensberger 208/209
Hector Barrientos 139, 213R&L
Michael Bienert 44, 51, 69, 91, 104, 135, 142, 149, 154, 156, 167
Henning Christoph (Fotoarchiv) 200
Wolfgang Fritz 7, 59, 92, 133, 219, 223, 232, 233
Wieland Giebel 57, 58, 87, 111, 112R&L, 117, 120, 140, 141, 148, 163R, 166, 174L, 181, 182/183, 185, 186R, 187, 206R
Erdmann Gormsen 234
Barbara Hinz 62/63, 66, 113
Ernst Horwarth (Fotoarchiv) 64/65
Jürgens Photo 212
Rainer Kiedrowski 188/189, 204, 206L, 207
Nils Koshofer 56, 95, 114R, 119, 129, 130, 131, 145, 146, 147, 158/159, 160, 168/169, 173L, 174R, 178, 184, 186L, 192/193, 202, 216
Sabine und Karl-Heinz Kraemer 3, 22, 96/97, 118, 124, 132, 134, 229
Werner Neumeister 70/71, 72, 73, 100/101, 114L, 116, 122, 136/137, 138, 144, 150, 161, 162, 163L, 165, 170, 176/177, 190/191, 194, 199, 203, 205L, 205R, 210, 211, 217, 220/221, 224, 225, 226, 238, 239L, 239R, 240
Erhard Pansegrau Titel, 18, 60/61, 68, 89, 98/99, 110, 128, 133, 179, 198, 218, 222, 227, 228, 235, 236, 237
Mark Read/Apa 52/53, 54, 55, 108/109
Rötzsch (Ostkreuz) 102/103, 151, 152
Sächsische Landesbibliothek, Deutsche Fotothek 12/13, 14/15, 16/17, 31, 35, 37, 39, 41, 42, 45, 46, 47, 48, 49, 50, 74, 75, 76, 77, 78/79, 80, 81, 82, 83, 84, 85, 86, 88, 93, 94, 123, 153, 171, 173R, 214/215
J. Sackermann (Fotoarchiv) 20
Peter Zimmermann 115, 155, 180

Karten Berndtson & Berndtson

Illustration Klaus Geisler

Design Konzept V. Barl

Register

A

Akzise, 34
Alaunplatz, 154
Albertinum, 29, 73, 75, 117
Albertplatz, 147
Albrecht der Beherzte, Herzog, 27, 28
Altenberg-Zinnwald, 211
Altendresden, 25
Altmarkt, 25, 43, 50
Altstadt, 42, 111, 152
Altstädter Wache., 131
Anton, König, 145
Ardenne, Manfred von, 164
August der Starke, 31, 32, 34, 59, 73, 74, 79, 93, 145, 179, 203, 218, 235
August II., 119
August III, Kurfürst, 31, 39
Augustusstraße, 129

B

Bad Schandau, 227
Bähr, Georg, 122
Barock, 31
Bastei, 224
Bautzen, 233, 235, 236, 238
Bautzner Platz, 147
Bautzner Straße, 154
Berghofer, Wolfgang, 51
Bernardo Bellotto (Canaletto), 32, 80, 217
Biedenkopf, Kurt, 21
Blaues Wunder, 162
Bombardierung, Februar 1945, 48, 49
Böttger, Johann Friedrich, 75, 207, 227
Brentano, Clemens von, 115
Brockhaus, 162
Brühl, Christina von, 166
Brühl, Graf von, 31, 80, 166
Brühlsche Terrasse, 39, 69, 86, 117, 130
Bunte Republik, 152, 154
Busch, Fritz, 47

C

Canaletto, 32, 80, 217
Carolafelsen, 229
Carolasee, 141
Carus, Carl Gustav, 85, 147
Chinesischer Garten, 181
Churchill, Winston, 48
Cosel, Graf, 116
Cosel, Gräfin, Constantia von, 33, 36, 179, 233
Cotta, Heinrich, 166

D

Dahl, 147
Dietrich, Markgraf, 25
Dinglinger, Johann Melchior, 35, 161
Dix, Otto, 47, 74
Dohrn, Dr. Wolf, 187
Dreißigjähriger Krieg, 29
Dresdner Antiken, 75
Dresdner Bank, 59, 121
Dresdner Heide, 165
Dresdner Hof, 50, 116, 122
Dresdner Philharmonie, 90

E, F

Eberhardine, Kurfürstin, 31
Elbe, 32, 40, 69, 79, 150, 224
Elbsandsteingebirge, 223
Ernst, Herzog, 27
Felsenklettern, 230
Frauenkirche, 114, 122
Freistaat, 46
Frieden zu Altranstädt, 34
Friedrich, 84, 147, 223
Friedrich August I., 148
Friedrich August III., Kurfürst, 39
Friedrich, Caspar David, 74, 83
Friedrich der Große, 218
Friedrich II., 31
Friedrich Wilhelm I., 75
Friedrich Wilhelm IV., 115
Frohnauer Hammer, 212
Fürstenzug, 39, 129, 130

G

Gauguin, Paul, 74
Gemäldegalerie, 73
Georg der Bärtige, Herzog, 28, 179
Georgenbau, 129
Gesamtministerium, 41
Goethe, Johann Wolfgang von, 115, 147, 204
Goldener Reiter, 145
Graff, Anton, 114, 223
Graupa, 173
Greenpeace, 149
Großer Zschirnstein, 223
Großer Garten, 31, 75, 139
Großer Winterberg, 223
Großsedlitz, 217
Gründerjahre, 41
Grünes Gewölbe, 31, 74
Güttler, Ludwig, 91, 122

H

Hähnel, Julius, 132
Hamburg, 58, 59, 149
Harris, Sir Arthur T., 48
Hassebrauck, Ernst, 81
Hauptbahnhof, 42
Hauptmann, Gerhart, 167, 187
Hauptstraße, 146
Heckel, Erich, 81
Heinrich der Fromme, 29
Hellerau, 45, 47, 185
Herbst 1989, 51
Herder, Johann Gottfried, 147
Herrnhuter Brüdergemeine, 234
Hieronymus Emser, 28
Historisches Museum, 76
Hochschule für Musik, 90
Hoffmann, E.T.A., 40, 90, 114, 150
Hofkirche, 90, 130
Hofstaat zu Delhi, 75
Hohnstein, Burg, 229
Honecker, 51
Hotel Bellevue, 147
Hoym, Adolf Magnus von, 36
Humboldt, Wilhelm von, 147
Hygienemuseum, 47

I, J

Italienisches Dörfchen, 39, 133
Japanisches Palais, 76, 148
Johann, König, 219
Johann Georg II, Kurfürst, 139
Johann Georg III, Kurfürst, 129
Johann Georg IV., 32
Johann, Reiterdenkmal, 133
Joseph von Österreich, Kaiser, 33
Jüdischer Friedhof, 157

K

Kafka, Franz, 187
Kapp-Putsch, 46
Karo, 56
Kasematten, 134
Kästner, Erich, 45, 48, 185
Katakomben, 76
Kathedrale, 31, 34
Kernforschungsinstitut, 149
Kersting, Georg Friedrich, 84
Kirche, Evangelische, 149
Kirchner, Ernst, 81
Kirnitzschtal, 227
Kirnitzschtalbahn, 228
Klein-Hosterwitz, 172
Kleist, Heinrich von, 84, 94, 120, 115, 147, 153
Klemperer, Victor, 47
Kletterfelsen, 225
Kohl, Helmut, 68, 123
Kokoschka, Oskar, 47, 81, 187
Kollwitz, Käthe, 76, 205
Königstein, Festung, 226, 227
Körner, Theodor, 83, 120, 161
Körnerplatz, 162
Kreuzchor, 27, 89
Kreuzkirche, 26, 28, 113, 174
Krone, Hermann, 87
Kronentor, 131
Kuckuckstein, 212
Kuehl, Gotthardt, 80
Kügelgen, Gerhard von, 84, 112, 146, 161
Kunstszene, 77
Kupferstichkabinett, 76

L

Landtagsgebäude, 41
Lenné, Peter Joseph, 141
Liebermann, Max, 74, 76
Lingner, Karl August, 47
Liszt, Franz, 174
Loschwitz, 161
Ludwig, Otto, 94, 162
Ludwig XIV., 33
Luther, 28, 114

M

Maria Josepha, 32
Maria Theresia, 219
Marionetten, 167
May, Karl, 201
Meißen, 199, 204, 205 f., 226
  Albrechtsburg, 206
  Altstadt, 205
  Dom, 206
  Marktplatz, 206
  Meißner Fummel, 207
  Porzellanmanufaktur, 207
Meißner Porzellan, 130, 148
Modrow, Hans, 51
Moritz, Kurfürst, 129
Moritzburg, 31, 202
Mozart, Wolfgang Amadeus, 147
Münzkabinett, 76
Museen, 73
Museum für Volkskunst, 76

N

Napoleon, 40, 180
Nationalsozialismus, 45
Neonazis, 58
Neumarkt, 114
Neustadt, 42, 145
Neustädter Bahnhof, 42

O, P

Oper, 31, 39, 133
Opernhaus, 89
Ortenburg, 237
Osterzgebirge, 211
Palais, Großer Garten, 139
Partnerschaften, 58
Pentacon, 56
Permoser Balthasar, 132
Pfunds Molkerei, 150
Pillnitz, 31
Pillnitz, Schloß, 179
Pirna, 217, 224
Pirna-Syndrom, 149
Polizeipräsidium, 120
Pöppelmann, Matthaeus Daniel, 42, 131, 147, 179, 218
Porzellansammlung, 75
Prager Straße, 105, 113
Preußen, 67
Privatisierung, 56
Pulsnitzer Straße, 151

R

Radebeul, 199 f.
  Weißes Roß, 199
  Hoflößnitz, 199
  Karl-May-Museum, 200
  Kasperiade, 202
  Moritzburg, 199
  Puppentheater, 202
  Schloß Wackerbarth, 200
  Weinbaumuseum, 199
Raschke, Martin, 162
Rathaus, 26, 41, 111, 112
Rathen, 225, 226
Reformation, 28
Rembrandt, 76
Renaissance, 28
Republikflüchtlinge, 51
Richter, Ludwig, 74, 223
Riemerschmid, Richard, 186
Riepenhausen, 83
Rietschel, Ernst, 132
Rilke, Rainer Maria, 187
Robotron, 56
Romantiker, 83
Runge, Philipp Otto, 83, 147

S

Sachsen, 67
Sächsische Schweiz, 224, 226
Sanatorium Weißer Hirsch, 163
Schiller, Friedrich von, 147, 161
Schinkel, Karl Friedrich, 42
Schloß, Dresdner, 59, 129
Schloß Weesenstein, 212
Schmidt, Karl, 185
Schnitzler, Eduard von, 68
Schöne Pforte, 118
Schrammsteine, 229
Schreier, Peter, 91
Schumann, Robert, 147, 162
Schütz, 161
Schütz, Heinrich, 89
SED, 45
SED-Regime, 155, 223
Seifersdorfer Tal, 166
Seiffen, Spielzeugmuseum, 212
Sekundogenitur, 116
Semper, Gottfried, 39, 132
Semper-Oper, 59, 89, 134
Shaw, G.B., 187
Silbermann, Johann Gottfried, 90, 116
Sixtinische Madonna, 73, 83, 115
Sorben, 235, 238
Sowjetunion, 56
Spartakusaufstand, 46
Staatskapelle Dresden, 89
Stadtbrand, 28
Stadtgründung, 25
Stadtmuseum, 41, 45
Stallhof, 29, 118
Ständehaus, 130
Standseilbahn, 162
Stanislaus Leszcynskis, 34
Stanislawski, 187
Stille Musik, 219
Stollen, 112, 175
Stolpen, 36, 233
Straße der Befreiung, 50
Strauss, Richard, 90

T

Tal der Ahnungslosen, 51
Taschenbergpalais, 36
Tetzel, Ablaßhändler, 28
Thälmannstraße, 50
Theater, 93
Tieck, Johann Ludwig, 83, 94, 115, 120, 147
Torf, 211
Türkenbrunnen, 119

U, V

Umwelt, 149
Verkehrsmuseum, 118, 129
Vogelstein, Carl Vogel von, 115, 180
Volksbühne, 94

W

Wackenroder, Wilhelm Heinrich, 83, 115
Wackerbarth, Graf, 218
Wagner, 90, 162, 172
Waldsterben, 213
Weber, Carl Maria von, 85, 147, 150, 171
Weber-Museum, 172
Weesenstein, Schloß, 219
Weißen Flotte, 117
Weißer Hirsch, 163
Wende, 55
Wettiner, 130
Wieck, 162
Wiederaufbau, 49
Wigman, Mary, 90, 187
Winckelmann, Johann Joachim, 140

Y, Z

Yenidze, 42
Zingg, Adrian, 80
Zinn, 211
Zoologischen Garten, 141
Zwinger, 31, 35, 50, 75, 105, 131